KB180002

흑백 「테레비」를 추억하다

# 흑백「테레비」를 추억하다

'아씨'에 울고 '쇼쇼쇼'에 웃었던
그때 그 시절

정범준 지음

알렙

프롤로그

# '테레비'가 생긴 날

TBC, 그러니까 동양방송의 역사를 다룬 책을 써야겠다고 생각한 것은 2005년 여름이 아니었나 싶다. 시험 공부를 하다 보면 교과서와는 전혀 상관없는 소설이나 교양 서적을 읽고 싶을 때가 있는데 그 생각도 그런 심리에서 비롯된 듯하다.

당시 나는 대한제국 황실 후손들의 불우한 생애를 다룬 『제국의 후예들』이라는 책의 초고草稿를 마무리하고 있었다. 그런데 그때 정작 미치도록 쓰고 싶었던 것은 야구선수 최동원崔東原에 대한 평전이었다. 신문 기사 등을 통해 틈틈이 최동원 관련 자료를 모으다가 우연히 TV 편성표를 찾게 되었다. 야구선수에 관한 평전을 쓰기 위해서는 그날 야구 중계방송이 있었는지, 없었는지도 알아야 했기 때문이다.

TV 편성표에서 옛 추억을 떠올리게 하는 반가운 제목들을 발견하게 되었다. 장르별로 하나씩만 나열해 봐도 이렇게 많다.

〈달려라 번개호〉라는 만화영화, 〈호돌이와 토순이〉라는 어린이 대상 프로그램, 〈600만불의 사나이〉라는 외화外畵, 〈결혼행진곡〉이라는 주말연속극, 〈쇼쇼쇼〉라는 쇼 프로그램, 〈고전 유머극장〉이라는 코미디 프로그램, 〈장수만세〉라는 노인 대상 프로그램, 〈달동네〉라는 일일연속극 등이 그것이다.

이들 프로그램은 두 가지 공통점이 있다. 하나는 유년 시절 내가 본 기억이 뚜렷한 프로그램이었다는 점, 또 하나는 모두 TBC에서 방영한 프로그램이었다는 점이다.

별 고민할 필요가 없었다. 나는 문득 언젠가는 TBC를 다룬 책을 써야겠다고 결심했다. 어찌 보면 추억과 관련된 것이기에 재미있을 것 같았다. 1980년 11월 방송통폐합에 의해 문을 닫았던 TBC의 불행한 역사도 그런 결심을 더욱 다지게 했다. 자사自社의 역사를 서술할 주체가 사라져버린 마당이라면 나 같은 논픽션 작가가 손을 대도 괜찮겠다는 생각이었다.[1] 이 책을 구상한 시점에서는 종편사업자 선정이라는 것은 상상도 할 수 없었다. 게다가 TBC의 역사를 다룬 책이라면 흑백 텔레비전에 대한 추억을 그린 책일 수밖에 없었다. 그런 점이 더 구미를 당겼다.

내게도 '테레비'에 얽힌 추억이 있다. 대학 성적증명서를 찾아 확인해 보니 1995년 1학기 때의 일이다. '국어작문'이라는 교양과목을 들었다. 담당 교수는 국문과 은사恩師이신 최명옥崔明玉 선생님이었는데 하루는 '자기소개서'를 써오라는 과제를 내주셨다. 컴퓨터로 과제를 작성해 그 원문이 아직도 내 PC에 저장돼 있다. 나는 "한 개인의 인격 또는 인간성이란 그 사람의 과거, 현재, 그리고 미래와 같다는 글을 읽은 기억이 난다"면서, "이제 나에 대한 소개를 과거, 현재, 미래로 나누어 말하려고 한다"고 썼다.

난데없이 대학 시절 과제물을 언급한 이유는 다음 대목을 옮겨보기 위해서다.

이때 저의 뚜렷한 기억 중의 하나에는 어머니께서 금성 샛별 테레비(맞춤법은 틀립니다만 이렇게 써야 이때의 감명을 잘 표현할 것 같습니다)를 사오신 날이 있습니다. 저는 그때 집 앞에서 놀고 있었습니다. 갑자기 택시에서 어머니가 테레비를 들고 내리셨습니다. 그리고 방으로 들어가셔서 테레비를 켰습니다. 그때의 감명을 저는 아직까지 잊을 수 없습니다.

나보다 윗세대는 더 말할 것도 없겠지만 나에게 있어서도 텔레비전은 '생기는' 것이었다. 원래 있던 것이 아니라는 뜻이다. 기어다닐 때, 아장아장 걸을 때부터 보아온 것이 아니라 부자 아빠를 둔 친구 집이나 전파사 앞에서만 보아오던 것을 부모님이 큰마음을 먹어야 비로소 가질 수 있는 가보家寶가 '테레비'였다. 1960년대 후반, 1970년대 초반 중산층 이하의 가정에서 태어난 사람이라면 나의 말에 공감하리라 믿는다. 이들 역시 나와 마찬가지로 학교에서 가정환경 조사를 할 때 "집에 텔레비전 있는 사람은 손들어"라는 교사의 말을 들어본 세대다.

우리 집에 처음 생긴 흑백 텔레비전은 금성사가 출시한 17인치 샛별 텔레비전이었다. 어머니에 따르면 내가 김일 선수가 나오는 프로레슬링을 보기 위해 이웃집 개구멍을 기웃거리는 모습을 보고 충격을 받아

흑백 텔레비전 수상기.

당장 빚을 내어 텔레비전을 구입했다고 한다.

금성사의 17인치 샛별 텔레비전은 '흑백 테레비'의 대명사였다. 그 시절 전자제품의 1인자가 금성사현 LG전자였다는 사실은 굳이 설명할 필요를 못 느끼지만 "TV를 대중화시킨 계기는 1975년 '샛별 텔레비전'의 개발이었다"는 한국일보[2]의 지적은 알아둘 만하다.

이 책을 쓰려다 보니, 그런데 우리 집에 처음 텔레비전이 생긴 것이 정확히 언제였을까 하는 궁금증이 일었다. 일단 1975년 하반기 이후임은 분명했다. '샛별 텔레비전'[3]이 대량으로 시중에 나온 계기가 된, 금성사의 구미공장 준공일이 1975년 6월 21일이기 때문이다.[4] 그 이후는 어머니의 기억에 의존할 수밖에 없었는데 기억이란 아무래도 불완전한 것이었다.

나는 TV 편성표를 일일이 뒤져보며 범위를 좁혀나가기 시작했다. 이를테면 우리 집 TV를 통해 본 것이 확실한 〈600만불의 사나이〉의 방영일은 1976년 7월 12일부터 1978년 8월 13일까지였다. 그렇다면 우리 집에 텔레비전이 생긴 것은 1975년 하반기부터 1976년 7월 사이의 일로 좁혀진다. 이런 식으로 TV 편성표를 찾아보다가 나는 TBC에서 방영된 〈우주삼총사〉라는 낯선, 그야말로 낯선 만화영화를 발견했다.

우주삼총사……?

〈플란다스의 개〉, 〈엄마 찾아 삼만리〉는 잊으려야 잊을 수 없는 명작이고, 〈신밧드의 모험〉, 〈날아라 번개호〉도 재미있게 봤고, 〈독수리 5형제〉, 〈이겨라 승리호〉, 〈달려라 캐산〉[5]까지 다 기억이 나는데, 〈우주삼총사〉는 전혀 기억이 나지 않았다. 당장 인터넷에서 검색을 해봤다. 이 만화영화의 주제가도 인터넷에서 쉽게 찾을 수 있었다. 듣다가 거의 눈물을 쏟을 뻔했다.

초록빛 반짝이는 엄마별이다
온 힘을 다하여서 지켜나가자
우리의 용사는 우주삼총사
가는 곳마다 승리다 우주삼총사
우주삼총사 우주삼총사

또다시 검색을 해보니 이 주제가는 원곡인 일본 노래를 거의 그대로 번안한 것이었다. 그렇다고 해서 〈우주삼총사〉와 30년 만에 다시 해후한 감흥은 전혀 줄어들지 않았다. 이런 비유가 가능할 수 있을까. 켜켜이 침잠되어 화석처럼 굳어 있던 기억이 일순간에 화산 터지

듯 폭발한 것 같았다. 어떻게 〈우주삼총사〉를 잊어버릴 수 있었을까. 주제가 한 구절만 들어도, 그 노래를 따라 부르던 옛 기억이 일순간에 되살아나는데 말이다.

주제가뿐만이 아니었다. '우주삼총사 종이접기'라는 게 있었다. 종영이 된 지 한참이 지났는데도 정사각형의 색종이 세 장만 있으면 〈우주삼총사〉에 나오는 우주선을 접던 기억이 난다. 종이로 접는 것이라 극히 단순하고 조잡한 모양의 우주선이었지만 '도킹' 하나만큼은 완벽하게 이루어졌던 것이 아직도 신기하게 여겨진다. 접는 방법 또한 인터넷에 자세하게 나와 있다.

편성표를 확인해 보니 〈우주삼총사〉는 1974년 12월 22일부터 1975년 12월 23일까지 매주 화요일에 방영되었다. 그러니 우리 집에 텔레비전이 생긴 것은 1975년 하반기의 어느 날이 된다. 정확한 월일月日은 찾을 수 없었지만 비로소 궁금증이 풀린 셈이다.

일본에서 제작된 〈우주삼총사〉의 원제는 '제로 테스터'다. 영문으로는 'Zero Tester'가 된다. 1973년 일본 관서TV를 통해 총 66화가 방영되었다고 한다. 남자 주인공 두 명, 여자 주인공 한 명이 각기 다른 우주선을 조종하다가 극한 위기에 빠지면 합체를 하여 매번 침략자들을 무찌르는 내용이다.

지구를 지키는 임무는 훗날 〈독수리 5형제〉가 물려받았는데 이들의 외모나 복장 역시 〈우주삼총사〉와 비슷하다. 다시 말해 〈독수리 5형제〉는 〈우주삼총사〉의 업그레이드 버전이라 할 수 있다. 〈우주삼총사〉에는 우주선 세 개가, 〈독수리 5형제〉에는 우주선 다섯 개가 도킹한다. 믿거나 말거나 한 이야기가 될 테지만 저럴 거면 차라리 처음부터 도킹

일본에서 제작된 〈우주삼총사〉는 남자 주인공 두 명, 여자 주인공 한 명이 각기 다른 우주선을 조종하다가 극한 위기에 빠지면 합체를 하여 매번 침략자들을 무찌르는 내용이다. 지구를 지키는 임무는 훗날 〈독수리 5형제〉가 물려받았는데 이들의 외모나 복장 역시 〈우주삼총사〉와 비슷하다. 오른쪽 아래 사진은 '우주삼총사 종이접기'. 정사각형의 색종이 석 장만 있으면 〈우주삼총사〉에 나오는 우주선을 접던 기억이 난다. 종이로 접는 것이라 극히 단순하고 조잡한 모양의 우주선이었지만 '도킹' 하나만큼은 완벽하게 이루어졌던 것이 아직도 신기하게 여겨진다.

지구를 지킨 것은 '독수리 5형제'가 아니라 '독수리 5남매'가 아니었을까.

을 해서 적을 물리치면 되지, 하는 생각을 어릴 때도 한 적이 있다. 위기가 오면 서로 뭉쳐 이를 이겨내야 한다는 교훈을 깨닫지 못했을 만큼 어리석었다는 뜻이다.

역시 일본 만화영화인 〈독수리 5형제〉는 TBC에서 첫 전파를 탄 프로그램이다. 그 후 〈독수리 5형제〉를 비롯한 만화영화들은 KBS나 MBC에서 여러 차례 재방영되어 전 국민이 알고 있는, 적어도 이름 정도는 들어본 프로그램이 되었다. 그런데 〈우주삼총사〉는 TBC에서 방영된 이후 단 한 차례도 재방영되지 않았다. 이 글을 처음 쓰기 시작할 때 〈우주삼총사〉를 기억하지 못했던 것도 그런 이유에서였던 것 같다. 업그레이드 버전이 있는데 원 버전을 틀어줄 이유는 없었던 것이다.

사실 '테레비'에 대한 추억을 운운하는 것은 주제넘고 새삼스러운 일일 수가 있다. TV가 '생기는 것'이었다는 것은 내 또래 이상의 세대에겐 너무나 당연한 말이다. 그렇다고 해서 1980년대 이후에 태어난 세대들이 고개를 끄덕여줄 만한 일도 아닌 것 같다. 그들에게 '우리 때는 말이야. TV는 부모님이 큰맘 먹고 사오는 것이었지'라고 한다면 무슨 반응이 나올지 끔찍해진다.

하지만 TBC를 중심으로 살펴본, 그 시절 '흑백 테레비'의 추억이라면 사정이 달라진다. 1964년 개국 이후부터 1980년 11월까지의 TBC 역사가 가미되기 때문이다. 우리나라에서 처음 컬러 TV 방송을 시작한 것이 1980년 12월 1일이다. 그런데 TBC가 문을 닫은 날짜는 정확히 그 해 11월 30일이다. 다시 말해 TBC는 우리나라 흑백 TV 방송의 역사와 함께 사라져버렸다.

우리 집에 처음 TV가 생긴 날부터 TBC가 사라진 1980년까지는 대략 내 유년기와 겹쳐 있다. 나이로 말하면 여섯 살부터 열한 살까지다. 그 기간은 또한 TBC의 황금기와 중첩된다. 아버지는 그 시절 여느 가장家長이 그랬던 것처럼 12시 통행 금지 시간이 다 돼서 귀가하실 때가 많았다. 양장점을 운영하셨던 어머니는 단칸방에 연결된 가게에서 하루 종일 미싱을 돌리셨다. 어머니는 가게 한 구석에 항상 라디오를 틀어놓으시고 일을 하셨다. 밥 때나 돼야 잠깐 방에 들어오실 뿐, 그것도 역시 단칸방에 연결된 부엌으로 가서 내 동생과 나에게 먹일 밥을 준비하시기 위해서였다.

어머니 곁에서 놀 때, 동네 골목으로 놀러 나갈 때, 놀다 배고파져 집에 돌아올 때, 좀 더 자라 학교에 갈 때, 학교에서 돌아올 때 나는 라디오를 들을 수 있었다. 무엇보다 방안에 보물처럼 놓인 텔레비전의 채널 선택권은 온전히 장남인 나의 차지였다. 거짓말처럼 들릴 수도 있겠지만 나는 그때 보고 들은 만화영화, 외화, 드라마, 코미디, 쇼 프로그램, 그리고 음악의 제목과 일부 내용들을 거의 기억하고 있다. 그중 대부분은 TBC에서 방영된 것들이다. 논픽션 작가가 된 지금에 와 생각해 보면 내 취향이나 감수성의 8할이 만들어진 게 이때가 아니었나 싶다. 이런 이유로 TBC를 추억하는 것은 내게도 아련한 일이다.

나는 TBC의 영화榮華를 기억하는, 지금으로선 가장 어린 세대에 속한다. 하지만 긴 세월이 흘러 언젠가는 TBC에 대해 증언할 수 있는 마지막 세대가 될 것이다. 이 책을 쓰게 된 건 운명이었다고 감히 말하고 싶다. TBC TV는 서울과 부산에서만 방영되었고, 나는 서울과 부산에서 유소년기를 보냈다. 게다가 남들보다는 조금 더 생생하게 TBC를 추억할 수 있는 가정환경에서 자랐다. 그리고 어쩌다가 나는 논픽션 작가가 되었고 또한 어쩌다가 TBC의 역사에 관심을 갖게 되었다. 어느 것 하나라도 어긋났다면 이 책이 세상에 나오는 일은 없었을 것이다.

애초에 구상한 이 책의 주된 소재는 TBC의 역사와, 그때 그 시절의 시대상이었다. 물론 KBS나 MBC TV의 프로그램이나 역사, TBC를 포함한 3개 방송사의 라디오 프로그램, 최초의 민간 상업 방송인 KORCAD의 프로그램이나 역사 또한 필요에 따라 그 일부를 담으려고는 했다. 그런데 뜻밖의 일을 겪게 되었다. KORCAD와 관련된 자료를 모으는 과정에서 한국 방송사와 한국 드라마사를 다시 써야 할 대목을 발견하게 된 것이다.

거기에 KORCAD는 진정으로 자사의 역사를 서술할 주체가 사라져 버린 방송사였고 그런 이유로 이번 기회에 그 역사를 정리해 보자는 생각이 들었다. 그 결과 KORCAD와 관련된 서술이 꽤 늘어나게 되었다. 문제는 TBC와 KORCAD는 존속 기간이나 역사 등의 측면에서 상당한 차이가 있기 때문에 각각을 다루는 서술 방식을 다르게 할 수밖에 없었던 점이다. 이에 대해 양해를 구하고 싶다.

프롤로그 '테레비'가 생긴 날 · 5

1부 한국 텔레비전 방송이 열리다

첫 장 KORCAD가 뿌린 소중한 씨앗 · 20

개척자 황태영 20 // 우리 민족의 영광 28 // 다시 써야 할 한국 방송사와 드라마사 38 // 없는 게 없었다 49 // 모든 방송은 생방송이었다 57 // 이리 붙이고 저리 붙이고, 썼다 지우고…… 62

둘째 장 DBC로 자라난 묘목 · 70

경영난 70 // 과도기 75 // 돌아온 최창봉 80 // 화요극장과 TV 극회 85 // 테레비천국 92 // 1부 후기 100

2부 흑백 테레비의 황금시대

첫 장 프롤로그 · 102

둘째 장 민간 TV의 진정한 출발(1964-1969) · 105

TBC 개국을 축하한 KBS 105 // 녹화기와 전속제 110 // 〈전투〉, 〈보난자〉, 〈도망자〉 117 // 외화의 폭발적인 시청률 124 // 〈장수무대〉와 노인의 기준 129 // 돌풍의 비결 134 // 〈쇼쇼쇼〉와 음악감상실 '세시봉' 139 // 보세가공품 〈황금박쥐〉 142 // 1960년대와 TBC 148

**셋째 장** 라디오와 TV를 따라잡다(1970-1974) · 152

〈아씨〉가 연 1970년대 152 // 일일연속극의 범람 159 // 〈뉴스 전망대〉와 〈TBC석간〉 166 // 대학 문화와 방송 172 // 〈여보 정선달〉의 실험 178 // '신풍운동'의 유행이 방송계에도 181 // MBC에게 일격을 당하다 185

**넷째 장** TV 폭발의 시대(1975-1980) · 189

장발 연예인 출입 금지 189 // 추억의 만화 195 // 추억의 외화 203 // 주말연속극의 효시, 〈결혼행진곡〉 209 // 정윤희 누나, 한진희 아저씨 216 // '찰리 백'과 '찰리 정' 223 // 10 · 26과 5 · 18, 그리고 〈야 곰례야〉 227 // 이주일과 전두환, 청와대와 초원의 집 234 // 코미디를 없애라 239 // 〈뿌리〉 선풍 242 // 테마드라마 248 // 대망의 80년대를 맞이했지만 251

**다섯째 장** 마지막 전파(1980년 11월 30일) · 259

**마지막 장** 에필로그 · 265

## 일러두기

1. 가능한 한 모든 자료의 출처를 본문이나 주석에 밝혔다. 꼭 쓰고 싶은 이야기지만 글의 흐름을 방해하는 부분은 주석으로 처리했다.
2. 약간의 개인적인 경험이나 감상도 주석이나 본문에 넣은 게 있다. 추억을 더듬어 가는 부분이 있는지라 어쩔 수 없었다.
3. 상황을 극화하기 위해 등장인물의 대화 내용을 작위적으로 꾸미지 않았다. 이 책의 큰따옴표 안에 든 등장인물의 대화는 하나도 빠짐없이 신문기사나 기타 자료에 근거를 둔 것이다. 단 어법에 맞지 않는 내용이나 한글 맞춤법에 어긋나는 단어나 구절은 고쳐 옮겼다.
4. 인용문 안의 문장은 한글 맞춤법과 현대 표기법에 맞게 고친 것도 있다. 인용문의 원문에는 없지만 한자나 영어가 필요하다고 생각될 경우, 이를 삽입했다.
5. 인물의 한자(漢字) 이름은 언론의 인물정보란, 당시 신문기사 등을 보고 찾아, 처음 등장할 때 한 번 기입했다. 한자명을 찾을 수 없는 사람도 꽤 있었는데 주로 여성이 많았다. 유독 여성의 이름에 한자명이 기입되지 않은 경우가 많아 오해할 분이 있을지도 모르겠지만 그런 사정이 있었다는 것을 밝혀두고 싶다.
6. 경칭은 가급적 생략하도록 노력했지만 개인적인 경험이나 감상이 들어간 곳에서는 쓸 수밖에 없었다.
7. 본문에서 인용한 스포츠신문이나 웹진의 기사는 인터넷상에서만 확인했기 때문에 이 글에 적힌 발행 날짜와 실제 발행일이 다를 수 있다.
8. 이 글에 기록된 프로그램 방영 기간의 대부분은 신문에 실린 TV 편성표에서 실제 확인한 것이다. 각종 문헌이나 증언의 방영 기간과 다를 수 있겠지만 이 글에 기록된 것이 맞으리라 자신한다.
9. 이 책에 실린 사진 대부분은 『한국방송사』, 『중앙일보 · 동양방송 17년사』, 『유민 홍진기 전기』 등에  수록된 것들이며 그 외 국가기록원 등에서 구한 것도 있다.

1부

# 한국 텔레비전 방송이 열리다

# KORCAD가 뿌린 소중한 씨앗

## 개척자 황태영

1956년 5월 12일 하오 7시 30분. 정 · 부통령 선거(5월 15일)를 사흘 앞둔 토요일 저녁이었다.

광화문 네거리, 파고다공원 등 시내 22개소에 설치된 TV 수상기 앞에 일찌감치 모여 있던 시민들은 저마다 탄성과 환호성을 질렀다. 일주일 전 신익희申翼熙의 급서急逝로 민심이 출렁이던 때였지만 눈앞에 보이는 화면에서 눈을 뗄 수 없었다.

"야, 신기하다!"

"영사기 돌리는 사람도 없는데 어떻게 그림이 나타날까?"[6]

한국 최초의 텔레비전 방송국 KORCAD가 첫 전파를 쏘아 올린 순간이었다. 세계에서는 15번째, 아시아에서는 4번째인 텔레비전 방송의 개국이었다. 구미歐美 선진국의 전유물이었던 텔레비전 방송은 1953년 2월 일본에 의해 처음 아시아에 상륙했고 같은 해 9월 필리핀, 1955년 6월 태국이 이를 개시했다.

6 · 25 전쟁이 끝난 지 3년이 되던 해였다. 세계 최빈국最貧國이나 다름없었던 우리나라에서 어떻게 텔레비전 방송이 가능했을까. 모든 것은 지금의 종로 보신각普信閣 부근에 있었던 동일東一빌딩이라는 3층 건물,[7] 그리고 황태영黃泰永이라는 한 인물에서 비롯된다.

1915년 2월 평안남도 대동군에서 태어난 황태영은 평양고보, 일본 하마마쓰濱松고등공업학교[8]를 졸업했다. 하마마쓰고등공업학교에는 기계학과, 전기학과, 응용화학과가 있었는데 그는 전기학과를 나온 것으로 짐작된다. 유병은兪炳殷은 『단파방송 연락운동』이라는 책에서 "(황태영은) 2학년 때부터 학교에서 무선기기를 만드는 실습시간을 통해 단파수신기를 만드는 법을 몸에 익히는 일에 열중하였다"며 "1933년 4월에 와서는 자기 손으로 만든 송수신기로 아마추어 무선통신 즉 HAM 활동을 해온 사람"[9]이라고 쓰고 있다. 1917년생인 유병은은 일제강점기 중앙방송국에서 일했으며 해방 후에는 KBS 등에서 재직했다.

유학을 마치고 귀국한 황태영은 조선방송협회[10] 기술부에 입사한다. 이는 국사편찬위원회 한국사데이터베이스에 나오는 이력이다. 조선방송협회는 1935년 7월 법인명이 중앙방송국으로 변경됐는데, 따라서 한국사데이터베이스의 기록은 그가 적어도 1935년 7월 이전에 조선방송협회에 입사했음을 말해 준다.

당시 경성京城에는 출력 50Kw 송신소가 있었다. 한국의 방송사를 연구하고 있는 전 KBS 관재국장 이장춘李長椿은 "50Kw 송신소는 동양에서는 중국 다음으로 두 번째 설치된 송신소였지만 (황태영은) 대출력 설치와 운영에 뛰어난 능력을 발휘해서 일본인의 기술을 압도하면서 조선방송협회장의 특별한 관심과 사랑을 받았고 조선인으로서는 특별대우를 받아 연희송신소의 널따란 사택을 배정받을 수 있었다"[11]고 적었다. 능력을 인정받은 황태영은 이후 이리방송국 기술과장으로 발령을 받는다.[12]

당시 경성의 중앙방송국과 지방방송국에 근무하던 조선인 방송 관계자들은 일제의 감시를 피해 단파短波방송[13]을 청취하고 있었다. 미국 샌프란시스코에서 송출되는 '미국의 소리' 한국어 방송과 중국 국민당 정부가 송출하는 중경방송국 한국어 방송을 주로 듣곤 했는데 이들에 의해 일본이 전쟁에 지고 있다는 소문이 돌기 시작했다. 조선총독부는 '유언비어' 유포자를 색출한다는 구실 아래 1942년 말부터 1943년 초까지 방송인, 민간인을 무자비하게 검거하고 고문했다. 수백 명의 방송 관계자와 민간인들이 체포돼 곤욕을 치렀고 이 가운데 모두 75명이 유죄 판결을 받았다.[14]

'단파방송 연락운동 사건' 또는 '단파방송 밀청密聽사건'이라고 불리는 이 사건에 황태영도 연루되었다. 그는 100엔의 벌금형을 선고받는다.[15] 결국 방송국을 떠날 수밖에 없었던 그는 1943년 조선통신기계제작소를 설립한다. 이장춘에 따르면 6 · 25 전쟁이 발발한 후에는 한국전기공업주식회사를 세우고 경영하면서 RCA 한국 대리점을 운영했다고 한다.

한국 텔레비전 방송사에서 빼놓을 수 없는 또 하나의 이름이 RCA다. 'The Radio Corporation of America'의 약자인 RCA는 미국의 전기·방송회사다. RCA는 해방 직후부터 우리나라의 무선통신 서비스를 공급하고 있었다. 1947년 1월 1일부터는 대미對美 전보電報까지 취급하기 시작했다는 기사도 보인다.[16] 다시 말해 RCA는 라디오나 텔레비전, 무선통신 장비 등을 생산하는 회사였고, 황태영은 RCA의 한국 총판을 맡고 있었다고 할 수 있다. 그런데 RCA의 한국 대리점이 입주해 있던 곳이 바로 앞서 언급한 동일빌딩 1층이었다.

시기는 분명치 않지만 1953년의 어느 날이라고 추측된다.[17] 황태영은 공보실로부터 미국에 가서 라디오 방송 기자재를 구입해 달라는 의뢰를 받는다. 전쟁으로 파괴된 방송 시설을 복구할 기자재가 필요했던 상황이었다. 총 구입 비용은 180만 달러에 달했다.[18] 황태영은 한국과 미국을 수차례 오고 가야 했을 것이다.

RCA 본사는 뉴욕 록펠러센터에 있었다. 훗날 황태영이 방송국 설립에 대해 "마천루摩天樓[19] 숲속을 개미같이 이리 기고 저리 기면서 꿈꾸었던 일"[20]이라고 했던 것은 이 때문이었다. 기자재 구입 계약을 위해 뉴욕의 어느 호텔에 체류하던 그에게 어떤 장면이 눈에 들어왔다. 최창봉, 강현두가 공저한 『우리 방송 100년』은 "황태영은 협상에 지쳐 호텔 로비에 앉아 있다가 누군가 동전을 넣고 TV를 보는 것을 보고 현찰이 아닌 현물로 수수료를 받아가자는 아이디어를 냈다고 한다"[21]고 쓰고 있다. 여기서 수수료란 당시 관행적으로 통용되던 구매 커미션을 뜻하며, 현물이란 TV 수상기를 말한다. 이 순간 황태영은 한국에도 텔레비전 방송국을 설립해야겠다는 생각을 했던 것이다.

한국 텔레비전 방송의 시작은 개척자 황태영의 의지와 열정에서 비롯됐다. RCA 한국 총판을 맡고 있었던 그는 라디오 장비 구입차 미국에 들렀다가 한국에 텔레비전방송을 들여오겠다는 꿈을 키운다. 오른쪽 사진은 한국 최초의 TV 방송국 KORCAD가 있었던 종로 동일빌딩.

RCA도 현금으로는 커미션을 줄 수 없다는 입장이었다. 황태영은 커미션을 현금으로 받는 대신 텔레비전 방송 기자재를 도입하기로 했다. 몇몇 문헌과 기록은 이때 황태영이 TV 수상기 200대와 15만 달러 상당의 기자재를 들여왔다고 쓰고 있다. 15만 달러는 기자재 구입 비용 180만 달러의 약 10퍼센트에 달하기 때문에 커미션이라고 볼 수가 있다. 하지만 아무 준비도 없이 200대의 TV 수상기를 이때 들여왔다는 것은 좀처럼 납득할 수가 없다. 일단 텔레비전 방송 기자재를 들여온 뒤, 수상기는 나중에 도입하기로 약정한 정도가 아닌가 한다. 수상기 한두 대 정도는 기자재와 함께 들어왔을지도 모른다. 그래야 기자재가 제대로 설치되고 작동하고 있는지 시험을 할 수 있기 때문이다.

이런 추측에 더욱 무게가 실리는 것은 1954년 7월경 동일빌딩 1층 RCA 한국 대리점에 TV 수상기가 한국 최초로 등장했기 때문이다. 이는 이 해 8월 2일자 한국일보의 보도로 확인되는 사실이다.

방송국이 없었으므로 방송 프로그램을 내보낼 수는 없었지만 서울 시내 풍경과 행인들의 모습을 담은 화면만으로도 장안의 화제를 불러일으키기에 충분했다. 자신감을 얻은 황태영은 본격적으로 텔레비전 방송국 설립을 추진했다. 그러나 여의치 않은 난관에 봉착했다. 정부 관계자들이 극구 반대했던 것이다. 6 · 25 전쟁으로 민생이 황폐한 시점에서 TV 방송은 아직 이르다는 것이 그 이유였다. 황태영은 해결책을 모색했다. 유병은은 "이 비화는 황태영이 직접 저자에게 청진동 그의 사무실의 전자빌딩에서 해준 것"이라며 이렇게 썼다.

TV 방송국 신설 허가 관서인 체신부와 공보실에서 거절을 당한 황태영은 실의에 빠져 침식을 잊고 궁리 끝에 다음과 같은 방법을 마지막으로 시도해 보기로 결심하고 자기 자신이 영문 타자기 앞에 앉아 영문으로, 이승만 대통령 각하 'Your excellency'로 시작되는, 서울에 TV 방송국을 자신의 자본과 미국 RCA제 방송장비로 만들겠으니 허가해 달라는 간곡한 부탁의 서신을 만들어 직접 경무대로 발송을 했다.(유병은, 『방송야사』, 215쪽)

비정상적인 통로로 대통령에게 직접 탄원을 한 것이었지만 뜻밖에도 이승만李承晩은 허가를 내리며 관계 공무원에게 협조하라는 지시까지 내렸다고 한다. 그 후 TV 방송국 설립이 일사천리一瀉千里로 진행된 점을 감안하면 정 · 부통령 선거를 앞두고 약간은 정치적인 고려가 있었던 듯하다.

1956년 초인 듯싶다. 황태영은 방송국 개국을 본격적으로 준비하기 시작했다. 40만 달러어치의 방송 장비를 더 들여왔고 동일빌딩 3층에 스튜디오를 만들기 시작했다. 사장은 유태계 미국인 조셉 밀러Joseph B. Miller였고, 한국 측 대표 격이었던 황태영은 방송국장을 맡았다. 조셉 밀러는 할리우드에서 영화 제작 경험도 있는, 영화와 음악에 조예가 깊은 사람이었다고 한다.[22]

방송국 이름은 '한국 RCA 배급회사'라는 뜻인 'Korea RCA Distributor'의 영문 약자인 'KORCAD'라고 정했다. 호출부호[23]는 HLKZ였는데 이 때문에 KORCAD라는 정식 명칭 대신 HLKZ, 또는 HLKZ-TV라고 불리는 경우가 많다. 종로 보신각 부근 동일빌딩에 사옥이 있어 당시에는 '종로 방송국'이라고 불리기도 했다. 하지만 KBS를 HLCK 방송이라고 부르지 않는 것처럼 KORCAD라고 불러야 맞는 듯하다. HLCK

KORCAD 개국 당시의 RCA TV 수상기. 출처: 국가기록원.

는 KBS TV의 호출부호이며 KBS는 호출 명칭[24]이다.

이해 3월에는 개국 요원들을 공채로 뽑았다. PD, 아나운서, 카메라맨 등을 모집했는데, 300여 명의 지원자 가운데 서류 심사로 60명을 추려내고 면접을 통해 합격자를 뽑았다.[25] 최종 합격자는 PD에 최창봉崔彰鳳, 카메라맨에 최인집崔仁集, 아나운서에 김봉구金鳳九 · 최철유崔哲裕였다.

한국 최초의 공채 TV PD가 된 최창봉에 따르면 그 후 RCA 기술자였던 신광우申光雨, 카메라맨 신면식申勉植 · 마종훈馬鍾壎이 입사했고 뒤를 이어 서울방송국(KBS라디오의 전신) 아나운서로 이름이 많이 알려졌던 서명석徐明錫이 들어왔다고 한다.[26] 최창봉은 얼마 후 서명석이 진영희, 최창숙, 김유방, 최영희 등 '미녀 아나운서'를 스카우트해 왔다고 덧붙이고 있다. 카메라맨 마종훈은 아동문학가 마해송馬海松의 아들이다.

미국인 기술자 프랭크 하이예크Frank Hajek는 RCA측이 보낸 직원이었던 듯하다. 프랭크 하이예크는 기술감독을 맡았고, 나중에 강진구姜晋求가 들어오면서 기술감독직을 번갈아 수행하게 되었다. 강진구는 훗날 TBC 기술부장을 거쳐 삼성전자 회장을 지내게 된다. 이기하李基夏는 연세대 교수 오화섭吳華燮의 추천으로 입사했고 최덕수崔德壽, 황재목黃在穆, 이평재李平宰는 황태영이 직접 영입했다.

이밖에 미술 민병욱, 작화 김용덕 · 문달부文達夫, 음악 김양순 · 최정자, 사진 유인목兪仁穆, 편성 홍의연洪意衍 등이 합류했다. 작곡가 황문평黃文平, 수필가 이규석李圭錫은 간부급으로 영입된 경우다. 최창봉은 "들어온 직원들을 세어보니 대도구, 소도구 담당 등 여러 파트와 세일즈까지 합쳐 50~60명가량 됐다. 나중에 KBS 출신 이수열, 공승규, 평양에서 내려온 연출가 전근영 씨와 서울대 미대 출신 이화수 씨 등이 다시 보강돼 들어왔다"[27]고 회고했다.

## "우리 민족의 영광"

최창봉 등 공채로 뽑힌 직원들의 첫 출근일은 5월 1일이었다. 이 날, 5월 12일부터 3일 동안 시험 방송을 준비하라는 지시가 내려왔다. 3일간이면 12일, 13일, 14일이 되고 정 · 부통령 선거일이 15일이었다. 역시 정치적인 고려에 의해 시험 방송 날짜가 정해졌던 것 같다. 최창봉의 말이다.

上=『테레비』방송실험 下=『수상기』를 드려다보는 관중

# 實驗放送을公開

## 『테레비죤』에觀衆들歡呼聲

우리나라에서 처음으로『테레비죤』방송이 십二일 하오七시三십분부터 鍾路에있는『골케이드』(RCA)『테레비』방송국에서 실험방송―시내십一개소에서그 수상(受像)효과가 공개되었다 十二、三、四일의 사흘동안 우선실험방송을 하고 오는六월부터는본격적인방송이개시될『테레비』방송―십二일동방송국 제一『스타디오』에서 개국식을하고 그 실황을방송하였다 ○…『와―활동사진이

"와— 활동사진이 붙은 라디오다……." 텔레비전을 처음 본 서울 시민들의 반응이었다. 동아일보 1956년 5월 14일자.

시험 방송 준비 기간은 불과 11일, 참으로 무모한 일이 아닐 수 없었다. 더구나 12일 시험 전파 발사와 동시에 우선 개국식을 거행하게 되었으니 어렵더라도 그렇게 알고 준비해야겠다는 지시였다. 나는 출근 첫날부터 개국식과 개국 축하 공연 프로그램 준비에 돌입했고 그날 저녁부터 밀러 사장이 준 전문서적들을 유일한 안내자로 삼아 시설공사가 한창이던 스튜디오와 사무실에서 연일 합숙을 하면서 마치 대학연극 공연 준비를 할 때처럼 개국 준비를 했다.(최창봉, 『방송과 나』, 258쪽)

궁하면 통하게 되어 있는 것일까. 11일 만의 준비 끝에 개국식 프로그램은 성공적으로 첫 전파를 타게 되었다. 유병은은 "시험전파를 발사하면서 경무대 이승만 대통령을 비롯하여 대법원장, 국회의장의 방에 모니터용으로 TV 수상기를 1대씩 기증하여 활동사진을 겸한 방송의 진가를 선보이기도 했다"[28]고 썼다.

'활동사진을 겸한 방송'이라는 구절에 유의할 필요가 있다. TV 방송에 대한 당대인들의 인식이 그러했던 것이다. 1956년 5월 13일자 한국일보는 KORCAD의 개국을 보도하면서 '라디오와 활동사진을 겸한 것'이라는 설명을 덧붙였고, 5월 14일자 동아일보는 '활동사진이 붙은 라디오'라고 설명했다. 이 말은 방송은 곧 라디오인데 거기에 활동사진까지 겸한 것이 TV라고 생각했다는 뜻과 같다. 이 구절에 담긴 또 하나의 의미는 활동사진, 즉 영화를 볼 수 있게 하는 매체가 TV라고 생각했다는 점이다. 지금도 간혹 TV를 안방극장이라고 부르기도 하지만 예전처럼 자주 이 말을 쓰지는 않는 것 같다.

작가 이병주李炳注의 어느 칼럼에서 '텔레비전도 못 보고 죽은 친구'를 한탄하는 대목을 읽은 적이 있다. TV만큼 인간에게 충격적으로 다가온 제품도 드물다고 생각한다. 인터넷도 못 보고, 스마트폰이나 태블릿 PC 같은 것도 접하지 못하고 죽은 이도 있겠지만 텔레비전이 처음 등장했을 때의 경이로움과는 비교할 수 없을 듯하다.

『눈으로 본 TV 30년』(7쪽)에는 이 날 '개국식 순서'를 담은 사진이 실려 있다. 이 사진에 담긴 식순式順과 당시 신문기사를 토대로 개국일의 풍경을 담아보려고 한다.

개국식이 열린 곳은 동일빌딩 3층에 설치된 KORCAD의 스튜디오였다. 방송부장 서명석이 개식開式을 선언하고 국민의례가 있었다.

한국 최초 텔레비전 방송 아나운서 서명석(왼쪽).
오른쪽은 당시 국제보도연맹 이사장 송정훈.

1927년생인 서명석은 국내 최초의 텔레비전 방송 아나운서다. 애국가와 미국 국가가 차례로 연주됐고, 황태영과 조셉 밀러의 개국사開局辭가 있었다. 대통령은 이 날 행사에 참석하지 않았지만 치사致辭를 보내왔다. 공보실장 갈홍기葛弘基가 치사를 대독代讀한 것으로 보인다. 갈홍기는 "폐허된 이 땅에 「테레비」 방송국을 개국하였음은 우리 민족의 영광"[29]이라고 했다.

식순에 따르면 민의원의장 이기붕李起鵬, 공보실장 갈홍기, 체신부장관 이응준李應俊, 서울시장 김태선金泰善이 축사祝辭를 할 인사로 소개돼 있다. 그런데 동아일보의 관련 기사는 찾을 수 없었고, 조선일보 기사에는 이응준, 김태선 두 사람만이 축사를 한 것으로 나와 있다. 많은 문헌과 자료에 이기붕이 참석한 것으로 나와 있는데 조선일보 기사에는 그의 이름이 유독 빠져 있다. 이기붕은 당시 민주당의 장면張勉과 대결하게 될 자유당의 부통령 후보였다.

최창봉은 "자유당 이기붕 씨를 위해 6월 개국 예정일을 무리하게 5월 12일로 앞당겼다는 비난을 받기도 했다"[30]고 썼다. 오명환吳明煥은 "정 · 부통령 선거를 앞두고 다분히 선전 효과를 노린 것이라는 추측을 낳기도 했는데 이는 당시 위정자들이 TV의 위력을 어렴풋이나마 인식했음을 나타낸다"[31]고 말하고 있다. 이런 점을 감안하면 동아일보나 조선일보 역시 선거에 이용당하지 않겠다는 '정치적인 고려'를 한 것인지도 모른다. 당시 야당지로 유명했던 경향신문은 드러내놓고 자유당을 비판하기도 했다.

우리나라 최초의「테레비」방송은 (5월) 12일 밤 7시 반을 기하여 드디어 스타트. 그리하여 구경 좋아하는 서울 시민은 종각 옆 RCA방송국 1층에 설치된 2대의 수상기 앞으로 쇄도하여 옆에 있는 화원이 짓밟히는 등 일대혼잡을 이루었다. 그런데 맞은편에 있는 자유당의 선거 가두방송은 남의 속도 모르고, 모모(某某)씨에게 투표를 하라고 떠들어대는데「테레비」감상을 하고 있던 군중들은 얼굴을 찌푸리며 속없는「마이크」방송에 대하여 불평을 토로. 소위 정치운동을 한다는 위인들이 군중의 심리도 파악 못하고 그저 주먹구구식으로 어떻게 민심을 얻을 것인지. 하기야 자유당과 민심은 원래 무관하니까.(1956년 5월 14일자)

개국식 행사는 내외빈에 대한 꽃다발 증정으로 이어졌고, 폐식閉式의 말로 공식 행사는 마무리되었다. 『한국일보50년사』에 따르면 개국

KORCAD가 개최한 시민의 밤 행사(1956년).

식이 열리던 같은 시간, 반도호텔[32] 다이너스티 룸에서는 200여 명이 초대된 가운데 개국 축하 피로연이 성대히 베풀어지고 있었다.

'개국식 순서'에 실린, 이어진 '방송 순서'는 다음과 같다.

1. 아악(雅樂) 연주 지휘 성경린(成慶麟)
   A. 만파정식지곡(萬波停息之曲)[33]
   B. 수재천(壽齋天)
2. 민속무용
3. 노래와 경음악 지휘 박시춘(朴是春)
4. 영화

최창봉에 따르면 민속무용은 승무僧舞였다고 하며, 초청된 가수들은 원방현元芳鉉, 백설희白雪姬, 현인玄仁, 장세정張世貞 등이었다고 한다. 초청 가수들의 면면은 기록이나 증언에 따라 차이가 존재한다. 『한국방송사』[34]에는 현인, 남인수南仁樹, 백설희가 출연했다고 기록돼 있고, 최덕수는 백년설白年雪, 현인, 명국환明國煥, 신申카나리아, 백설희, 권혜경權惠卿, 원방현이 등장했다고 증언하고 있다. 어떤 영화가 방송됐는지는 찾을 수 없었다.

초청 가수들과 협찬 광고에 얽힌 흥미로운 일화가 있다. 초청 가수들은 모두 한 레코드 회사의 전속 가수들이었다. 동아일보의 표기[35]를 따른다면 소속사의 명칭은 '영창산업주식회사 · 유니버어설 · 레코오드회사'이다. 영창산업은 현재의 영창악기와 관련이 있는 기업으로 당시 대표는 김재창金在昌, 전무는 김재섭金在燮이었다. 형제간인 이 두 사람은 맏형인 김재영金在英과 함께 1956년 11월 영창악기를 설립하게 된다. 영창英昌악기는 김재영의 '영'과, 김재창의 '창'을 따서 만든 사명社名이다.

평안남도 평양에서 출생한 김재창, 김재섭은 황태영의 동향 후배이기도 했다. 황태영은 김재영에게 전속 가수의 출연을 부탁했다.[36] 개국 후 KORCAD에서 광고 제작을 담당하기도 했던 최덕수는 "개국 초라 출연료는 못 주는 대신에 광고를 거저 하라는 교환 조건이었고 영창이 출연료를 부담"[37]했다고 증언한다.

이때 최덕수가 제작한 광고가 한국 최초의 텔레비전 광고인 '깨지지 않는 유니버어설 레코오드'이다. 인터넷으로도 쉽게 찾아볼 수 있는 이 광고는 레코드판 위에 남녀가 춤을 추는 일러스트레이션이 담

한국 최초의 TV 광고. "유니버어설의 깨지지 않는 레코드가 나왔습니다."

긴 슬라이드 필름으로 구성돼 있다. 화면이 나가는 동안 "최고의 예술, 최고의 기술을 자랑하는 유니버어설의 깨지지 않는 레코드가 나왔습니다"라는 광고 문구가 흐른다.[38] 최덕수는 "유니버설 레코드사는 우리나라 상업 방송이자 TV 방송 사상 최초의 광고주이고 이때의 광고도 최초의 광고가 되는 셈"[39]이라고 했다.

먼 후일 황태영은 개국일의 감동을 이렇게 표현했다. 『눈으로 본 TV 30년』에서 발췌, 인용한다.

5월이 온다.

어김없이 해마다 찾아오는 5월이건만 깊은 회상 속에 잠기게 한다. 30년 전 5월은 환희의 절정 속에 내 마음이 사로잡혔으며 해가 감에 따라 환희는 이 땅에 텔레비전 문화의 뿌리를 내리게 하였으니 진정 5월은 장밋빛 같은 아름다운 회상 속에 30년이란 연륜을 되새겨 보게 한다.

움직이는 그림과 소리가 종로 네거리에 운집한 군중들의 시선을 하나의 초점으로 집중시키고 있다. 40대의 꿈이 온갖 난관을 헤치고 현실로서

시현되었으니 바로 환희의 절정 그것이었다. 마침내 텔레비전 문화는 꽃을 피워 컬러 시대를 열었으며 첨단기술의 선구자로서 오늘에 이어지고 있다.(눈으로 본 TV 30년 편찬위원회 편, 3쪽)

그런데 이 역사적인 개국방송의 시청률은 어느 정도였을까. 공식적인 기록이나 통계는 없지만 개국방송을 본 서울시민은 극히 일부였던 것 같다. 문헌이나 증언, 신문기사마다 차이가 나긴 하지만 이 날 서울 시내에 TV 수상기가 배치된 곳은 모두 22개소였고, 수상기 대수는 31개였던 듯하다.[40]

1956년 5월 12일자 조선일보는 "광화문 「로타리」를 비롯하여 시내 22개처에 31대의 수상기를 설치해서 일반에 대한 공개방송을 할 것"이라고 보도했고, 한국일보 보도 역시 이와 같다. 이범경李範璟이 쓴 『한국방송사』[41]와 한국일보 기사에는 그 구체적인 배치 현황이 나와 있다.

광화문 네거리 · 파고다 공원 · 제동국민학교 · 효제국민학교 · 미동국민학교 · 서울역 앞 · 시청 앞 · 서대문 네거리 · 돈암동 구종점에 2대씩, 단성사 앞 · 혜화동 네거리 · 동대문 앞 · 청량리 네거리 · 왕십리 · 을지로 6가 · 시립극장 · 동화백화점 · 용산경찰서 · 삼각지 네거리 · 마포 전차종점 · 자유당중앙당사 · 종각에 1대씩 설치된 것으로 기록돼 있다.

설치된 수상기는 24인치 또는 21인치였다. 수상기 대여에 대해 동아일보는 이렇게 보도하고 있다.

『스크린』 24인치—37만환, 21인치—28만환의 보증금을 내면 동(同) 『테레비』를 세(貰)놓게 되며 매월 3000환(소형은 2000환) 수신료를 지불하면 6월부터 누구나 볼 수 있게 되어 있다.(1956년 5월 14일자)

24인치, 21인치에 불과한 수상기를 통해 한 곳에서 제대로 방송을 볼 수 있었던 시민들은 얼마 되지 않았던 것으로 보인다. 최창봉은 "일반 가정에는 계약된 수상기들이 아직 배달되지도 않은 채로 실시되는 첫날 방송은 옥외 시청 수상기 앞에 모여든 가두 시청자들이 주 대상이었다"고 회고한다.[42] 시내 22개소에 모인 시민들이 시청자의 전부였다는 뜻이 된다.

개국일에 찍은 것으로는 보이지 않지만 KORCAD 앞에 모인 시민들을 찍은 사진이 전해 온다. 사람들의 옷차림으로 모아 늦가을이나 겨울에 찍은 것으로 보인다. 중절모를 쓴 신사, 아이를 업은 아낙, 교모를 쓴 학생, 모자 아래로 희끗한 머리카락이 보이는 노인, 그야말로 남녀노소가 운집해 있는 사진이다. 사진 위쪽에는 '관인 수도가……' 라는 간판 글씨가 보이는데 나머지 글씨는 사람들에 가려 보이지 않는다. 하지만 이것은 '하선정 액체육젓'으로 유명한 요리연구가 하선정河善貞이 운영하던 '관인官認 수도가정조리학원'의 간판 글씨의 일부다. 하선정은 1953년 동일빌딩에 이 요리학원을 열었다.[43] 따라서 이 사진은 KORCAD 건물 옆에서 찍은 것이 확실하다.

한국 텔레비전 방송사에 역사적인 날로 기록됐지만 이 날의 개국방송이 정규방송의 시작을 의미하는 것은 아니었다. 조선일보 기사와 최창봉의 기억으로는 이 날부터 3일 동안, 『한국방송사』의 기록은 이틀 동안 시험방송이 이루어졌다고 한다. 개국일 이후의 시험방송에

텔레비전을 보기 위해 몰려든 시민들. KORCAD 사옥 옆.

대한 프로그램과 관련된 기록이나 증언은 찾을 수 없었다.

## 다시 써야 할 한국 방송사와 드라마사

KORCAD의 정규방송은 보름 후인 6월 1일부터 격일隔日로 저녁에 2시간씩 송출됐다는 것이 『한국방송사』의 기록이다. 한국의 방송사를 다시 써야 할 부분과 관련된 기록이어서 직접 인용해 본다.

> HLKZ-TV는 이튿날(5.13)까지 시험전파를 발사한 후 프로그램을 정리하여 6월 1일부터는 격일(隔日)로 저녁에 2시간씩 정규방송을 하였다. 7월에

는 스튜디오를 47평으로 확장하는 동시에 5평의 스튜디오를 증설하고 같은 해 11월 1일을 기하여 금요일을 제외하고는 매일 2시간씩 방송을 실시하였다.(532-524쪽)

조선일보와 한국일보 또한 3일간 시험방송이 실시된 뒤 '6월 들어' 또는 '6월 1일부터' 정규방송이 시작될 것이라고 보도하고 있다.[44]

이러한 기록 때문인지 한국 방송사를 다룬 대다수의 문헌은 KORCAD가 1956년 6월 1일부터 격일로 정규방송을 실시했다고 서술하고 있다. 하지만 동아일보 등에 실린 TV 편성표를 찾아보면 KORCAD가 정규방송을 처음 송출한 날은 6월 16일이다. 이 날 동아일보의 TV 편성표에는 "6월은 매주 토 · 일 · 수에 한하여 방송함"이라고 기록돼 있다. KORCAD의 정규방송 개시일을 바르게 적고 있는 문헌은 오명환의 『텔레비전 드라마 예술론』 정도에 불과하다.

보통 '월화수목금토일'이라고 말하는데 동아일보가 '수 · 토 · 일'이라고 하지 않고 '토 · 일 · 수'라고 한 데 주목해야 한다. 6월 16일이 토요일이다. 이 날부터 방송이 시작됐고 이 날부터 토 · 일 · 수요일에 정규방송이 송출됐던 것이다. 이는 동아일보에 실린 TV 편성표를 찾아보면 쉽게 확인할 수 있다. 방송이 나간 요일은 특히 유의할 필요가 있다.

KORCAD는 1956년 6월 16일(토)부터 한 달 동안, 격일이 아니라 주 3일(토 · 일 · 수) 편성을 실시했다. 이 같은 편성은 정확히 한 달 후인 7월 15일(일)까지 단 한 차례의 예외만 빼고 빠짐없이 이어진다. 월요일인 6월 25일에는 방송이 나가고 정작 방송 예정일인 수요일(6월 27일)

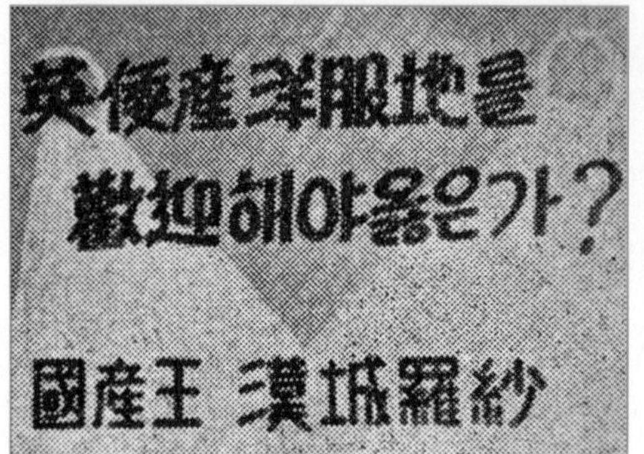

생방송 광고와 광고 슬라이드. '영왜산 양복지를 환영해야 옳은가? 국산왕 한성나사'라고 적혀 있다. 오른쪽 사진은 한국 최초의 TV 카메라.

에는 방송이 송출되지 않았지만 이것은 KORCAD가 6 · 25 전쟁 기념일과 관련해 특별편성을 했기 때문이다.

화요일인 7월 17일부터는 주 4회(화 · 목 · 토 · 일) 편성이 실시됐다. 이런 편성은 11월 18일(일)까지 석 달간 이뤄지는데 한 차례의 예외가 있다. 방송예정일인 10월 18일(목) 대신 10월 17일(수)에 정규방송이 나갔지만 이 주에도 주 4회 편성이라는 원칙만은 지켜지고 있는 것이다.

『한국방송사』는 "11월 1일을 기하여 금요일을 제외하고는 매일 2시간씩 방송을 실시하였다"[45]고 기록하고 있다. 하지만 이 역시 사실과는 부합되지 않는 기록이다. 실제 KORCAD는 11월 20일(화)부터 이해 연말까지 주 5회(화 · 수 · 목 · 토 · 일) 편성을 실시하고 있다. 유일한 예외는 금요일인 12월 14일 정규방송이 나갔던 것인데 하루 전인 목요일부터 오후 12시 30분에 방송이 시작된 것으로 보아 낮 편성을 위한 시험방송이었던 것 같다.

방송국의 개국일은 보통 정규방송이 실시된 날을 의미한다. TBC를 비롯한 각 방송국도 공식 개국일 전에 모두 시험방송을 실시했지만 처음 시험방송을 내보낸 날을 개국일로 잡지 않는다. 하지만 KORCAD만은 예외적으로 시험방송일인 5월 12일을 개국일로 잡고 있고, 한국의 텔레비전 방송사 역시 이 날을 우리나라 TV 방송의 시작으로 쓰고 있다. 받아들여야 할 역사의 일부이긴 하지만 KORCAD의 정규방송 개시일인 6월 16일도 한국 방송사에서 중요한 날로 자리매김되어야 할 듯하다.

KORCAD가 첫 정규방송일에 내보낸 프로그램은 아래와 같다. 원문의 한글은 원문 그대로 옮겼지만 일부 한자漢字는 한글이나 숫자로 바꾸고 띄어쓰기도 했다.

▲8 · 00 뉴-스 레뷰-(영화) ▲8 · 10 수상기안내 ▲8 · 15 세계탐방(뉴-욕시 편) ▲8 · 30 TV무용극장(李仁凡바레-團) ▲8 · 48 문화영화(美그레이샨 국립공원 편) ▲9 · 00 노래파-티(제1회) ▲9 · 30 우리 문화의 시간(영화『가야금』) ▲10 · 00 방송종료

'뉴-스 레뷰-'는 '뉴스 리뷰', '바레-團'은 '발레단'임을 알 수 있다. '-' 표시는 장음長音임을 표시하기 위한 일본식 표기를 따른 것이다. 요즘은 '북리뷰', '영화 리뷰'라는 표현을 자주 쓰는데 1950년대에 '뉴스 리뷰' 같은 표현을 썼다니 조금은 놀랍기도 하다.

프로그램명과 관련해 덧붙일 이야기가 있다. 편성표를 검색하다가 1958년 12월 7일(일) 오후 8시부터 40분 동안 방송된 〈비타민 아워〉를 발견하게 되었다. 순간 무릎을 쳤다. 현재 KBS2에서 방영중인 〈비타민〉이라는 프로그램도 있지 않은가. 1950년대에 이런 '센스' 있는 프로그램명을 달다니, 이 책을 쓰는 입장에선 자못 흥미로운 발견이 아닐 수 없었다. 하지만 그 흥분은 이듬해 2월 1일(일)자 편성표에서 〈유유비타민 아워〉를 확인하고는 실망으로 변해 버렸다. 비타민을 생산하는 유유柳柳산업이 후원하는 프로그램이었던 것이다.

TV 편성표를 확인해 보니 한국 드라마사史를 다시 써야 할 대목도 발견하게 되었다. 대부분의 기사와 문헌에는 한국 최초의 드라마가 1956년 KORCAD에서 방영한 〈사형수〉(홀워시 홀 원작, 최창봉 연출)라고 기록돼 있다. 기록이나 문헌마다 '홀워시홀', '홀워시 홀', '홀 워시

한국 최초의 TV 드라마는 1956년 8월 2일 방영된 〈용사〉였다. 홀워시 홀 원작.

홀', '홀 워씨홀', '홀워디 홀' 등의 차이는 있다.

반면 일부 문헌은 〈천국의 문〉이 한국 최초의 드라마라고 기록했다. 다음의 연합뉴스 기사는 그런 기록을 참조했던 것 같다.

> 사단법인 영상창조연구회(이사장 김진희 서울예전교수)가 1956년 9월에 방영된 TV 드라마 〈사형수〉의 대본을 어렵사리 발굴, 12월 20일 서울예전의 드라마센터에서 옛날 그대로 재연할 예정이다.
>
> 〈사형수〉는 1956년 5월 12일 개국한 한국 최초의 TV 방송사인 HLKZ-TV가 세 번째로 방송한 60분짜리 단막극.
>
> HLKZ-TV가 1956년 7월에 내보낸 한국 최초의 TV 드라마 〈천국의 문〉, 8월에 방송된 〈조국〉에 이은 세 번째 TV 드라마로 그때 영상은 사라졌지

만 대본을 바탕으로 되살아나는 것이다.(연합뉴스 1997년 11월 19일)

연합뉴스 기사는 한국 최초의 TV 드라마가 〈사형수〉가 아니라 〈천국의 문〉이라고 서술하고 있다. 정작 〈사형수〉를 연출한 최창봉은 어떻게 말하고 있을까. 2009년 9월 9일자 조선일보 기사의 일부다.

그(최창봉—인용자)가 연출한 방송이 우리나라 최초의 TV 드라마 〈천국의 문〉이란 30분짜리 생방송 작품이었다. 드라마 〈사형수〉를 최초의 TV 드라마라고 기록해 놓은 자료가 꽤 많은데, 최 이사장은 "〈천국의 문〉이 몇 달 먼저 나온 작품"이라고 정정했다.

다시 말해 최창봉은 한국 최초의 TV 드라마를 〈천국의 문〉이라고 기억했던 것이다. 이는 이기하 역시 마찬가지였다. 하지만 최창봉은 2010년 1월에 출간한 『방송과 나』에서 자신의 기억을 정정했다. 그는 이 책에서 "한국에서 처음 방송된 텔레비전 드라마는 미국의 극작가 홀워시 홀Holworthy Hall 원작의 〈용사Valiant〉를 번역한 〈사형수〉였다"고 했다. 그의 정정이 맞다.

TV 편성표를 통해 확인해 본 한국 최초의 텔레비전 드라마 역시 1956년 8월 2일 KORCAD가 방영한 〈용사勇士〉였다. 이 날 동아일보에 실린 TV 편성표의 일부를 당시 표기 그대로 인용해 본다.

八 · OO 테레비小劇場(홀워시홀作「勇士」出演-制作劇會)

제작극회 소속 배우들

방영 시간은 오후 8시, 프로그램명은 '테레비소극장', 원작은 홀워시 홀, 제목은 〈용사〉, 출연은 제작극회, 이것이 한국 최초 TV 드라마의 실상이었다. 특별한 일이 없는 한 당시 KORCAD는 하루 2시간 동안 방송을 내보냈다. 이 날은 오후 6시 30분에 방송이 시작됐으니 오후 8시 30분에 방송을 끝낸 것으로 보인다. 따라서 〈용사〉의 방영 시간은 30분이었던 것으로 추정된다.

기사나 문헌에 기록된 혼선은 원작자인 '홀워시홀'에서부터 빚어졌다. 어디까지가 성姓이고 어디부터가 이름인지 알 수가 없는데 그래서인지 '홀 워시홀'이라는 기록도 더러 보인다. 하지만 이것은 사소한 실수여서 최창봉이 밝혔듯이 원작자가 홀워시 홀이라는 것은 어렵지 않게 확인할 수 있다.

다음은 '용사'와 '사형수'의 착오다. 홀워시 홀과 로버트 미들머스Robert Middlemass의 공동작인 희곡의 원제목은 〈The Valiant〉, 직역하면 '용맹한 이들', '용감한 이들'이라는 뜻이다. 따라서 TV 편성표에 나온 제목 〈용사〉는 원제목을 그대로 직역한 것이 된다.

'용사'가 '사형수'가 된 데에는 그럴 만한 이유가 있다. 등장인물 가운데 사형수가 있기 때문이다. 〈The Valiant〉의 주인공인 제임스 다이크는 마지막 부분에서 "용자勇者는 오직 한 번 죽는 법"이라고 되뇐다. 이 대사는 물론 "겁쟁이들은 여러 번 죽는다. 그러나 용기 있는 자들The valiant은 한 번 죽는다"[46]는 윌리엄 셰익스피어의 명언을 차용한 것이다.

〈The Valiant〉는 '사형수', '용감한 사형수', '사형수가 남긴 한마디', '사형수 최후의 날' 등의 제목으로 극단이나 대학의 연극회를 통해 여러 차례 무대에 올려졌다. 〈용사〉와 〈사형수〉가 같은 작품이긴 하지만 한국 최초의 TV 드라마는 엄연히 〈용사〉라는 제목으로 전파를 탔다. 최창봉은 〈용사〉의 마지막 장면을 다음과 같이 회고하고 있다.

……사형수 다이크가 형무소장 홀트와 신부를 따라 형장으로 나간 뒤 텅 빈 사형집행 대기실을 비추고 있던 카메라가, 모두가 나간 문 쪽으로 천천히 접근해 잠시 멈추었다가 문 위 벽에 걸려 있는 십자가에 달려 있는 예수상으로 팬업하면서 조용히 흐르던 배경음은 커지고 십자가상이 클로즈업되면서 종료음악이 한동안 고조되었다가 종료 자막이 페이드아웃됐다.

처음 생방송으로 나가는 드라마를 보기 위해 부조정실에 모여 내내 홍분과 걱정스런 마음으로 방송 진행을 지켜보던 신광우 기술부장과 여러 사원들이 일제히 박수를 치며 축하해 주었다. 플로어에서는 무대감독을 하던 이기하, 세트를 담당했던 민병욱 씨 등이 조정실 유리창 너머에서 연신 손을 흔들며 기뻐했다.(『방송과 나』, 263-264쪽)

〈용사〉에 출연한 제작극회 단원들은 사형수 역에 최상현崔相鉉, 여동생 역에 박양경, 형무소장 역에 김경옥金京鈺, 신부 역에 오사랑吳史良, 간수 역에 허규許圭였다. 이 해 3월에 창립을 위한 첫 모임을 가진 제작극회는 6월 30일 을지로 입구 부근의 한 소강당에서 제1회 공연을 가졌다. 무대에 올린 작품은 예의 〈사형수〉였다. 당시에는 〈용사〉라는 제목으로 무대에 올렸을 가능성이 크다고 생각한다. 최창봉 역시 노희엽盧熙燁, 조동화趙東華, 구선모具善模, 차범석車凡錫, 임희재任熙宰, 전근영全槿瑛 등과 함께 제작극회의 창립 동인이다.

그러면 '천국의 문'은 어떤 작품일까. 이 역시 제목부터 착오가 생겼다. 1956년 9월 18일자 동아일보 TV 편성표에 보이는 기록을 원문 그대로 인용한다.

八 · 二五 TV 드라마(단세이니作 全槿瑛譯 "黃金의 門" 李昌烈 李薰)

'단세이니'는 아일랜드의 극작가 로드 던세이니Lord Dunsany이며, 〈황금의 문〉은 그의 대표작인 〈빛나는 문The Glittering Gate〉을 의역한 제목이다. 〈황금의 문〉이 어떤 연유로 '천국의 문'이 됐는지는 최창봉의 회고를 들어보면 짐작할 수 있을 듯하다. 그는 이 드라마의 마지막 장면에 대해 "이 세상을 떠나 하늘나라에 간 두 사람의 대화 장면을 구름 모습을 담은 필름 롤을 무대 장면과 겹치게 해서 마치 구름 위에서 서로 얘기를 나누는 것처럼 보이게 하는 트릭으로 시청자들의 호평을 받았다"[47]고 했다. 오명환은 이에 대해 "TV 드라마 최초의 특수효과(트릭) 장면으로 기록된다"[48]고 평가했다.

〈빛나는 문〉이라는 원제에 비해 '천국의 문'은 천국만큼이나 관념적이다. '관념'이 달랐다면 '지옥의 문'이 될 수도 있었던 것 같다. 이기하는 "이 세상에서 도둑질을 하던 사람들이 죽어 저 세상에서 만나 서로 이야기를 나누는 것이 줄거리로, 지옥의 문을 들어서면서부터 이야기가 시작된다"[49]고 회고하고 있다.

〈황금의 문〉에 출연한 배우는 단 두 사람이다. 이기하는 최상현과 이낙훈李樂薰이 출연했다고 쓴 적이 있지만 TV 편성표에 나오는 이창열李昌烈과 이훈李薰이 두 주인공임이 확실하다.

이창열은 그 신상을 알아낼 수 없었지만 이훈은 당시 서울대 미학과에 적을 두고 있었던 이낙훈이다. 훗날 TBC 전속 탤런트가 된 이낙훈은 "나는 그 분(최창봉)이 1950년대 국내 최초 TV 방송국(HLKZ) 드라마부장(당시 방송부장—인용자)으로 있을 때 찾아가 단역이라도 맡겨달라고 자청해 「빛의 문」(실은 〈황금의 문〉—인용자) 등 10여 편의 TV 드라마(단발물)에 출연한 적이 있었다"[50]고 술회하고 있다.

개인적인 이야기이고 TBC 시절과 관련된 것이지만 이낙훈에 대해 애틋한 기억을 지니고 있다. 나는 이낙훈이 TBC 〈추적〉이라는 드라마에 출연했을 때의 중후한 연기와, 그가 〈그건 그려〉에서 '찰리 백'으로 분했을 때의 의뭉하고 능청스러운 연기를 동시에 기억한다. 어쩌다가 국문과를 나오게 됐지만 고3 때 미학과를 지원해서 낙방한 적이 있다. 거길 지원한 이유 중에 하나는 이낙훈과 김지하金芝河가 미학과 출신이라는 것이었다.

최창봉에 따르면 로드 던세이니의 원작을 번역한 전근영은 니혼대학교 예술학부에서 영화를 공부했다고 한다. 이기하는 전근영에 대해 '각 학교의 젊은 대학생들에게 우상'[51]이었다고 말하고 있다. 대학생들에게 연극 지도를 하며 연극계에서 꾸준히 활동하던 전근영은 1957년 6월경 최창봉의 천거로 KORCAD 제작과장으로 입사하게 된다. 〈황금의 문〉을 생방송할 당시에는 '상담역'으로 제작을 지원했다.

어찌 됐든 TV 편성표를 확인해 보면 〈황금의 문〉은 한국 방송사상 두 번째 TV 드라마임을 알 수 있다. 방영 시간은 30분, 그러니까 30분 드라마였다. 연합뉴스 기사가 1956년 8월에 방영됐다고 쓰고 있는 드라마 〈조국〉은 이듬해 3월 4일 TV 편성표에서 발견할 수 있었다. 유치진柳致眞의 작품인 이 드라마는 1시간 10분 동안 방영된, 당시로는 대작이었다. 오명환은 이에 대해 "우리 창작품을 처음으로 TV화했다는 면에서 의의를 지닌다"[52]고 했다. 〈조국〉의 연출은 이기하가 맡았고 출연진은 극단 신협新協의 단원들이었다.

## 없는 게 없었다

정규방송 개시일인 6월 16일(토)에 〈노래파-티〉(제1회)가 방영된 사실은 이미 언급한 적이 있다. 한국인의 정서를 들먹이지 않더라도 음악 관련 프로그램은 현재의 TV 방송에서도 빼놓을 수 없는 양념이다. 〈노래파-티〉는 6월 20일(수)에 제2회가 방영됐고 6월 23일(토) 편성된

제3회에는 'OB제공'이라는 부가 설명이 붙어 있다. 비로소 프로그램에 '스폰서'가 붙은 것이다. 물론 이때의 'OB'는 OB맥주를 의미한다. OB맥주는 우리나라 최초의 텔레비전 방송 스폰서가 된 셈이다.

〈노래파-티〉는 나중에 〈OB파-티〉라고 불리게 되는데 당대의 유명 가수들이 많이 출연했다. TV 편성표에서 확인할 수 있는 가수는 일일이 나열하기 힘든 정도다. 1956년 10월 6일(토) 편성표에는 'OB파-티-(바라에티 · 쇼- 가수 申카나리아)'라는 대목이 있다. 이 시절 이미 '바라에티', 즉 버라이어티 쇼를 지향하고 있었다는 뜻이 된다.

1957년 10월 5일(토)에 방영된 〈OB파-티〉는 특히 주목할 만하다. 편성표에는 '富吉富吉쇼-'라는 부가 설명이 붙어 있는데 이때 '富吉'은 악극인 윤부길尹富吉의 이름이다. 말하자면 '조용필 쇼', '나훈아 쇼'처럼 〈OB파-티〉라는 프로그램 하나가 윤부길의 특집 쇼가 된 것이다. 〈OB파-티〉가 이 날처럼 진행된 것은 편성표상으로는 매우 드문 사례인 것 같다.

윤부길은 가수 윤항기尹恒起와 윤복희尹福姬의 부친이다. 가수 신카나리아는 그에 대해 "원맨쇼의 제일인자로 손꼽히던 분"[53]이라고 했고, 경향신문 기사[54]는 "「부길富吉」쇼단을 창립, 8 · 15 해방 뒤 3천만의 가슴에 웃음을 선사하던" 악극인이었다고 쓰고 있다. 윤부길은 아들 항기에게는 악기 잡는 것조차 허락하지 않았지만, 무대에 나가겠다고 떼를 쓰는 딸 복희의 고집은 꺾지 못했다. 여섯 살 때부터 아버지 악극단의 무대에 자주 섰던 윤복희는 열두 살[55] 무렵 〈OB파-티〉에도 출연하게 된다.

그 모습이 사진에 담겨 지금도 전해온다. 김성호金聖鎬의 『한국 방송 인물지리지』에는 사진을 찍은 날짜가 1957년 9월 26일로 명시되어 있

경향신문에 실린 〈부길부길쇼〉 광고. 원맨쇼의 제일인자로 손꼽히는 윤부길은 윤항기, 윤복희 남매의 아버지이다. 위 사진은 〈OB파-티〉쇼에 출연한 어린 윤복희.

는데 이 날은 목요일이라 〈OB파-티〉가 방영되지 않는 날이었다. 〈OB파-티〉에 출연한 윤부길의 사진도 존재하는데 뒷배경과 등장인물이 윤복희 사진의 그것과 동일하다. 윤부길과 윤복희는 10월 5일 〈OB파-티〉에 출연한 것으로 보인다.

편성표상으로는 한 번밖에 이름을 발견할 수 없었지만 윤부길은 〈OB파-파-티〉에 자주 출연했던 것으로 보인다. 그가 "항기야, 복희야. 너희들 아버지와 같이 가자. 이제는 아무 걱정 말아라" 했던 것과, 윤항기가 "아버지는 다시 서울로 올라와서 한국 최초의 텔레비전 방송국 쇼를 맡으셨다. 아버지가 자리를 잡으면서 우리 가족은 비로소 정착할 수 있었다"고 한 것은 그런 추측을 뒷받침한다.[56]

코미디 프로그램도 빼놓을 수 없다. 정규방송 개시 후 꼭 일주일 후인 1956년 6월 23일(토)부터 편성에 들어가 있다. 첫 회엔 〈코메디〉, 두 번째 회에는 〈TV코메디〉라는 프로그램명이 붙어 있는데 각각 '남녀동등권'편, '테레비 소동'편이 방영되었다. 두 회 모두 박상익朴商翊, 이향자李鄕子가 출연한 것으로 나와 있다.

박상익과 이향자는 단골 '콤비'였던 모양이다. 부부일 수도 있겠다는 생각도 든다. 경향신문에서 이런 기사를 발견했는데 참고가 되리라 믿는다.

> 동아방송(HLKJ)은 박상익 씨가 엮는 일요연속 「코메디」 "인간동물원"을 상오 7시 40분~50분 · 하오 4시 25분~35분, 두 차례에 걸쳐 방송하고 있다. 현 사회의 이면상을 「페이소스」와 「유머」로 묘사해 가는 이 「코메디」는 박상익 씨가 쓰고 출연하는 "박상익 아워". 이향자 양이 공연한다.(1964

최창봉은 한국 최초의 텔레비전방송 PD였다. KORCAD 사옥 옥상에서.
출처: 『방송과 나』

년 1월 27일자)

그런데 KORCAD가 방영한 코미디 프로그램의 첫 회가 '남녀동등권'이다. 남녀 간의 의식과 성향 차이는 영원히 풀지 못할 수수께끼인 듯하다. 본질적인 면에서 '남녀동등권'은 최근 인기리에 방영되었던 KBS 〈개그콘서트〉의 '남녀생활백서'나 '남성인권보장위원회', '두 분 토론' 등과 비슷한 주제였을 거라고 생각한다.

편성표에서 김희갑金喜甲, 구봉서具鳳書, 배삼룡裵三龍의 이름을 발견한 것도 반가운 일이었다. 추억과 관련된 여러 가지 이야기가 있긴 하지만 워낙 개인적인 것이라 세 사람이 출연한 편성 목록을 각주에 붙이는 것으로 대신할까 한다. 각각 '뚱뚱이', '홀쭉이'로 유명했던 양훈楊薰

과 양석천梁錫天 콤비도 〈TV코메디〉에 자주 출연했던 코미디언들이다. 이들 역시 출연 일자를 각주에 붙인다.[58]

출연일자도 알 수 없고 단 한 차례뿐이었다지만 작고한 코미디언 서영춘徐永春도 〈TV코메디〉에 출연한 적이 있다. 김희갑 · 구봉서 콤비가 영화 일로 바빠지자 연출가 최덕수는 작가의 추천을 받아 서영춘에게 배역을 맡겼다. 그런데 기존 학생극회 연기자들과 분위기가 맞지 않아 최덕수는 이후 서영춘을 배역에서 제외했다. 최덕수는 "그 후는 전원 학생극 회원으로 과장 없는 연기로 코미디를 방송했다. 방송이 끝나자 '앞으로 방송을 이렇게 하라'라는 격려 전화도 왔다. 그러나 나는 후에 유명해진 고 서영춘 씨를 TV에 데뷔시킨 PD가 되는 셈"[59]이라고 했다.

1956년 7월 1일(일)에 첫 회가 방영된 〈벙어리 문답〉은 KORCAD의 대표적인 예능 프로그램이라고 할 수 있다. 정확한 종영일은 알기 어려웠지만 편성표상으로는 이듬해 11월 21일을 끝으로 프로그램명이 보이지 않는다. 아마 11월 말까지 편성됐던 듯하다.

〈벙어리 문답〉은 어떤 형식이었을까. 1956년 7월 24일자 편성표에 '제스추어 경기 최독견 외 5명'이라고 나온 부가 설명과, '제스처 게임'의 타이틀을 직접 제작했다는 최덕수의 회고를 종합해 보면 출연자들이 돌아가며 무언의 몸짓으로 한 단어를 설명하고, 나머지 팀원들은 이를 맞추는 프로그램이었던 것이 분명하다.

7월 24일 편성표에 이름이 나온 최독견崔獨鵑은 일제강점기 〈승방비곡僧房悲曲〉이라는 소설을 연재해 유명세를 탄 소설가이자 언론인이다. 본명은 상덕象德이다. 이렇듯 〈벙어리 문답〉의 출연자들은 보통 일반인은 아니었다. 신문 · 방송 기자나 대학교수들도 더러 출연했다. 1957년 편성표에 실린 〈벙어리 문답〉 출연진들을 일부 옮겨본다.

1957년 4월 16일(화) 경향신문 대 한국일보

1957년 5월 2일(목) 홍익대 교수진 대 숙명여대 교수진

1957년 5월 30일(목) 동국대학교 교수진 대 단국대학 교수진

1957년 10월 31일(목) 한국일보 대 조선일보

1957년 11월 14일(목) 한국은행 대 조흥은행

그때에 비하면 지금은 기자의 위상은 조금 떨어진 편이고, 교수의 그것은 많이 올라가 있다. 지금 기자들이나 교수들이 예능 프로그램에 나와 '벙어리 문답' 같은 게임을 치른다면 시청자들이 어떤 반응을 보일까 궁금해진다.

유아, 어린이, 청소년, 여성 대상 프로그램도 있었다. 이외에도 없는 게 없는 정도이며, 그야말로 구색은 다 갖추고 있었다. 기회를 봐서 적절한 곳에 언급을 할 테지만 우선 유아 대상 프로그램을 소개한다.

1956년 7월 21일(토)에 방영된 〈어린이 시간〉에는 서울 장충유치원 아이들이 출연해 '음악 및 무용'을 하는 시간이 있었다. 이 날 벌어진 소동은 아닌 듯하지만 아이들이 출연하다 보니 이런 일도 있었다. 이기하의 회고다.

한 번은 유치원 아이들의 방송이 진행되는데 한 아이가 오줌을 쌌다. 다급해진 아이는 방청석에 앉아 있는 엄마를 불렀다. 아이의 어머니는 아무

생각 없이 아이에게로 뛰어들어갔다. 이 장면은 그대로 방송되었다. 이 얘기는 두고두고 얘깃거리가 됐다.(『한국의 방송인』, 141-142쪽)

또 한 가지 인상적인 프로그램은 1957년 2월 7일(목) 송출된 'TV싸롱(연 날리기 대회)'이다. 연 날리기 대회를 중계방송한 것인지 그와 관련된 화제를 다룬 프로그램인지는 알 수가 없다. 방영 시간이 10분에 불과한데다, 야외촬영이 어려웠던 때라 중계방송을 직접 한 것은 아닌 것 같기도 하다. 다만 그 시절 연 날리기 대회가 열린 것과, 더러 중계방송이 이뤄진 것은 분명한 사실이다.

소년 시절 어쩌다가 손에 들어온 카세트테이프가 있었다. 코미디언 백남봉白南峰의 '원맨쇼' 몇 가지를 수록한 것이었는데 그중 하나에 '연 날리기 대회 중계방송'이 있었다. 사실 이 테이프를 처음 들었을 땐, 연 날리기 대회를 중계한다는 것은 백남봉이 재미를 위해 지어낸 이야기라고 생각했었다. 기억을 더듬어보면 백남봉의 중계방송은 대략 이렇지 않았나 싶다.

아, 저기 한 연이 떴습니다.
네~, 저기도 또 한 연이 떴네요. 쌍연이 됐습니다.
연들이 계속 올라오고 있습니다.
아, 이젠 온갖 잡연이 다 뜨고 있네요.

물론 백남봉은 '연'을 '년'으로 발음했다.

기사 검색을 하다가 '웃음따라 요절복통 백남봉 원맨쇼'라는 테이프와 관련된 독자 투고를 발견했다. 이 테이프가 내가 들었던 것일 수도 있다. 한 독자는 "저속한 말들을 쓰지 않으면 디스크가 팔리지 않기라도 한단 말인지 아름답고 고상한 말을 사용하여서라도 얼마든지 즐겁게 웃길 수 있는 것을, 자라나는 어린이들을 위해서라도 제발 업자들의 각성이 있기를 빈다"[60]고 호소했다. 당시 시대상이 그랬다는 것인지 백남봉과 그 테이프를 폄하하려는 의도에서 인용한 것은 아니다. 잘 자라나는 건 본인과 부모의 책임이 8할인 것 같다.

편성표에서 발견할 수 있었던 최초의 스포츠 중계방송은 1957년 6월 9일(일) 저녁에 방영된 '전국 아마추어 레슬링 선수권대회 결승전 실황 중계'였다. 황문평은 "중앙청 광장 동편의 가설무대에서 주로 레슬링 경기를 최초로 TV 생방송으로 중계했다"[62]고 회고한 적이 있는데 그가 기억하는 시기와는 다소 차이가 나긴 하지만 이 실황중계가 우리나라 텔레비전 방송 역사상 최초의 스포츠중계가 아닌가 한다. 가두街頭 텔레비전에서 중계되는 레슬링 경기를 보며 소리를 지르는 시민들을 상상해 보면 '거리 응원'의 원조가 따로 있다는 생각도 든다.

## 모든 방송은 생방송이었다

KORCAD의 채널은 9였다. 현재 KBS1 TV와 같은 채널이다. 이는 KBS1 TV가 채널을 이어받았다는 의미가 된다. 방송 기술과 관련된 것이어서 피부에 잘 와 닿지는 않지만 출력은 0.1Kw, 영상 주파수周波數는 186~192MHz였다. 『한국방송사』는 "이때 채택된 주사선走査線 525의 미국 방식은 이후 우리나라 TV 방송들이 그대로 따르고 있다"[63]고 적고 있다.

KORCAD의 가시청 지역은 전파를 송신하는 동일빌딩을 중심으로 반경 16~24킬로미터에 지나지 않았다고 한다.[64] 그런데다 1956년경 TV 수상기의 보급 대수는 331대에 불과했다.[65] 시청률을 따지는 것 자체가 무의미했을 테고 적자를 면할 만한 광고 수익을 기대하기도 어려웠다.

매달 적자가 쌓이기 시작했다. 『한국방송사』는 그 적자를 매달 300만~400만 환에 달했다고 기록하고 있다.[66] 방송 제작 환경 또한 열악했다. 직원의 급여나 복지는 차치且置하더라도 일단 방송 여건이 문제였다. KORCAD에는 RCA제 IOImage Orthicon 카메라가 단 2대 있었다. 카메라 앞부분을 뜻하는 타레트에는 각각 35 · 50 · 90 · 135밀리미터 혹은 52 · 175밀리미터짜리 줌 렌즈가 달려 있었다는 것이 최창봉의 회고다. 그런데 이게 도대체 무슨 말일까. 전 스포츠서울 연예부장 조성로趙成魯의 책에서 그 해답을 찾을 수 있었다.

> TV 카메라도 지금처럼 '줌 인', '줌 아웃'이 되는 현대식이 아니고 카메라 한 대에 초점 심도가 각각 다른 교환 렌즈를 3~4개씩 붙인 '타레트'식이었다. 스위치를 누르면 '철컥!' 하며 렌즈가 바뀌기는 했으나 지금 같은 섬세한 영상 기교는 흉내도 낼 수 없었다는 얘기다.(조성로, 『신들린 PD와 울보 탤런트』, 20쪽)

RCA IO 카메라는 그때로선 가장 성능이 좋은 것이었지만 지금 카

당시 RCA IO 카메라는 조금 빛나는 물체만 잡아도 튜브가 타버렸다. RCA에서 파견된 KORCAD 기술감독 하이예크는 튜브를 보호하기 위해 연출자인 최창봉과 자주 충돌했다. 출처: 『방송과 나』

메라와는 비교 자체가 불가능하다. 촬영 30분 전에 전원을 올려 워밍업을 해야 했고, 카메라의 이미지 올시콘 튜브orthicon tube가 대단히 예민해 수명이 300시간밖에 되지 않았다고 한다. 값도 비싼 튜브를 자주 갈아 끼워야 했고, 조금 빛나는 물체만 잡아도 튜브가 타버렸다.[67]

기술감독 하이예크는 튜브의 수명을 생각하지 않을 수 없었다. 그는 연출자와 자주 충돌했다. 아무래도 연출자는 튜브 수명에 대한 고려보다는 좋은 장면을 담으려는 욕심이 더 강하기 때문이다. 최창봉의 회고다.

> 심지어 재떨이 같은 물체도 잡지 못하게 해서 많이 다투었다. 하이예크 씨는 다른 때는 고분고분 내 말도 잘 듣고 농담도 하다가도 번쩍이는 장면

에 카메라가 갈 때는 어김없이 큰소리로 난리를 치곤 했다. 하도 심할 때는 나도 헤드폰을 벗어 던지며 "Am I directing or are you?" 하며 소리지르곤 했는데 헤드폰이 몇 개 부서져 나가기까지 했으니까 보통 일은 아니었다.(최창봉, 『방송과 나』, 266-267쪽)

같은 일을 두고 이기하의 증언은 좀 더 구체적이고 재미있다.

어느 날 방송 도중 과장이 소리를 질렀다. "네가 연출자냐? 내가 연출자냐?" 이 기술자도 자존심이 상했는지 벌떡 일어나 나갔다. 이때 갑자기 화면이 뒤집혔다. 지금은 방송국에 입사해서 리버스(Reverse, 상하반전—인용자)란 낱말을 모르는 사람이 없겠지만 그때는 모두들 놀라 어쩔 줄을 몰랐다. 할 수 없이 기술부장이 이 기술자를 만나 사정을 해서 그림이 제자리로 돌아오자 모두 어이없는 웃음으로 끝났다.(한국 TV 방송 50년 위원회 편, 『한국의 방송인』, 141쪽)

다음은 스튜디오가 문제였다. 뉴스 부스가 딸려 있기는 하지만 하나뿐인데다가 바닥마저도 골치였다. 조성로는 "스튜디오 바닥이 요즘처럼 철근 콘크리트가 아니고 널빤지를 잇대어 붙인 마루였는데 바닥이 고르지 못해 카메라가 앞뒤로 이동할 때마다 술 취한 듯 흔들리기도 했다"[68]고 쓰고 있다.

그래서 KORCAD 직원들의 하루 주요 일과 중의 하나는 스튜디오 바닥을 대패로 고르고 기름으로 닦는 일이었다.[69] 바닥의 돌출된 부분에 걸려 카메라 케이블의 전원이 나갈 수도 있고, 마이크를 들고 움직이는 직원이 넘어질 수도 있었다. 실제로 여러 가지 방송 사고가 많았던 모양이다. KORCAD에서 기술을 담당했던 전명수全明洙는 "예정된 시간과 많은 차질이 생겨 만화영화나 슬라이드 등으로 조절하였고 이로 인해서 시청자들로부터 많은 비난과 항의 전화가 있었다"[70]고 밝히고 있다.

아래에 옮기는 이기하의 증언은 '스튜디오의 하루'라는 제목을 붙여도 좋을 듯하다.

> 당시는 모든 무대 진행자가 스튜디오에서 일어나는 모든 책임도 질 뿐 아니라 소품도 운반하고 연출자의 지시에 따라 출연자에게 큐 사인도 줘야 하며 카메라 케이블을 양다리에 끼고 이곳저곳 이동하는 일도 했다.
>
> 연출자는 하루 종일 스튜디오에서 산다. 섭외된 프로그램을 보면서 방송될 화면을 생각하며 카메라맨과 상의하고 기록한다. 그리고는 아나운서와 진행에 대한 얘기를 나눈다. 또 다른 출연자가 오면 그 작품을 보고 방송을 위해 손질한다. 그래서 스튜디오에 하루종일 앉아 있어야 했다. 그 시절의 연출자는 그 날 방송할 모든 프로그램을 챙겨야 했다. 그리고 난 다음 방송 진행표를 작성하기 위해 내용을 편성에 알려주고 방송을 위한 미술작업 등을 준비한다.(한국 TV 방송 50년 위원회 편, 『한국의 방송인』, 142-143쪽)

스튜디오의 조명 장치 역시 조악했고 냉방 시설도 얼음이나 선풍기가 고작이었다. 전명수는 이렇게 말한다.

특히 여름철 방송 중의 연주실(演奏室, 스튜디오—인용자)은 에어컨 시설이 없는 밀폐된 실내에서 조명정(照明灯)의 백열전구 고열로 실내 온도가 섭씨 30~40도로 높았으며 큰 얼음덩이를 비치하였다. 또 영화방송을 할 때에는 영사기의 과열을 막기 위하여 대형 선풍기 2대를 사용해서 실내 환기와 과열을 막았으나 방송시설에 많은 애로가 있었다.(한국방송공사 편, 『한국방송사』, 527쪽 )

NG가 나면 새로 찍을 수 있으면 좋으련만 당시 모든 방송은 생방송이었다. 특히 'TV의 꽃'이라고 불리는 드라마 제작에는 웃지 못할 소동이 많이 벌어졌다. 수면 위로는 우아해 보이는 백조가 물밑으로는 쉴 새 없이 발을 놀리듯, 화려해 보이는 무대와는 달리 스튜디오에서는 전쟁이 벌어졌다.

## 이리 붙이고 저리 붙이고, 썼다 지우고……

한국 최초의 TV 드라마인 〈용사〉는 30분 드라마였던 것으로 추정되고, 두 번째 드라마 〈황금의 문〉은 30분 드라마였던 것이 분명하다. 짧다면 짧은 드라마 제작을 위해 제작진들은 몇 달 전부터 준비를 해야 했다. 최창봉은 연출 계획을 짜는 데 무려 두 달 남짓 걸렸다는 말을 하기도 했다.

오명환의 표현대로 그 시절 TV 드라마는 '연극도 아닌 것이', '영화도 아닌 것이'었다. 그는 "'TV 드라마'라는 독특한 장르가 형성되지 못한 당시 그것은 한마디로 연극 무대를 중계하는 것과 국극단의 창극을 스튜디오에 옮겨놓은 형식으로 출발하였다"[71]고 말하고 있다. 〈용사〉와 〈황금의 문〉 역시 원작은 연극이다.

제작진은 등장인물이 적고, 무대장치가 비교적 간단한 작품을 고르는 데 고심한다. 일단 작품이 선정되면 TV 형식에 맞게 각색이 이뤄진다. 오명환은 "대본을 계속 고치는 과정에서 종이를 이리저리 오려 붙이기를 수십 번 계속하였는데 오늘날 연출가들의 최종 콘티를 둘러싼 고독한 연출 작업의 첫 표본이 되었다"고 쓰고 있다.

대본이 완성되면 다음 과정은 리허설이다. 배우들만큼 연출자, 보조 연출자, 카메라맨의 리허설도 힘에 부쳤다. 지금 같으면 다 찍어놓고 편집을 하면 될 테지만 모든 게 생방송으로 나가야 했으니 카메라의 이동 위치까지 미리 약속해 두어야 했다. 이를테면 카메라1이 A 위치에서 B 위치까지 이동하며 한 장면을 잡고 나면, C 위치에 있던 카메라2가 그 장면을 이어받는 사이, 카메라1은 D 위치로 이동하여 피사체를 가까이에서 잡는 준비를 하는 식이었다.

방송 직전 스튜디오 바닥은 카메라와 마이크가 이동할 위치를 표시하는 선과 도형이 복잡하게 그려졌다. 〈황금의 문〉 제작과 관련된 이기하의 증언이다.

방송 날이 왔다. 그 날은 다른 프로그램은 눈밖이다. 스텝 전부가 열심히 자기 일을 찾아 연출자의 지시에 따랐다. 세트는 조각지 하나 하나에 온 정성을 다해 그림을 그려 마련했고 카메라는 종일의 연습과 리허설을 보며 자기가 찾아야 할 그림을 위해 스튜디오 바닥에 블로킹 선을 그었다. 마이

탤런트 이순재는 KORCAD의 주요 배우였다. 그는 "작은 실수가 대형 사고로 이어지기 일쑤였다"며 NG를 내고 집으로 도망가버린 동료 배우도 있었다고 회고한다.

크는 카메라를 피해 움직일 장소를 찾았다.(한국 TV 방송 50년 위원회 편, 『한국의 방송인』, 400-401쪽)

〈황금의 문〉에 출연했던 이낙훈의 증언을 들을 수 있으면 좋겠지만 이미 그는 고인故人이 됐다. 그는 KORCAD 개국 원년부터 활동한 단골 배우였다. 1957년 2월 17일에는 어린이 대상 연극 〈황금나비〉에 출연했다. TV 편성표에는 이때도 이창열과 함께 출연했던 것으로 기록돼 있다. 연출은 이기하였다.

이 해 3월 18일 편성표에도 이낙훈의 이름이 보이는데 어떤 작품이었는지 알아낼 수가 없었다. 혹시 이를 해결해 주실 분이 있을지도 모르니 원문을 옮겨본다.

▲7 · 10 TV극장(KORCAD회사 제공) (곳쏘각-지作 전근영 구성 최창봉 연출 출연 崔南鉉 李薰 羅玉珠 외)

최남현崔南鉉은 아무래도 최상현崔相鉉의 오기誤記가 아닐까 생각된다. 나옥주羅玉珠는 1960년대 인기 탤런트로 활약하게 되는 여배우다.

이낙훈보다는 조금 뒤인 1958년경부터 출연하게 되지만 지금도 활발한 활동을 하고 있는 탤런트 이순재李純才 역시 KORCAD 드라마에 자주 출연한 배우다. 이낙훈 대신 이순재의 회고를 들어보기로 한다.

나는 군입대 전후로 HLKZ에 드나들면서 연극과 함께 탤런트로 겸업을 했다. 당시에는 녹음과 편집 기술이 형편없어서 TV 드라마를 촬영하는 과정이 연극과 똑같았다. 촬영을 한 번도 중단하지 않고 실시간 생방송으로 전국(실은 서울—인용자)에 중계하는 식이었다. 자칫 카메라 앞에서 NG를 내면 돌이킬 수 없었다. 실수 장면이 그대로 TV 전파를 탔다. 많은 대사를 완전하게 외워서 드라마를 촬영했으니 지금 생각해보면 어떻게 그 일을 했을까 싶다.

드라마 촬영이 요즘보다 수십 배는 더 힘들었다. 작은 실수가 대형사고로 이어지기 일쑤였다., 한 동료 탤런트는 NG를 내고 그 여파를 감당하기 어렵다며 집으로 도망가버려서 현장에서 갑자기 대역을 찾느라 난리가 난 적도 있다. 마치 야구 경기에서 갑자기 대타를 찾는 것처럼 긴박했던 순간이었다.(2007년 5월 9일자 스포츠서울)

한국 최초의 대통령 TV 회견. 마이크를 들고 있는 이는 기자 문제안.

도망을 가지는 않았겠지만 이순재 역시 '사고'를 낸 적이 있는 모양이다. 조성로는 이렇게 쓰고 있다.

> 밤새워 세트를 만들고 지겹게 연습을 거듭한 이순재는 저녁에 드라마가 시작되자 순서를 기다리다가 깜빡 잠이 들었다. 그의 등장 차례가 됐지만 카메라 앞으로 들어오지 않자 연출자가 방송 중인데도 이름을 부르고 찾는 소동이 벌어지기도 했다.(조성로, 『신들린 PD와 울보 탤런트』, 21쪽)

나는 다른 일로 해서 이순재 선생과 인터뷰를 한 적이 있다. 연기의 화신이나 다름없는 선생에게서 '옥의 티'를 들춰낸 셈이지만 너그러이 이해해 주시리라 믿는다. 프로필 상으로는 이순재 선생은 1935년생, 이낙훈 선생은 1936년생이다. 한 분은 지금도 현역 배우로 활동 중이

시고, 한 분은 1998년에 타계하셨다. 새삼스레 시간과 운명의 무상無常을 느낀다.

이쯤에서 1957년까지 KORCAD에서 방영된 드라마를 일별해 볼까 한다. 중복이 되겠지만 〈용사〉, 〈황금의 문〉 등도 함께 옮겨본다. 동아일보, 조선일보에 실린 TV 편성표를 근거로, 찾을 수 있는 전부를 옮긴 것이다.

1956년 8월 2일(목) 오후 8 · 00 〈용사〉 홀워시 홀 작, 출연-제작극회(30분 드라마로 추정)

9월 18일(화) 오후 8 · 25 〈황금의 문〉 로드 던세이니 작, 전근영 역, 출연-이창열 이훈(30분 드라마)

1957년 2월 18일(월) 오후 7 · 10 〈형제〉(30분 드라마)

3월 4일(월) 오후 7 · 10 〈조국〉 유치진 작(1시간 10분 방영)

3월 18일(월) 오후 7 · 10 제목 미상, 곳쏘각-지 작 전근영 구성 최창봉 연출 출연 최남현 이훈 나옥주 외(30분 드라마)

3월 26일(화) 오후 6 · 50 〈애국자〉 오영진 작 전근영 구성(40분 드라마)

4월 30일(화) 오후 8 · 10 〈비 내리는 밤의 추억〉 황태수 작 연출 (50분 드라마로 추정)

5월 13일(월) 오후 8 · 15 개국 1주년 기념 특집 〈기류지〉 임희재 작 전근영 구성 연출 최창봉(1시간 15분간 방영)

7월 24일(수) 오후 8 · 00 〈푸른 협주곡〉(1시간 10분간 방영)

8월 15일(목) 오후 8 · 15 〈새아침〉 연출 전근영(1시간 5분간 방영)

몇 가지 덧붙일 설명이 있다.

1957년 3월 26일에 방영된 〈애국자〉는 이승만의 생일을 기념하는 특집 드라마였던 것 같다. 이 날은 〈특집 늬우스(이 대통령 탄신 축하행사 속보)〉와 〈좌담회(우남 이승만 박사를 말함—이기붕 장경근 이형근 안봉익 사회 서명석)〉 같은 프로그램이 편성돼 있다.

5월 13일 개국 1주년 기념 특집 드라마 〈기류지〉는 임희재의 신춘문예 당선작이다. 1955년 조선일보 희곡 부문을 수상했다. 임희재는 훗날 TBC에서 드라마 〈아씨〉를 집필하게 된다. 기류지寄留地란 '일시적으로 머물러 사는 다른 지방이나 남의 집'이라 한다.

4월 30일의 〈비 내리는 밤의 추억〉은 이 글을 쓰는 입장에선 당혹스러운 드라마였다. 갑자기 황태수黃泰秀란 이름이 나오는데 이 인물의 신상을 밝혀내기가 어려웠다. KORCAD 직원인지도 분명치 않았고, 그가 이 드라마의 대본을 직접 쓰고 연출도 한 것인지, 아니면 연출자의 이름이 빠져 있는 것인지도 알 수 없었다. 동아일보 기사(1962년 4월 11일)에서 '방송요원양성 특별강습회'에 참여하는 강사의 한 사람으로 황태수黃泰秀란 이름을 찾을 수 있었지만 동일 인물 여부는 판별하기 어려웠다.

7월 24일 방영된 〈푸른 협주곡〉은 원작자와 연출자, 출연진이 편성표에 나와 있지 않았다. 경향신문 기사(1960년 7월 16일)에서 '마아빈 싸이거 작作, 「푸른 협주곡」'이라는 대목을 찾을 수 있었는데 아마 동일한 작품이라고 추측된다.

별 탈 없이 드라마 제작을 끝내고 나면 출연자들과 제작진은 환희에 휩싸였다. 전근영은 "잘 됐어, 잘 됐어"라고 격려했고 극작가 오영진吳泳鎭, 문학인 조풍연趙豐衍 등은 격려 전화를 걸어오기도 했다. 퇴근 후에 술자리가 있었음은 두 말할 필요가 없다. 이기하는 "우리는 너무 기쁜 나머지 모두 모여 종로 뒷골목으로 향했다. 아침 굶고, 점심 굶고 그리고 마신 것은 술뿐이니 그 형상은 상상할 만한 노릇"이라며 "우리는 통행금지를 피해 방송국 계단에 몸을 던지며 밤을 꼬박 새웠다"고 했다.[72]

현재의 관점으로는 이런 술자리의 분위기를 이해하기 어렵다. 『이야기 관훈클럽』을 쓸 때 원로 언론인들로부터 1950년대 시대상에 대한 증언을 들은 일이 있는데 몇 구절을 인용해 본다.

> 1950년대 초 · 중반의 시대상황은 암담함, 그 자체였다. 곳곳에 복구하지 못한 건물이 남아 있었고, 거리엔 전후(戰後)의 상흔이 역력했다. 술 마시러 가면 주인이 우산을 건네주던 술집이 명동 한복판에 남아 있을 정도였다고 한다. 어쩌다 비라도 오면 우산을 받쳐들고 술을 마셔야 했다. 서울 시내엔 지프나 트럭 몇 대가 돌아다닐 뿐, 오고가는 차들은 많지 않았다. (……) 그 시절엔 점심을 제대로 먹는 사람이 오히려 드물었다.(정범준, 『이야기 관훈클럽』, 17쪽과 26쪽)

연극 공연을 끝내고 났을 때의 환희는 허탈과 허무로 연결되곤 한다. 당시 드라마 제작도 그랬을 것이다. 그들은 허탈과 허무만 남은 가슴에 술을 들이부었는지도 모른다. 낭만적이지만 처절하기도 했던 1950년대의 풍경일 것이다.

# DBC로 자라난 묘목

## 경영난

최창봉은 개국 준비를 하면서 '장님이 코끼리를 더듬는 격'이라는 표현을 썼다. 루디 브리츠Rudy Britz의 『Techniques of Television Production』 정도를 교재로 삼아 거의 아무것도 모르는 상태에서 방송을 제작했다는 것이다. 나머지 제작진들도 마찬가지였겠지만 1957년에 들어서면서부터는 차츰 요령도 붙고 재미도 느꼈을 듯하다. TV 수상기 보급도 제법 늘어 이 무렵 3,000대를 헤아리게 되었다.[73]

하지만 경영자 입장인 황태영은 여전히 늘어가는 적자에 하루하루 애가 마르는 심정이었을 것 같다. 우선 텔레비전이 더 많이 팔려야 시청률이 늘어나고 덩달아 광고도 붙을 텐데 수상기 자체가 워낙 고가였다. 게다가 1957년 1월 1일부터 시행된 물품세법物品稅法 개정법률은 TV 수상기에 붙는 통관세를 무려 5배 이상 늘려놓았다.[74] 김성호는 "30퍼센트의 통관세가 부과되던 TV세트가 사치품으로 적용되어 180퍼센트로 인상되고 보니 타격이 아닐 수 없었다"[75]고 쓰고 있다. 『한국방송사』에 기록된 관세는 186퍼센트로 다소 차이가 난다.

통계청 자료에 따르면 1956년 서울시의 쌀 한 가마(80kg) 가격은 1만 5725환이며, 1957년은 1만 8055환이다. 최창봉이 "통관세 인상 후의 수상기 가격은 21인치가 48만 환, 17인치가 34만 환, 8.5인치가 17만 환이었다. 쌀 한 가마가 1만 8000환 하던 때였으니, 그때 일반사람들의 생활수준으로 텔레비전 수상기를 사들이기에는 벅찼을 것"[76]이라고 한 것은 1957년을 기준으로 삼았던 것 같다.

편의상 통관세를 180퍼센트로 가정한다. 180퍼센트의 관세가 붙은 17인치 수상기의 가격이 34만 환이었다면, 통관 이전 가격은 12만 환이 약간 넘었다는 얘기다.[77] 이 통관 이전 가격 12만 환에 다시 관세 30퍼센트를 부과하면 15만 6000환이다. 다시 말해 15만 6000환이던 수상기 가격이 최창봉의 표현대로라면 '하루아침에' 두 배 이상 뛰어 34만 환이 된 것이다. 최창봉은 "방송인가를 해 준 정부가 텔레비전을 사치품으로 규정하고 180퍼센트의 통관세를 부과하면서 수상기 보급을 결정적으로 가로막은 꼴이 되고 말았다"[78]고 말하고 있다. 황태영의 상심과 분노는 이루 말할 수 없었을 듯하다.

TV 수상기에 대한 통관세 인상은 KORCAD의 경영난에 결정적으로 작용했다. 결국 황태영은 한국일보 사주 장기영張基榮에게 방송국을 넘기게 된다. 황태영은 이렇게 말하고 있다.

**한국일보 사주 장기영. 경영난에 빠진 KORCAD를 인수해 DBC로 재출발시켰다.**

> 매월 약 500만 환 정도의 적자를 메우기 위해 별별 수단을 다 쓰면서 사력을 다해 보았으나, 워낙 광고 수입이 적었고 광고주도 구하기 힘든 형편으로 밤잠을 못 이루고 뜬눈으로 지샌 일이 한두 번이 아니었으며, 앞으로 더 끌고 나갈 전망이 안 보일 시점이었는데, 한국일보 장기영 사장이 인수를 희망하여 넘겨주게 되었다. 넘겨주던 날 눈물이 앞을 가려 그 날은 너무 원통하여 밤새 뜬눈으로 지새웠다.(유병은, 『방송야사』, 221쪽)

1957년 5월 6일 장기영은 KORCAD의 경영권을 소유하게 되었다. 개국 1주년인 5월 12일에는 사명이 대한방송주식회사DBC로 바뀐다. 이때부터 DBC의 시대가 시작된다. 재미있는 것은 경영권이 한국일보 측으로 넘어간 이후부터 동아일보와 조선일보의 TV 편성표가 부실해졌다는 점이다. 라디오 편성표는 실으면서도 TV 편성표는 싣지 않는 경우가 늘어났다는 뜻이다.

장기영은 아이디어와 추진력이 대단했던 인물로 정평이 나 있다. 그는 텔레비전 방송국의 성장 가능성을 높게 평가한 것 같다. 『한국방송사』에는 "장기영은 일본 독매신문讀賣新聞(요미우리신문—인용자)의 사주社主 정력송태랑正力松太郎(쇼리키 마쓰타로—인용자)이 NTV를 창설하여 텔레비전으로서의 기반을 굳혀가고 있는데 힘입어"[79]라는 구절이 있다. 물론 기반을 굳혀가고 있는 건 일본의 사정이고 한국의 TV 방송 토양은 그때까지도 매우 척박했다. 다만 장기영은 NTV의 경우를 보고 사업 가능성을 엿본 듯하다.

장기영은 적극적으로 방송국 경영에 참여했다. 황문평은 "장 사장은 TV 방송국을 인수한 뒤 방송국 간부 사원 회의를 매주 한국일보 사장실에서 가졌다. 말하자면 사장이 방송 업무 현황을 파악하고, 사장 자신의 소견을 전달하는 회의였다"[80]고 말하고 있다.

이 해 6월 최창봉이 미국으로 연수를 떠났다. 미 국무부의 후원으로 보스턴대학이 개설한 SPRC School of Public Relation & Communication 과정이었다. 그가 쓴 회고를 보면 SPRC 과정은 1950년대 국내 신문기자들이 미국에서 받았던 연수 프로그램과 거의 동일하다. 방송인과 신문기자라는 차이만 있을 뿐이다. 최창봉은 "5주간의 강의가 끝나고 뉴욕에서 4주간, 할리우드에서 3주간씩 머물면서 NBC, CBS, ABC 등 3대 네트워크 방송사들의 주요 프로그램 제작 현장에 배치되어 실습 겸 견학을 했다"[81]고 적고 있다.

역시 지금의 관점으로는 이 연수의 의미를 이해하기 어렵다. 우선 중앙일보 대기자 김영희金永熙의 말을 들어보기로 한다.

그때는 미국 갔다 온 사람은 '구름 위에 있는 사람'쯤으로 인식될 때였다. 동네에 미국 다녀온 사람이 있으면 구경 가는 사람이 있을 정도였다. 한국일보 있을 때 선배 홍순일이 미 국무성 연수를 마치고 편집국에 나타났는데 한참을 신기하게 바라보던 생각이 난다.(정범준, 『이야기 관훈클럽』, 36쪽에서 재인용)

『방송과 나』에서 최창봉은 자신이 받은 연수 과정과 자유여행 시간에 대해서만 담담하게 서술하고 있다. 하지만 그가 받았을 문화적 충격과 그로 인한 각성은 대단했을 것 같다. 최창봉과 함께 제작극회 창립 동인으로 활동한 노희엽 등의 사례를 보면 굳이 최창봉의 증언을 듣지 않더라도 충분히 짐작할 수 있으리라고 생각한다. 노희엽 역시 신문기자 자격으로 1950년대 중반 미 국무부 연수를 다녀왔다.

노희엽의 말로는 '미국에 가서 제일 먼저 한 일은 모자와 양복을 산 것'이라 한다. 일당 12달러의 위력이긴 하지만, 못 사는 나라에서 왔다는 자격지심에서 비롯된 일이 아닐까 한다. 노희엽은 아이스크림 종류가 그렇게 많은지 미국에 와서 처음 알았다. 바닐라라는 말도 그때 처음 들었다. 점원이 아이스크림을 고르라며 뭐라뭐라 그러는데 노희엽 귀엔 '스트로베리'라는 단어만 들렸다. 한동안 노희엽은 스트로베리만 시켜 먹었다.

조세형은 자판기에서 뽑은 병 콜라를 마셔보고 '세상에 이렇게 맛있는 게 있나', '희한하다'고 감탄했다.(정범준, 『이야기 관훈클럽』, 34-35쪽)

'일당 12달러'라고 한 것은 당시 국무부가 연수생 1인에게 지급했던 일당이 12달러였음을 뜻한다. 한 달이면 360달러에 달했는데 그 무렵 커피 한 잔이 5센트였다고 하니 대단한 혜택이었다. 최창봉 또한 그에 준準하는 일당을 받았음이 확실하다.

아이스크림이나 콜라를 접하고 받은 충격이 그럴진대 미국의 언론이나 방송 환경을 보며 받은 그것은 더 말할 필요가 없다. 노희엽과 함께 연수를 다녀온 진철수秦哲洙는 "충격을 받아도 너무 받았다. 너나 할 것 없이 한국 언론을 위해 무엇인가 하지 않으면 안 되겠다. 이대로 빈손으로 돌아갈 수는 없다는 다짐을 하게 됐다"[82]고 했다. '한국 언론'을 '한국 TV 방송'이라는 단어로 바꾸기만 하면 최창봉의 심정과 같지 않을까 한다.

최창봉은 "미국 TV의 골든 에이지라고 일컫는 1950년대 후반, 뉴욕과 할리우드의 미국 텔레비전 방송 현장에 있어 봤던 경험은 나에겐 더 없는 행운이었다", "한국에서 책을 보며 암중모색으로 텔레비전을 시작했단 것과 비교하면 실로 텔레비전에 처음 눈을 뜨게 되는 경험이었다"는 말로 미국 연수 경험을 정리하고 있다.

## 과도기

최창봉이 미국에 가 있던 사이의 일이었다. 1957년 9월 15일 AFKN TV가 개국했다. 유병은의 『방송야사』에 따르면 KORCAD 직원들이 AFKN 개국에 많은 도움을 주었다고 한다. AFKN은 'American Forces

Korea Network'의 영문 약자다. AFKN의 개국은 뜻밖에도 DBC 경영에 영향을 미쳤다. 시청률 경쟁, 광고 수주 경쟁에 들어섰다는 뜻이 아니라 AFKN이 개국하면서 미군 PX매점에서 TV 수상기를 팔게 된 것이다.

나도 군대를 다녀오긴 했지만 PX의 정확한 뜻은 모르고 있었다. 네이버 용어사전을 찾아보니 "미국 군대 내에서 군인과 허가된 인원에게 식품이나 일용품 등을 판매하고 있는 매점. 대체로 면세된 가격으로 물품을 판매하는 군대의 한 봉사기관이며 한국군에서는 매점 또는 그대로 PXPost Exchange라고 하고 있다. 미국군의 PX는 세계 도처의 미군 주둔 지역에 산재해 있으며 일반적으로 슈퍼마켓 같은 형식으로 되어 있다"는 설명이 나온다.

면세품은 시중 가격보다 쌀 수밖에 없다. 『한국방송사』는 "PX 유출품이 정부 통관품의 반값으로 거래되기도 했다"고 쓰고 있다(525쪽). 면세 수상기를 일반인이 합법적으로든 비합법적으로든 구입할 수 있게 되자 수상기 보급이 급격히 늘어났다. 1957년경 3,000대 정도 보급됐던 수상기가 1958년 5월경에는 3,500대,[83] 10월경에는 7,000대[84]에 이르렀다. AFKN 개국을 계기로 1년 동안 두 배 이상 늘었다고 할 수 있다. 김성호는 KORCAD의 개국이 AFKN의 개국에 자극을 준 것이라고 지적했는데[85] 그렇게 개국한 AFKN이 KORCAD에 다시 영향을 미친 게 된 것이다.

수상기 보급의 증가는 방송국 경영에 긍정적인 영향을 미칠 것이 분명했다. 하지만 이때까지만 해도 그 영향이 겉으로 드러나지 않는 수준이어서 1957년 9월 27일자 동아일보는 "영상기(수상기)가 고가高價한 점에서 (TV 방송은) 아직 대중과의 거리가 멀다"고 쓰고 있다. 그

AFKN 개국(1957년 9월 15일). 출처: 국가기록원.

런데 최창봉이 연수를 떠난 이후부터 DBC 내부에서 미묘한 분위기가 흐르기 시작했다. 귀국한 이후에야 그 사실을 알게 된 최창봉은 다음과 같이 쓰고 있다.

(연수를 다녀와서) 출근해 보니 이미 조셉 밀러 씨와 황태영 사장은 방송국에서 손을 떼고 한국일보 측의 새로운 체제하에 운영되고 있었다. 그런데 새로 파견 나온 총무팀 몇 사람들만이 사무실을 지키고 있을 뿐 방송 스튜디오 주변에는 사람들이 안 보였다. 스튜디오 하나를 가지고 하루 3, 4시간씩 방송을 하느라고 밤을 새워 세트도 만들고 낮에는 연습들도 하고 늘 사람들이 바글바글하던 스튜디오가 조용하기만 했다. 몇몇 중견 스태프들의 얘기를 듣고 나서야 상황을 짐작할 수 있었다.

내가 떠난 후 얼마 있다가 새 사주 측에서 간부급으로 한국일보에 있던 몇 사람을 텔레비전에 투입했고, 어떻게 된 영문인지 그동안 있던 스태프들과 새로운 이들이 손발이 잘 맞지 않아 서로 어색하게 지내왔다고 했다. 새로 한국일보 쪽에서 들어온 이들의 이름을 들으니 대개 내가 알 만한 이들이었는데 늘 오후 늦게들 나온다고 했다. 그동안 어려운 가운데서도 방송에 대한 열정 하나로 서로 도우며 뭉쳐서 일해왔던 그 뜨거웠던 분위기는 벌써 깨지고 없어진 듯했다. 그렇게들 열심히 땀 흘리며 일하던 스태프들이 기운이 모두 빠져 있었다.(최창봉, 『방송과 나』, 272-273쪽)

그의 회고를 읽고 나서 1957년 편성표를 훑어보니 실제로 그런 분위기가 읽혀지기도 한다.

우선 제작진이 여러 프로그램 중에서도 가장 애정과 심혈을 기울여 만들던 드라마 편수가 확실히 줄었다. 편성표에서 발견할 수 있었던 드라마는 1957년 한 해 동안 총 7편인데 DBC로 재출발한 5월 12일 이후에 제작된 드라마는 두 편에 불과하다.[86] 그나마 한 작품은 8 · 15 특집 드라마로 제작된 것이어서 뭔가 '연례 행사'를 치른 것 같은 느낌이다.

두 번째로는 영화 편성이 크게 늘어났다. KORCAD 시절에도 영화는 편성의 큰 비중을 차지했다. 기술적인 이유와 하나 뿐인 스튜디오 때문이었다. 최덕수는 "스튜디오가 하나에 녹화 기술이 없었던 때라 프로 하나가 끝나면 30분 정도의 영화를 방송해야 했다. 이것을 내가 담당했는데 전 방송 시간의 50퍼센트를 전담해서 커버했다"[87]고 썼다. 하지만 DBC로 넘어오면서 그 정도가 심해졌다. 이를테면 이런 식이다.

> 6월 19일(수) 밤 ▲7 · 30 극영화(대춘향전 제1부) ▲8 · 00(대춘향전 제2부) ▲9 · 10 극장안내 ▲9 · 20 (대춘향전 제3부)
>
> 6월 26일(수) 밤 ▲7 · 30 극영화(처녀 별 제1부) ▲7 · 50 TV뉴우스 ▲8 · 00 극영화 「처녀별」 제2부 ▲9 · 00 TV뉴우스 ▲9 · 20 극영화 「처녀 별」 제3부
>
> 7월 3일(수) 밤 ▲7 · 30 문화영화(무궁화꽃피는동산) ▲8 · 05 학생시간(학생극 「청춘」) ▲8 · 35 음악영화 ▲9 · 10 극장안내 ▲9 · 20 극영화(홀몸)

지금 같으면 항의 전화가 쇄도할 만한 편성이다. 물론 수요일에는 영화를 중심으로 편성했기 때문에 그렇게 된 것일 수는 있다. 하지만 이를 KORCA 시절과 비교하면 같은 수요일, 영화 중심의 편성이라 해

도 차이가 드러난다.

4월 17일(수) 밤 ▲6 · 15 테스트패턴 뮤직아워 ▲6 · 35 학원뉴스 ▲6 · 40 극영화(「열해」 주연 서월영 복혜숙 염미리) ▲7 · 40 극장안내(씨네마코리아 「파리의 황혼」 단성사 「정염」) ▲7 · 50 극영화(제2부)

4월 24일(수) 밤 ▲6 · 30 TV뉴스 ▲6 · 35 학원뉴스 ▲6 · 40 기록영화의 밤(리버티 뉴스200 대한뉴스109 외국주간뉴스) ▲7 · 10 극장안내(단성사 「지상에서 영원으로」 씨네마코리아 「연애시대」) ▲7 · 20 육군사관학교 방문

5월 1일(수) 밤 ▲7 · 00 학원뉴스 ▲7 · 05 문화영화(양과 소년) ▲7 · 30 문화영화(양과 소년 제2부) ▲8 · 05 극장안내(생략—인용자) ▲8 · 25 기상뉴스와 방송 프로 광고

방송국 역시 사람과 사람이 모이는 곳이라 이런저런 갈등과 불협이 있을 수 있지만 어찌됐든 이 무렵 DBC는 한 과도기를 넘고 있음이 분명했다.

## 돌아온 최창봉

연수를 마치고 최창봉이 돌아온 것은 그 해 11월 1일이었다. 그는 동료들에게 달라진 분위기를 듣고 실망했다. 방송을 그만두고 대학 강단에 서겠다는 마음을 굳히고 회사에 나가지 않았다. 그렇게 사흘

1958년 DBC 시절의 방송국 직원들(경복궁에서). 앞줄 오른쪽부터 김양순, 구양숙. 뒷줄 오른쪽부터 이기하, 최창봉, 마종훈, 전근영, 김공선, 민병욱. 맨 왼쪽 신면식. 출처: 『방송과 나』

쯤 지났을 때 한국일보측으로부터 연락이 와 어느 날 아침 장기영의 자택에서 그를 만나게 되었다. 최창봉에 따르면 이런 대화가 오고갔다.

"미스터 최! 방송국에는 왜 안 나와요?"

"이제 저는 방송을 그만두겠습니다."

"뭐? 미스터 최가 방송을 그만두겠다고? 얘기를 좀 해요. 어제도 안 나왔다고 하는데 왜 그러는 거요? 미국 다녀온 얘기도 하고 좀 그래요."

최창봉은 다음과 같이 이야기했다고 회고하고 있다.

나는 우리가 종로텔레비전을 시작할 때 17개국이었던 텔레비전 보유국이 1년 반도 채 안 되는 동안 50여 개 국가로 늘어나고 있다는 얘기와 일본에서 쇼리키 사장을 만났던 얘기를 했더니 장 사장은 일본 방송계 얘기를 많이 물었다.

> 종로텔레비전에 관해서도 이것저것 견해를 묻기에, 기자들이 혼자 뛰면서 취재하는 신문과 달라서 방송은 모든 일에 팀워크가 잘 이뤄져야 한다는 것과 도자기를 뜨거운 가마 속에서 며칠씩 구워야만 명기를 만들 수 있는 것처럼 방송국 분위기도 늘 창조적인 위기가 뜨겁게 달아올라 있어야 좋은 방송이 나온다는 등의 얘기를 했다.(최창봉, 『방송과 나』, 274-275쪽)

TV 방송의 사업 가능성을 보고 KORCAD를 인수한 장기영이었지만 최창봉의 이야기를 듣기 전까지는 TV 방송의 생리에 대해 잘 몰랐던 듯하다. 그럴 만도 한 것이 장기영 또한 '코끼리를 처음 만져보는 장님'이라 할 수 있었다. 반면 최창봉은 미국의 TV 제작 환경을 시찰하고 온 국내 최고 전문가였다.

장기영에게 뭔가 깨친 게 있었던 모양이다. 그는 최창봉에게 "미스터 최는 딴 생각 말고 방송을 계속해야 돼요. 한국일보가 잘 밀어줄 테니 아무 걱정 말고 오늘부터 나와서 전처럼 다시 시작해요"라고 했다. 최창봉은 곧바로 한국일보로 가 논설위원, 편집국 간부들과의 오전 회의에 참석했고 이어 방송국으로 출근했다. 현관문 앞에는 어느새 '최창봉 명命 편성부장 급給 7만 5000환'이라는 사령장辭令狀이 붙어 있었다. 당시 한국일보 편집국장보다 더 많은 급여였다고 한다. 이 날 오후 한국일보에서 파견되어 나와 있던 직원들이 모두 철수했다. 최창봉은 "방송국 분위기는 그날 저녁 방송부터 완전히 회복되었다"고 적고 있다.

분위기야 바로 살아날 수 있겠지만 프로그램의 참신성이나 완성도가 높아지는 건 좀 더 시간이 걸렸을 것이다. 직원들의 쇄신된 분위기와 최창봉의 진가, 그리고 장기영의 적극적인 지원의 결과는 이듬해 인 1958년 2, 3월경부터 드러나게 된다. 이때부터 새로운 프로그램이 나타나기 시작했다.

2월 15일(토)에는 〈나의 비밀〉 첫 회가 방영된 것으로 추정되며,[88] 2월 19일(수)에는 어린이 대상 퀴즈 프로그램 〈누가 누가 맞추나〉 첫 회가 전파를 탔다. 〈나의 비밀〉은 어떤 형식이었는지 정확히 알 길은 없다. 3월 8일 편성표에는 출연자들의 이름이 보이는데 소설가 정비석鄭飛石을 '박사 정비석'이라고 적은 것을 보면 예능 프로그램이었던 것으로 짐작된다.

1958년 2월 25일자 경향신문에는 프로그램 개편 소식까지 보도된다. 이 날짜 경향신문은 "HLKZ 테레비죤 방송국에서는 새봄을 맞이하여 다음과 같이 신설 푸로그램을 방송하리라 한다"고 전하면서 신설된 프로그램 목록을 실었다. 최창봉이 주도한 '봄 개편'이라 할 수 있었다.

▲ 〈나의 비밀〉(퀴즈)=매주 토요일 밤 9시 ▲ 〈창문〉=매주 토요일 낮 12시 ▲ 〈예능로타리〉 매주 수요일 밤 8시 ▲ 〈틴 에이저 아워〉 매주 일요일 낮 12시반 ▲ 〈화요극장〉 매주 화요일밤 8시반 ▲ 〈10만환문답〉=매주 일요일 밤 9시

3월 11일(화) 처음으로 그 이름이 보이는 〈화요극장〉과, 3월 12일(수) 첫 회가 방영된 〈예능 로터리〉는 여러 면에서 주목을 받을 만하다. 〈화요극장〉은 조금 뒤에 설명하고자 한다.

가수 이미자는 '슈퍼스타 K'의 원조였다.

'아마추어 경기'라는 설명이 붙어 있는 〈예능 로터리〉는 일반인이 출연해 노래 솜씨를 겨루는 프로그램이었다. 편성회의 때 최덕수가 제안하고 무대장치까지 디자인했다고 한다.[89] 〈예능 로터리〉는 나중에 '각종 예능 경연'이라는 설명이 붙게 되는데[90] 장기 자랑까지 펼쳐지지 않았나 생각된다. 10월 28일(화) 방영분에는 '10월의 스타 결승전'이라는 설명이, 12월 30일(화) 방영분에는 '4291년도(1958년) 결승전'이라는 설명이 부기돼 있으니 월말 결선, 연말 결선도 벌어졌을 것이다. 지금으로 치면 〈전국 노래자랑〉과 비교할 수 있다. 이듬해 1월 20일 편성표에는 '내무부 대 부흥부 예능경연'이라는 설명도 보인다. 비유하자면 〈전국 노래자랑〉(사할린 동포 편) 같은 특집 편성이었을 것이다. 매회 같은 형식에서 벗어나 변화를 주기 위한 시도였던 것 같다.

〈예능 로터리〉는 때로 〈슈퍼스타 K〉의 역할을 하기도 했다. 가수 이미자李美子는 〈예능 로터리〉가 배출한 슈퍼스타다. 그녀의 말이다.

> 1958년 HLKZ 방송국에서 열린 아마추어 노래자랑 프로그램에서 1등 한 나를, 심사위원이던 황문평 선생이 당시 톱 작곡가인 나화랑 선생에게 소개했다. 나 선생은 "노래 몇 해보라"더니 그 자리에서 바로 5곡의 노래를 줬다. 그중 하나가 '열아홉 순정'이었다.(동아일보 2009년 2월 10일자)

황문평은 당시 DBC 음악과장이었다. '열아홉 순정'은 이미자의 데뷔곡이자 그 이름을 세상에 알린 히트곡이다. 〈슈퍼스타 K〉가 허각과 존 박이라는 스타를 탄생시켰지만 아직 이미자만큼의 슈퍼스타라고는 할 수 없다.

작곡가 나화랑羅花郞에 대해서는 이 글을 쓰기 위해 검색을 해보면서 많은 사실을 새롭게 알게 되었다. '소중한 너'로 유명한 가수 겸 작곡가 조규찬의 부친이라는 것만 언급할까 한다. 나화랑의 본명은 조광환曺曠煥이다.

## 화요극장과 TV극회

〈화요극장〉의 첫 회가 언제 방영됐는지는 확인하기 어려웠다. 그 무렵을 전후해 신문지면에 TV 편성표가 누락되는 일이 잦아졌기 때문이다. 편성표상으로 확인할 수 있는 첫 방영일은 3월 11일(화)이다. 이날이 첫 회일 수도 있다. 일러도 3월 4일(화)보다 이르지는 않을 듯하다.

오명환은 〈화요극장〉에 대해 "이른바 30분물 정규편성으로 자리한 TV 드라마 최초의 프로그램"[91]이라고 평가하고 있다. 일단 5월말까지의 편성표에서 찾을 수 있는 〈화요극장〉 목록을 나열해 본다.

3월 11일 정웅기 작 「슬픈 결산」(1시간 방영)

3월 18일 서약선 작 「어머니」(방영 시간 추정 불가)

3월 25일 주평 작 「기적」(방영 시간 추정 불가)

4월 8일(〈화요극장〉이 방영되긴 했지만 제목은 나와 있지 않음, 40분간 방영)

4월 29일 스탠리 리처드 원작 김형순 역 「오 머나먼 나라여」(40분간 방영)

5월 13일 히치콕 원작 「영시」(방영 시간 추정 불가)

5월 27일 주평 각색 제목 불명(방영 시간 추정 불가)

편성표상에서 〈화요극장〉이 시작되는 시각부터 다음 프로그램이 시작되는 시각까지를 방영 시간으로 잡았다. 괄호 안에 '1시간 방영' 또는 '40분간 방영'이라고 쓴 것은 이를 말한다. 〈화요극장〉이 그 날의 마지막 프로그램으로 편성되어 다음 프로그램이 없을 경우, '방영 시간 추정 불가'라고 표시했지만 대체로 40분은 넘지 않았을 것으로 짐작된다.

오명환이 〈화요극장〉에 대해 '30분물'이라고 한 것은 아주 틀린 말이 아니다. 프로그램들 사이에 광고가 나갈 수 있기 때문이다. 그럼에도 〈화요극장〉은 40분 드라마라고 보는 것이 적절할 듯싶다. 〈화요극장〉이 끝난 뒤 10분 동안이나 광고가 나갈 수 있었으리라고 생각되지 않는다. 유병은은 이렇게 쓰고 있다.

> 광고주(스폰서)를 모집하러 다니던 이경호가 쓴 회고담을 읽어보면, TV 수상기는 사치품으로 취급돼 대단히 고가여서 TV를 볼 사람이 극소수였으며, 광고주에게 생산품의 광고를 부탁하면 한 3년 후에나 만나자고 하는 사람도 있을 정도로 냉담했다는 것이다.(유병은, 『방송야사』, 221쪽)

〈화요극장〉의 경우는 더 심했다. 오명환은 "〈화요극장〉은 제작비가 가장 많이 소요되어 광고주들은 이를 기피했다. 더불어 프로그램 폐지까지 검토했는데 이것이 또한 광고주에 의한 최초의 수난 프로그램으로 기록된다"[92]고 했다. 그러므로 〈화요극장〉을 '30분물'이라고 하는 것은 다소 무리가 있다.

프로그램 폐지까지 검토됐다는 것은 편성표상으로도 그 흔적이 보인다. 광고가 잘 안 붙어서인지 〈화요극장〉은 6월 3일(화)부터 편성표에서 사라진다. 대신 수요일에 방영되던 〈예능 로터리〉가 이 날 편성표에 들어가 있다. 둘 다 DBC의 간판 프로그램이라고 할 수 있는데 〈화요극장〉을 내보낼 수 없는 허전한 공간을 〈예능 로터리〉로 메우려고 했던 것이 아닐까 한다. 〈화요극장〉은 약 두 달가량 편성표에서 사라졌다가 7월 하순 다시 등장한다. 이는 그 기간 동안 〈화요극장〉을 제작하지 못했다는 이야기가 될 수도 있다. 목록은 다음과 같다.

7월 22일 차범석 작 「불모지」(1시간 방영)

7월 29일 「가로수」(1시간 방영)

이후 〈화요극장〉은 약 한 달 동안 또다시 편성표에서 사라졌다가 8월 말부터 다시 등장한다. 이 해 말까지의 목록이다. 'TV의 꽃'이라는 드라마를 지켜내기 위한 제작진들의 분투가 느껴지는 듯하다.

8월 26일 현준 작 「가로수」(40분 방영)

9월 9일 「지켜진 약속」(1시간 10분 방영)

9월 23일 현준 작 「탄생일」(40분 방영)

10월 7일 「무너진 땅」 홍윤숙 작(방영 시간 추정 불가)

10월 14일 「집주인」 출연 KZ학생극회(방영 시간 추정 불가)

11월 4일 차범석 작 「싹트는 계절」(방영 시간 추정 불가)

11월 25일 김경옥 작 「제물」 출연 제작극회(40분 방영)

12월 2일 차범석 제목 불명(40분 방영)

12월 9일 홍윤숙 「원정」(40분 방영)

12월 16일 이호 작 「등산」 출연 TV극회(40분 방영)

12월 30일 TV 드라마 이연일 작 「송년시」(40분 방영)

10월 14일에 방영된 〈집주인〉에 유의할 필요가 있다. 출연진이 KZ 학생극회 단원들이다. KZ는 물론 HLKZ를 말한다. 따라서 DBC 내부에 학생극회라는 조직이 있었다는 뜻이 된다.

TV극회라고 불리기도 했던 학생극회는 이 해 10월 3일 조직됐다.[93]

중앙청(현 경복궁) 뜰에 마련된 DBC 공개방송 무대(1958년).

그러니 〈집주인〉은 TV극회의 첫 작품인 셈이다. 그런데 10월 3일은 공식 출범일 정도의 의미만 두어야 할 듯싶다. 훨씬 이전부터 대학생, 또는 갓 대학을 졸업한 연기자들이 드라마에 출연하고 있었기 때문이다. 이낙훈, 이순재, 오현경吳鉉京 등은 그 대표적인 경우다. 오현경은 이렇게 말한다.

저는 1950년대 말 서울에 처음으로 생긴 텔레비전 방송(HLKZ)에 드라마 연기자로 참여했어요. 그때는 탤런트라는 말도 없을 때였어요. 함께 했던 연기자들은 대부분 돌아가시고, 이제 이순재 씨 정도만 남았지요. 김영옥 씨가 고교 교복 입고 출연했던 게 기억이 나네요.(문화일보 2010년 11월 5일자)

1937년생인 김영옥金英玉은 욕쟁이 할머니 역할을 자주 맡는, 현재도 왕성한 역할을 하고 있는 여배우다. 1970년대 중후반 MBC에서 방영된 〈마징가 제트〉에선 주인공 '쇠돌이'의 목소리 연기를 맡은 적이 있는 성우 출신이기도 하다. 〈마징가 제트〉는 두 번에 걸쳐 방영됐는데 첫 방영 기간은 1975년 8월 11일(월)부터 이듬해 2월 23일(월)까지였다.

그때나 지금이나 TV 프로그램 가운데 특히 제작비가 높은 것이 드라마다. 야외 촬영을 나가는 일이 없었고 스튜디오에 무대를 꾸미는 정도였기 때문에 당시 드라마 제작비의 큰 비중을 차지하는 것은 대본료와 출연료였다. 학생극회가 조직된 배경에 대해 이기하는 "우리는 돈 안 드는 제작을 하면 된다는 생각에 '어린이 극회', '고등학생 극회', '대학생 극회'를 조직하고 회사에 부담 가지 않도록 돈 안 드는 드라마를 제작하려고 노력했다. 상업방송의 현실적 부담은 있었지만 어쩔 수 없는 상황이었다"[94]고 했다.

증언이나 문헌에 따라 학생극회, TV학생극회, 고등학생극회, 대학생극회라는 명칭이 보인다. 편성표에는 KZ학생극회라고 한 번 나왔다가 이후엔 TV극회라는 명칭으로 통일된다. 고등학생과 대학생을 나눠 따로 연기를 지도했던 것이 명칭의 혼선이 빚어진 이유인 것 같다. TV극회의 연출자나 단원들 또한 증언이나 문헌마다 차이가 있다.

최창봉은 "회원으로는 이순재, 이낙훈, 오현경, 김성옥, 여운계, 전윤희, 김영옥, 김복희 등이 있었고, 나중에 방송계 중추 간부들이 되는 안평선, 사상완, 한중광 씨 등도 이때 TV극회 출신들"[95]이라고 기억한다. 이 가운데 김성옥金聲玉은 나중에 TBC의 간판 탤런트로 활약하게 된다. 연극인이자 환경부장관을 지낸 손숙孫淑의 남편으로도 유명하다. 두 사람은 고려대 사학과 선후배 사이다.

대학생극회라는 명칭으로도 알 수 있듯이 대학에서 연극을 한 이들이 많다. 이순재는 서울대 철학과, 이낙훈은 서울대 미학과, 오현경은 연세대 국문과, 여운계呂運計는 고려대 국문과, 김복희金福姬는 서라벌예대 연극영화과, 안평선安平善은 고려대 사학과, 사상완史相完은 서울대 국문과 출신이다. 당시 배재고에 재학 중이었던 한중광韓重光은 나중에 연세대 철학과를 졸업하게 된다.

이기하의 회고는 좀 더 구체적이다.

> 고등학생극회는 KBS-TV를 거쳐 지금은 유명한 연극 연출가로 활동하고 있는 임영웅이 지도하고 김기찬, 한중광, 노유순, 피세영, 김진환, 조치영 등이 활동을 했다.
>
> 대학생극회는 황은진이 지도하고 안평선이 대표가 되어 최진하, 배준용, 이규목, 사상완, 김복희, 전윤희, 김영옥, 김선희 등이 활발하게 활동을 시작하면서 단편극을 한 편씩 방송했다.(한국 TV 방송 50년 위원회 편, 『한국의 방송인』, 145-146쪽)

이들 가운데 피세영皮世英은 훗날 TBC PD로 재직하게 된다. 그는 수필가 피천득皮千得의 아들이다.

〈화요극장〉은 오명환이 지적한 대로 "방송요일을 가이드 라인으로 제시한 점에서 첫 신호가 되었다"고 할 수 있었다. 오명환은 "이것은 KBS의 초창기 〈금요극장〉을 거쳐 오늘날 〈주말연속극〉, 〈월화드라마〉, 〈수목드라마〉 등 요일 고지告知가 드라마 제목으로 연결되는 시금

석이 되었다"고 적고 있다.[96]

DBC는 1959년 2월 1일 밤 원인 불명의 화재로 인해 사실상 문을 닫게 된다. 〈화요극장〉은 그 직전까지 제작되었으며 다음은 1959년에 방영된 목록이다.

1월 6일 「사랑하는 사람들」 출연 TV극회(40분 방영)

1월 20일 「어둠 속에 지는 꽃」(40분 방영)

한 가지 덧붙일 게 있다. 이기하는 〈어둠 속에 지는 꽃〉을 주말연속극이라고 기억하고 있지만[97] 이 드라마가 방영된 1월 20일 역시 화요일이다. 편성표를 보면 연속극이 아닌 것으로 보인다.

## '테레비천국'

1958년 3월 처음 등장한 〈화요극장〉이 이런저런 제작상의 어려움에도 불구하고 한 해 동안 꾸준히 방영된 것은 DBC, 달리 말해 한국의 민간 상업 방송이 어느 정도 궤도에 올랐음을 의미한다. 최창봉은 "대한방송은 한국일보 광고국의 판매 활동의 도움을 받아 경영도 훨씬 개선되어 나갔다"며 "미국 연수의 성과를 살려 방송 프로그램들도 날로 개선되면서 1958년은 경륜 있는 장기영 사장 밑에서 모두가 희망을 가지고 뛰었던 한 해였다"고 했다.[98]

앞에서도 '없는 게 없었다'고 한 적이 있는데 이 해에는 더욱 풍성한

〈10만 환 퀴즈〉.

프로그램이 화면을 장식했다.

3월 16일(일) 첫 회가 방영된 〈10만환 퀴즈〉는 우리나라 TV 퀴즈 프로그램 가운데 최초로 상금을 건 형식을 취했다. 1957년경 서울시 쌀 한 가마 가격이 1만 8000환 정도였으니 10만 환이면 쌀 다섯 가마를 사고도 1만 환이 남는 거금이라 할 수 있었을 것 같다.

이밖에 5월 31일(토) 편성표에서 처음 프로그램명을 찾을 수 있었던 〈틴 에이저 아워〉는 '남녀 중고등학생'을 대상으로 한 프로그램이었고, 1957년 8월부터 이듬해 5월까지 편성표에 나타나는 〈국군장병 위안의 밤〉은 MBC에서 방영된 〈우정의 무대〉와 비슷한 프로그램이었을 것이다.

영화 〈시네마천국〉은 '시네마 파라디소Cinema Paradiso'라는 낡은 영화관을 무대로 영화에 대한 추억과 열정을 그린 영화라고 말할 수 있다. 그런 의미에서 '테레비 파라디소', '테레비천국'이라는 표현도 가능할

테레비放送局全燒

火因調査中、損害額約七千萬圓

DBC 화재 소식을 보도한 동아일보 1959년 2월 2일자

것 같다. 당시 한국의 열악한 텔레비전 방송 환경에서 그런 프로그램들을 제작해 냈다는 건 열정 말고는 달리 설명할 길이 없다.

'시네마 파라디소'는 어느 날 화재가 발생해 잿더미가 된다. KORCAD, DBC 제작진들의 무대였던 '테레비 파라디소' 역시 같은 운명을 겪는다. '희망을 가지고 뛰었다'던 1958년이 저물고 1959년 정월이 갓 지난, 2월 1일의 밤이었다. 동아일보에 따르면 화재가 발생한 시각은 자정을 넘긴 2월 2일 0시 7분경이다. 황문평에 따르면 이 무렵 TV 수상기 보급 대수가 2만여 대, 동아일보[99]에 근거한다면 1만여 대에 이르렀다고 하니 그 안타까움이 더하다. 동아일보의 관련 보도 내용이다.

2층에서 발화, 순식간에 2층 · 3층에 연소되어 220평이 전소되고 1시 18분 경에 진화되었다. 그런데 동 「빌딩」 내에는 1층에 RCA 회사가 있고 2층 · 3층에는 HLKZ 테레비 방송국 외 동창(東昌)기업사 등 두 개의 회사가 있었는데 RCA 회사 외에는 모두 전소하여 총 피해액은 7000만 환에 달한다고 한다. 그런데 화인은 2층 「배우 화장실」 근처로 알려지고 있으며 숙직원 10명을 관할 종로서에서는 연행조사 중에 있는데 모두 『잘 모른다』고 전연 회피하는 태도이며 전기시설을 조사 중에 있으나 「누전」이라는 단정을 내릴 만한 확증도 없어 화인은 아직 판명되지 않고 있다.(1959년 2월 2일자)

동아일보가 전하는 DBC 방송국의 피해액은 동산 4435만 환, 부동산(220평) 1540만 환, 기타 시설 약 1000만 환이었다. 최창봉은 화재가 발생한 그 날의 새벽을 이렇게 쓰고 있다.

어두운 새벽, 이문동 집에서 연락을 받고 뛰쳐나갔을 때 종로텔레비전이 들어 있던 동일빌딩 4층 건물(실은 3층—인용자)은 흔적도 없이 사라지고 여기저리 몇 군데서 뿌연 연기만 나고 있었다. 언제부터 나왔던지 장기영 사장이 해 뜨기 전 어둠 속에서 혼자 멍하니 서서 불탄 자리를 쳐다보고 있었다. 할 말을 읽고 나도 장 사장 옆에 서서 연기 나는 곳을 바라보고만 있었는데, 장 사장은 혼잣말처럼 "똑똑한 사람 한 사람만 있었어도 이런 일은 안 일어나는데……"라고 했다. 나는 할 말이 없었다.(『방송과 나』, 288쪽)

화재의 원인을 두고 이런저런 기사가 보이지만 굳이 옮기지는 않으려 한다. 미국 보험사에 20만 달러의 보험이 가입돼 있어 방화다, 실화다,

여러 가지 설과 소문이 분분했지만 화인火因은 끝내 밝혀지지 않았다.

폐허나 다름없는 환경 속에서 열정 하나만으로 기둥을 세우고 지붕을 올렸던 한국 최초의 민간 상업 방송은 그렇게 한 줌의 재로 남았다. 직원 대부분은 뿔뿔이 흩어졌다. 몇몇 직원들은 화재 한 달 후인 3월 1일 AFKN 채널을 빌려 오후 7시부터 30분씩 한국어 방송을 송출했지만 이를 한국 TV 방송의 재건이나 부활로 보기는 어렵다.

『한국방송사』에 따르면 DBC는 방송 개시 전 "지금부터 방송하는 한국어 프로그램은 AFKN-TV가 책임지지 않을 뿐 아니라 미국 정부의 의견을 반영한 것도 아닙니다"라는 자막을 우리말과 영어로 내보냈다고 한다. 더구나 AFKN을 통한 송출인 만큼 광고 한 편 내보낼 수 없었으니 단 한 푼의 수익도 기대할 수 없는 형편이었다. 동아일보의 표현대로[100] '곁방살이'의 설움이라 할 만하다.

장기영은 이 해 텔레비전 방송국 개국 3주년을 맞아 동아일보와 인터뷰를 갖고 방송국 재건을 천명했다.

화재로 우리나라에 유일한 텔레비가 기능을 상실한 채 벌써 5개월이 가까운데 아직 재건에 손을 대지 못하여 시청자들에게 미안하다. 그러나 연내에 복귀공사에 착수할 것은 확실하면 이번에 새로 마련한 스튜디오 시설을 종래의 4배나 되는 규모를 갖게 될 것이다. 그런데 문제는 기재나 수상기 도입에 있어서 사치품으로 취급당하여 고율의 과세를 당하고 있는 것이 가장 큰 고충이다. 외국에선 국가의 원조로써 보급되고 있는 텔레비 문명이 이와 같이 몰이해를 받고 있는 현상은 매스컴의 최첨단을 걷고 있는 텔레비 문명이 딴나라보다 뒤질 수밖에 없는 결과를 가져오게 될 것이다.(동

아일보 1959년 5월 13일자)

장기영은 실제로 방송국 재건에 노력했던 것으로 보인다. 남은 직원들과 함께 용산 AFKN 방송국에서 우리말 방송 업무를 담당했던 DBC 기술과장 강진구는 어느 날 장기영의 부름을 받았다. 장기영은 그에게 "TV 방송국을 재건합시다. 장래를 위해 TV 방송을 꼭 해야 합니다. 그러나 지금은 현금으로 설비를 들여놓을 만한 자금이 없으니 장기임차를 하든지, 장기저리차관을 도입해서라도 방송국을 재건할 수 있도록 교섭해서 계획을 만들어 주십시오"라고 부탁했다. 강진구의 회고다.

개인적인 심부름이었지만 나는 백방으로 뛰어다니면서 알아보았다. 그러나 방송국을 재건하기 위해서는 방송기자재뿐만 아니라 건물이며 설비, 전기인입 등 소규모 자금으로 될 일이 아니었다. 외국 회사들의 제안을 받아 보니 대부분이 기자재의 장기임차는 불가능하다는 것이었고 임대가 가능하다는 곳은 임대료가 엄청나게 비쌌다. 그러나 백상(百想 · 장기영)은 임대료를 대폭 깎아 보고 안 되면 더 유리한 조건이 없는지를 찾아보라는 것이었다. 장기저리차관을 들여오려 해도 방송시설 업체들은 그 주선을 거부했다. (……) 1960년 여름까지 이러한 일들이 수차례 반복되었지만 해결의 실마리는 풀리지 않아 방송국 재건의 꿈은 끝내 실현되지 못하고 만 것이다.(『한국일보 50년사』에서 재인용)

게다가 DBC 주주들의 반발이 장애가 됐던 모양이다. 『한국방송사』

AFKN 채널을 빌려쓰던 시절의 DBC 직원들. 변변한 급여도 받지 못하며 텔레비전 방송에 대한 열정만으로 무려 2년 8개월여 동안 우리말 방송을 송출했다.

는 "사장의 재건에 대한 열의와는 달리 '주주들이 출자를 꺼렸기 때문'이라는 것이었다. 즉 상업 텔레비전의 기업 면에 있어서의 전망이 흐리기 때문에 새삼 적자 경영을 각오하면서 기업을 재건할 용기가 없었다고 해석할 수가 있다"고 쓰고 있다(528쪽).

어찌 됐든 남은 스태프들과, 특히 최덕수는 일체의 급여도 받지 않은 채 무려 2년 8개월여 동안 우리말 방송을 송출하게 된다. 끝까지 남았던 최덕수의 회고를 특히 옮기고 싶다.

스태프로 여러 명이 참여했다가 수입이 없어 후에는 나 홀로 담당하게 됐다. 프로는 10분의 뉴스에 이어 어린이 프로, 대담, 다큐멘터리, 영어교실, 토요일에는 OB쇼 등으로 방송했다. 몇 편의 단막극도 방송했는데 여기에는 김동훈, 김복희, 여운계, 안평선, 김선희, 김기찬, 최진하 씨 등이 출연했다. 4 · 19 직후 장면 국무총리, 미스코리아 오현주, 손미희자[101] 씨도 출연했고 5 · 16 군사혁명이 일어난 하루만 방송이 못 나갔다.(한국 TV 방송 50년 위원회 편, 『한국의 방송인』, 155쪽)

『한국방송사』는 "당시의 시청자들은 애처로운 마음으로 바라보면서 HLKZ 제작진의 열의에 뜨거운 성원을 아끼지 않았다"며 "우리의 텔레비전을 이어나가 보려던 제작 동인들의 노력이었다고 평가할 수 있다"고 했다(528쪽).

5 · 16 군사정부는 1961년 10월 6일 DBC가 KORCAD로부터 이어받은 채널 9를 국영 텔레비전 방송국에 할당하기 위해 회수해 버렸다. DBC 제작진으로서는 재건할 집이, 돌아갈 집이 사라진 셈이었다. 이에 따라 10월 15일을 끝으로 DBC의 우리말 방송이 중단된다. 가냘프게 명맥을 이어오던 한국 최초의 민간 상업 방송은 그렇게 문을 닫았지만 사람의 열정이란 이런 것이란 생각이 든다. 노력과 인내를 통해 드러날 수밖에 없는 것이다.

# 1부 후기

최창봉 등 DBC 직원들이 주축이 되어 한국 최초의 국영 텔레비전 방송국KBS을 개국한 것이 1961년 12월 31일이다. DBC 방송이 중단된 지 한 달 반 만의 일이었다. 1월 1일 개국도 아니고 하필이면 12월 31일에 개국했는지, DBC 직원들이 어떻게 주축이 되고 어떻게 퇴사하게 됐는지에 대해서 할 이야기는 많지만 이 글이 다루는 범위는 아닐 것이다. 다만 우리나라의 텔레비전 방송이 그렇게 맥을 이어나갔다는 점만은 밝히고 싶다.

TBC와 관련된 서술은 KORCAD나 DBC에 대한 서술과는 그 방식이 다를 수밖에 없다는 점은 프롤로그에 썼다. KORCAD나 DBC에 대한 서술이 '발굴'이라면 TBC에 대한 그것은 대개는 '해석'이거나 '추억'이 되어야 한다고 생각한다. 이미 『동양방송 10년사』, 『동양방송 17년사』라는 책이 나와 있기 때문이다. 2부에서는 TBC의 주요 프로그램과 그 시절의 시대상이 주로 언급될 것이다. 다만 사실을 바로잡아야 할 부분과 관련해서는 지면을 할애하려 한다. 갑자기 달라질 수밖에 없는 서술 방식에 대해 양해를 구하며 2부를 시작한다.

2부

# 흑백 '테레비'의 황금시대

# 프롤로그

1964년 12월 7일 월요일, 도하都下 모든 신문의 1면을 장식한 것은 대통령 박정희朴正熙의 서독 도착 소식을 알리는 기사였다. 서독 방문을 마치고 귀국한 박정희가 이후 경부고속도로 건설과 포항제철 설립 등을 추진하며 본격적인 경제개발에 착수한 것은 유명한 이야기다. 이 날은 동양텔레비전방송, 당시 DTV가 첫 정규방송을 내보낸 날이기도 하다. 개국일을 7일로 정한 것은 동양텔레비전방송이 할당받은 채널 7과 맞춘 것이라고 『중앙일보 · 동양방송 10년사』[102]는 쓰고 있다.

1964년은 박정희의 취임 원년이었고, TBC의 개국 연도였다. 박정희는 1979년 10월 26일 김재규의 총탄에 맞아 유명을 달리했고, TBC는 1980년 11월 30일 신군부 세력에 의해 강제로 막이 내려진다. 전자의 시대를 '독재 18년'으로 칭하든, '조국 근대화의 시기'로 규정짓든

대통령 박정희의 서독 방문 기사가 모든 신문의 1면을 장식했던 1964년 12월 7일 TBC TV가 첫 전파를 내보냈다.

나는 관심이 없다. 마찬가지의 이유로 TBC 사사에 기록된 '동양방송, 그 위대한 17년'이라는 자찬에도 별다른 감흥이 느껴지지 않는다. 내게 중요한 것은 비록 유년기를 보냈을 뿐이지만 나도 그 시절을 살았다는 점이며 나의 아버지와 어머니가, 그리고 할아버지, 할머니가 박정희와 TBC를 보며 웃고 울었다는 점이다.

내게 누가 이렇게 물을까 봐 두렵다.

"그래, TBC가 있었지. '6백만불의 사나이'도 재밌었어. 그런데 그게 뭐 어쨌다고?"

그렇게 묻는다면 나는 할 말이 없다. 그저 그랬다는 것이다.

다만 이런 말을 하고 싶다. 박정희는 영원한 대통령일 줄 알았고, TBC는 아직도 채널 7이라고 연상될 만큼 독보적으로 재미있는 방송이었다. 그 시기는 경제개발과 독재가 겹쳐 있고 화려와 빈곤이, 성장과 소외가, 웃음과 울음이 중첩된다. 물과 기름처럼 겉도는 듯하지만 묘하게 어울리는 것도 같다. 사람 사는 게 그런 게 아닐까. 흑과 백이라는 극과 극의 수단으로 세상과 추억을 담아내는 흑백 사진, 흑백텔레비전처럼 이제는 담담하게 받아들이고 소중히 간직해야 할 그 무엇처럼 말이다.

# 민간 TV의 진정한 출발 (1964-1969)

## TBC 개국을 축하한 KBS

동양방송이 삼성그룹의 계열사였다는 것은 널리 알려져 있지만 그 설립 과정을 아는 이는 많지 않은 것 같다. 우선 '동양'이라는 사명社名 자체가 삼성 계열사로서는 어울리지 않는다. 삼성의 창업주 이병철李秉喆은 '삼성' 아니면 '제일'이나 '중앙' 같은 상호商號를 선호했다.

원래 동양텔레비전방송이란 이름으로 체신부로부터 방송국 설립 가허가를 받은 것은 국방부장관을 지낸 김용우金用雨였다. 가허가를 받은 날짜는 1962년 12월 31일이다. 『한국방송사』에 따르면 "김용우가 이병철에게 TV 설립 제의를 해오자 이병철은 이 제의를 받아들여 락희樂喜그룹의 회장이던 구인회具仁會와 공동투자로 TV회사를 설립하기로 하였다"고 쓰고 있다(806쪽). 락희그룹은 현 LG그룹의 전신이다.

동양방송 라디오 역시 그 전신은 라디오서울이며 설립 허가를 받은 주체도 따로 있다. 1963년 6월 25일 라디오서울 설립 당시의 임원은 회장 이재형李載瀅, 사장 김규환金圭煥이었고 이사로 이병철 · 구인회 등이 참여하고 있었다. 이재형은 국회부의장을 지낸 정치인이었고, 김규환은 허주虛舟라는 아호로 유명했던 언론인 출신 정치인 김윤환金潤煥의 친형이기도 하다.

이병철과 구인회, 재계를 대표하는 두 기업인이 손을 잡고 텔레비전과 라디오 방송국 경영에 투자했지만 설립까지 여러 가지 난관이 많았다. 주로 방송 기자재 확보 문제와 수입 인허가 문제와 관련된 것이었다. 그런 과정 등을 겪으며 설립 허가를 받은 주체들이 경영에서 물러났고, 개국 이후에는 이병철과 구인회의 합의 끝에 락희그룹이 투자에서 손을 뗐다. 이상이 삼성그룹이 동양방송을 단독으로 경영하게 된 간략한 배경이다.

라디오서울은 1964년 5월 9일 첫 정규방송을 송출하며 개국했고, 동양텔레비전방송은 앞서 언급한 대로 이 해 12월 7일 개국했다. 두 방송은 몇 차례 사명이 변경됐는데 혼선을 피하기 위해 미리 번거로운 설명을 해두기로 한다.

동양텔레비전방송은 1965년 8월 2일 중앙텔레비전방송으로, 라디오서울은 8월 3일 중앙라디오방송으로 사명이 바뀐다. 중앙일보 창간을 앞둔 무렵이었는데 사주의 취향이 반영된 사명 변경으로 보여진다. 영문 약칭은 각각 JBS-TV, JBS-라디오였다. 이 해 11월 5일에는 중앙라디오방송의 사명이 중앙방송으로 변경됐고, 이듬해인 1966년 1월

개국 당시 TBC는 신세계백화점의 4층과 5층, 옥상을 개조해 사무실과 스튜디오로 사용했다(위). 아래는 TBC 부산 사옥(좌)와 라디오서울 사옥.

31일에는 중앙텔레비전방송이 해산되면서 중앙방송에 흡수된다. 이것은 라디오 방송이 텔레비전 방송을 합병했다는 말이 되는데 당시로서는 자연스러운 일이었다. 라디오 방송의 위상이 텔레비전 방송의 그것보다 훨씬 높을 때였기 때문이다.

텔레비전과 라디오를 모두 소유했던 중앙방송은 1966년 7월 16일 동양방송으로 상호가 다시 변경된다. 국립중앙방송국(KBS)과 혼동된다는 이유로 정부로부터 수 차례 상호변경 요구를 받았기 때문이다. 이때의 영문 약칭이 TBC였다. DTV, JBS-TV 시절을 거쳐 비로소 TBC의 시대가 열린 것이다. 이하부터 인용문이 아닌 본문에서는 편의상 TBC로 명칭을 통일하려고 하며, 'TBC라디오'라고 칭하지 않는 한 TBC는 텔레비전 방송을 의미한다는 것을 밝혀두고자 한다.

개국일 TBC가 방영한 정규방송은 다음과 같다. 신문에 실린 편성표와 관련 기사를 근거로 했다.

> 오후 6 · 00 개국축하인사 6 · 30 주한 외교사절의 축하 7 · 00 축하식전과 「쇼」 9 · 15 특집극 「초설(初雪)」 10 · 00 개국기념 자선「파티」

『동양방송 10년사』에는 이 날 오후 1시 30분에 첫 전파가 발사되고, 2시부터는 서울 시민회관(현 세종문화회관)에서 열린 '개국기념식'이, 3시부터 1시간 동안은 '개국기념공연'이 실황 중계됐다고 기록돼 있다. 『동양방송 10년사』는 또한 방영 시간은 밝히지 않은 채 "개국 기념 공연 제3부 「버라이어티 쇼」와 특집방송극 「초설」이 우리나라에서 처음으로 녹화방송되었다"고 하면서 "(오후)10시부터 불우한 진학생 돕기 자선파티가 생방송되던 중……"이라고 쓰고 있다.

기록에 뭔가 착오가 있었을 것 같다는 생각이 든다. 먼저 시청률이 저조할 수밖에 없는 월요일 오후 1시 30분에 개국 방송이 시작됐다는 것이 이상하다. TBC는 개국 전인 11월 27일부터 12월 1일까지 매일 오후 6시에서 9시 30분까지 시험방송을 실시했다. 실컷 그 시간에 시험방송을 해놓고 정작 개국일엔 1시 30분에 정규방송을 내보냈다는 것 또한 이해하기 어렵다. 더구나 기록이 틀리지 않다면 그 시간부터 이 날 밤까지 방송이 계속 나갔다는 뜻인데 낮에 방영된 프로그램이 저녁에 다시 재방영되지 않고는 설명이 안 되는 일이다.

이 날 오후 2시에 시민회관에서 '개국식전開局式典 및 축전祝典'이 열린 건 확실하다. 이 사실은 TBC가 1964년 11월 27일자 경향신문 1면에 게재한 개국 광고에도 나와 있다. 개인적인 추측이지만 오후 1시 30분부터 진행된 개국 관련 행사를 오후 6시부터 녹화 방영한 것으로 여겨진다.

그런데 이 녹화 방영이라는 부분에 유의할 필요가 있다. 우리나라 최초였기 때문이다. KORCAD 시절 모든 방송이 생방송이었다는 사실을 언급한 적이 있지만 국영방송인 KBS조차 녹화기가 없어 녹화 방송은 꿈도 꾸지 못하는 시절이었다. 하지만 TBC는 개국 직전 660VCR(녹화기)를 들여와 한국방송사의 새로운 장을 열게 된다.

한 가지 흥미로운 사실이 있다. KBS가 TBC 개국을 축하하는 쇼를 편성했다는 점이다. 조성로는 "국영방송이라는 긍지를 잃지 않은 KBS-TV가 D-TV가 첫 전파를 내보내는 날 〈개국 축하 쇼〉까지도 만들어 방송하는 여유를 보였다"[103]고 했다. 하지만 동아일보에 실린 TV

편성표로는 〈그랜드 쇼〉라는 프로그램명만이 있을 뿐 KBS가 TBC 개국을 축하하며 쇼를 준비했다는 흔적은 보이지 않는다. 다만 KBS와 DBS가 TBC라디오 개국 때 축하 쇼를 제작한[104] 사실을 감안하면 그랬을 수도 있겠다는 생각이 든다.

## 녹화기와 전속제

녹화기의 도입은 미리 NG를 솎아낼 수 있게 됐음을 의미한다. KORCAD, DBC 시절에는 오줌을 싼 아이를 달래기 위해 갑자기 무대로 올라온 아주머니도 있었고, 깜빡 잠이 든 배우를 찾기 위해 스태프들이 이름을 부르는 소동도 있었다. 생방송이기 때문에 이런 장면이 그대로 나갈 수밖에 없었는데 그때에 비하면 엄청난 진화라 할 수 있었다.

하지만 660VCR은 편집 기능이 없었다. DBC 시절 방송계에 입문해 KBS를 거쳐 TBC 개국 PD가 된 황은진黃垠軫은 "지금은 NG가 나면 그 부분부터 다시 녹화를 하면 됩니다. 그러나 660은 편집 기능이 없었어요. 50분짜리 드라마를 만들다가 마지막 장면에 NG가 나면 처음부터 다시 해야 됐어요"라고 회고한다. 이런 방식으로 제작된 한국 최초의 녹화극이 TBC가 개국일에 방영한 〈초설〉이다. 이 작품에는 이순재, 이낙훈, 김동훈, 김성옥 등이 출연했다. 〈초설〉에 대해 황은진은 "우리 TV 방송 사상 꼭 짚고 넘어가야 할 정도로 중요합니다. TV의 녹화시대를 열게 한 시금석이었기 때문이죠"라고 덧붙였다.[105]

12월 12일(토)에는 TBC 부산국이 개국했다. 개국 행사는 오후 3시 남포동 대영극장에서 열렸다. 이 날 역시 한국 TV 방송 사상 획기적인 날이다. 서울과 그 인근 지역이 아닌 지방 대도시에 처음 우리나라 방송이 송출된 첫 사례이기 때문이다. 1964년 11월 30일자 경향신문은 "(TBC는) 관영 KBS-TV보다 앞질러 12월 12일부터는 부산에서 호출부호 HLKE, 채널 9로 또한 중계방송을 내보낸다"고 보도했다.

경향신문의 보도대로 TBC 부산국은 서울의 채널 7과 달리 채널 9로 방송을 송출했다. 그 이유가 지금 관점에서 보면 흥미롭다. 채널 7로 방송을 하게 되면 일본 방송을 시청할 수 없다는 부산 시민들의 여론에 굴복했기 때문이다. 1961년 일본 NHK와 NBC가 대마도에 중계탑을 가설하면서 부산 일원은 일본 방송의 시청권에 들어갔다. 정부는 일본 방송 시청 규제에 대해 거의 손을 놓다시피 하고 있었는데 TBC 부산국에 대한 설립 허가는 부산, 경남 지역민들의 일본 방송 시청을 줄여보자는 의도가 작용했다. 부산국의 채널 9는 1972년 채널 7로 바뀌어 서울과 통일을 이루게 된다.

내가 부산에서 유소년기를 보내던 1970년대 후반, 1980년대 초반에도 일본 방송을 보던 집이 꽤 있었다고 기억한다.[106] 반 아이들이 일본 방송을 봤다며 이런저런 이야기를 했는데 유치한 과장이나 거짓말과 관련된 것이어서 굳이 옮기지 않으려 한다.

TBC 부산국은 뉴스 · 보도 부문을 제외한 나머지 프로그램들의 녹화 필름을 서울로부터 전송받아 일주일 늦게 방영했다. 당시 기술로는 서울에서 부산까지 직접 송출할 수 없었기 때문이다. 개인적인 이야기지만 1977년 서울에서 부산으로 이주한 나는 부산에서 '문화적

"안녕하십니까, 안녕하십니까? 후라이보이 곽규석입니다." 곽규석(왼쪽 상단)은 '쇼쇼쇼' 진행을 그만둔 이후에도 그의 트레이드마크가 된 이 인사말을 어떤 방송에서든 사용했던 것 같다. 아래는 〈쇼쇼쇼〉 500회 특집과 파리 로케이션(오른쪽).

충격' 비슷한 것을 받았다. 아침마다 "재치국(제첩국) 사이소, 고래 고기 사이소"를 외치는 행상 아주머니 덕분에 잠에서 깨는 일이 많았다. 어떤 아주머니는 사란 말도 하지 않고 "재치국", 딱 한 마디만 반복하며 돌아다니시기도 했다. 이런 외침은 시간이 흐르면서 "구멍난 냄비, 다라이(대야) 삽니다", "개 팔아라~, 고양이도 산다~", "계란이 딸랑 딸랑~하시는 분은 미리미리 준비를 하이소" 등으로 바뀌어갔다.

부산국이 개국하던 날 서울에서는 〈쇼쇼쇼〉 첫 회가 방영되었다. 아직도 쇼 프로그램의 대명사로 일컬어지는 〈쇼쇼쇼〉는 TBC가 문을 닫고 나서도 KBS2가 이어 받아 1983년 7월 17일 종영된다. 『한국 TV 40년의 발자취』는 〈쇼쇼쇼〉가 "TV쇼 발전에 커다란 자극제 역할을 했다. 13년간 〈쇼쇼쇼〉 사회자를 맡은 곽규석은 인기인의 대명사가 되기도 했다"며 "이런 까닭에 1980년 신군부는, TBC를 KBS에 통합시켰으나 〈쇼쇼쇼〉를 없애지 못했다"고 설명한다. 『쇼쇼쇼』 첫 회는 부산의 경우 1964년 12월 17일 첫 방송이 나갔다.

〈쇼쇼쇼〉의 인기를 말해주는 일례다. 내가 국민학교 다닐 때 나돌던 우스갯소리 비슷한 수수께끼가 있었다. 어떤 아이가 이렇게 묻는다.

"산이 세 개 있는데 산마다 두 그루씩 나무가 있어. 그 산 아래에 지진이 나면 어떻게 되게?"

답이 뭘까. 정답은 '쇼쇼쇼'다. '쇼'의 글자 모양을 보면 산 아래에 나무가 두 그루, 그 밑에 땅이 갈라진 것처럼 보인다. 나는 기억하고 있는데 이 우스갯소리 기억하는 사람이 있을지 모르겠다.

〈쇼쇼쇼〉는 사회자 곽규석郭圭錫을 빼놓고는 설명할 수가 없다. 내 또래 이상의 세대들은 〈쇼쇼쇼〉의 다음과 같은 오프닝 멘트를 기억하고 있을 것이다.

"안녕하십니까, 안녕하십니까? 후라이보이 곽규석입니다."

조성로는 "TV에서 이런 오프닝 멘트가 흘러나오면 1960년대의 안방극장 사람들은 가슴을 죄며 넋을 잃다가 배꼽을 쥐며 웃기도 했다"면서 "이 멘트는 곽규석의 트레이드 마크였다"고 했다.[107]

후라이보이는 곽규석의 별명이다. 지금은 거의 안 쓰이는 듯하지만 '거짓말하다'라는 뜻으로 '후라이 깐다', '후라이 친다'라는 말이 통용되던 때가 있었다. 곽규석은 동아일보(1967년 3월 4일)와의 인터뷰에서 "미군 파일럿(조종사)을 「후라이보이」라고 했다. 그런데 그 당시 후라이라는 말이 거짓말이라는 말의 은어로 통용되던 때라 겸사겸사 예명으로 정했다"고 설명한 적이 있다.

우리나라 제1호 연예 기자라고 평가받는 정홍택鄭鴻澤은 곽규석에 대해 이렇게 썼다.

> (곽규석은) '후라이'만 잘 치는 것이 아니라 이른바 원맨쇼를 기발하게 잘했다. 그는 늘 이렇게 말했다. "내가 경기도 안성에서 올라와서 가진 거라곤 몸뚱이 하나밖에 없으니까 몸으로 할 수 있는 것은 뭐든지 개발하겠다." 총소리, 원자탄 떨어지는 소리, 비행기 소리, 자동차 경주, 말 달리는 소리, 개구리, 뻐꾹새 소리 등등 온갖 소리는 모두 입으로 만들어 내었다. 그 당시로서는 정말 신기했다. "뭐, 저런 사람이 다 있나?"할 정도였고 실제로 어떤 할머니는 곽규석 씨의 입을 만져보자고 달려든 적도 있다고 한다. 그 후 후라이보이는 팬터마임을 개발해 내는데 구봉서 씨와 둘이서 피아노 치고 바이올린 연주하는 시늉의 마임은 〈쇼쇼쇼〉가 개발한 최고의 히

트작이었다.(정홍택, 『낭만은 살아있다』, 156-157쪽)

정홍택은 한국일보 기자, 일간스포츠 연예부 기자 등으로 재직했다. 곽규석, 구봉서의 팬터마임은 MBC 〈웃으면 복이 와요〉에서 본 기억이 나는데 〈쇼쇼쇼〉에서 먼저 시도했던 사실은 나도 정홍택의 글을 보고 처음 알았다. 〈쇼쇼쇼〉와 관련해서는 적절한 시점에 다시 언급할 기회가 있을 것이다. 이는 다른 장수 프로그램의 경우에도 적용된다.

TBC가 개국 직후부터 KBS를 누르고 시청률 면에서 돌풍을 일으킬 수 있었던 한 이유는 곽규석처럼 능력 있고 인기 많은 예능인, 연기자들을 확보한 데 있다. 그 비결은 전속제 실시였다.

개국 직전인 1964년 10월 TBC는 전속악단으로 이봉조악단을 영입했다. 색소폰 연주자이자 작곡가인 이봉조李鳳祚는 트로트가 주류였던 1960년대 가요계에 재즈를 바탕으로 한 새로운 스타일을 개척했다는 평가를 받고 있다. 그가 70 · 80년대 쇼 프로그램에 나와 색소폰을 불던 모습이 기억에 생생하다.

TBC는 연극인과 기성 탤런트도 전속으로 끌어들였다. 이순재 · 이낙훈 · 여운계 · 김순철金淳哲 · 김동훈金東勳 · 김성옥 · 오현경 · 나옥주 · 백성희白星姬 등이 이때 TBC에 들어왔다. 연극인이자 라디오 성우였던 강부자姜富子 · 천선녀千仙女가 영입된 것도 이때다.

10월 30일에는 전속무용단 10명을 뽑았다. 지금도 왕성한 활동을 하고 있는 탤런트 선우용여鮮于龍女는 무용단의 일원으로 TBC에 들어와 나중에 탤런트로 변신한 경우다. 데뷔 당시에는 '선우용녀'란 이름으로 활동했으나 최근 예명을 선우용여로 바꿨다. 11월 1일에는 인형

이봉조 악단의 공연을 알리는 신문 광고

극회 9명과 어린이 노래회원과 극회원 25명을 선발했다. 11월 17일에는 TBC 전속단체 발단식이 열렸는데 총 단원이 96명에 달했다는 것이 『동양방송 10년사』의 기록이다.

이듬해 TBC는 정해창, 김창세(김세윤), 안은숙, 신귀식, 윤소정, 선우용여 등 신인 탤런트를 뽑았다. 이들이 TBC 전속 탤런트 1기였다.

## 〈전투〉, 〈보난자〉, 〈도망자〉

1964년 12월 8일(화) 〈눈이 나리는데〉 첫 회가 방송됐다. 한운사韓雲史가 극본을 쓰고 황은진이 연출한 이 드라마에 대해 오명환은 "일일연속극의 효시품으로 위치한다"[108]고 했지만 일일극으로 보기에는 다소 무리가 있다. 그의 지적대로 '주 5회' 방영된 것이 아니었기 때문이다. 12월 10일(목) 편성표에는 제목 없이 '1일 연속극'이라는 설명이 보이는데 이는 〈눈이 나리는데〉 2회를 말하는 게 틀림없다. 수요일 편성에는 제외돼 있다.

〈눈이 나리는데〉는 개국 첫 주에 화 · 목 · 금 3회가, 둘째 주에 화 · 수 · 목 · 금 4회가, 셋째 주에는 화 · 수 · 목 3회가 방영되었다. 12월 29일은 화요일임에도 불구하고 편성표에 나오지 않은 것을 보면 '1일 연속극'임을 표방했지만 실제 제작에는 여러 가지 어려움이 따랐던 것으로 보인다. 오명환은 이 드라마에 대해 이렇게 설명하고 있다.

> 내용은 6 · 25전쟁 중 종군작가, 화가들이 모여드는 사랑방 같은 다방을 무대로 사선을 넘어온 사나이들이 다방마담의 젊고 아름다운 마음씨에 훈훈한 인간미를 회복해 가는 휴먼 드라마. 이 작품은 이듬해 1월 초순까지 28회 방송하였다. 스타도 탄생했다. 히로인은 마담 역을 맡은 최지숙(현 동경 거주)은 동아방송 성우로 활동하던 중 참신하고 이지적인 용모로 당시 성우 구민의 추천으로 연출가 황은진이 스카우트했다.(오명환, 『텔레비전 드라마 예술론』, 150쪽)

12월 10일(목) 첫 회가 방영된 〈논픽션시리즈〉는 프로그램명만으로는 어떤 내용인지 짐작하기 쉽지 않다. 이 프로그램에 대해 『중앙일보 20년사 · 부附 동양방송 17년사』[109]는 "사회 한구석에 핀 감명 깊은 사연과 주인공을 발굴, 추적하여 필름과 좌담으로 엮은 〈논픽션시리즈〉는 제1회 방송윤리상을 수상하기도 했던 30분짜리 주1회 프로그램"(803쪽)이라고 설명하고 있다. 말하자면 KBS 〈인간극장〉과 비슷한 포맷이었다. 그때나 지금이나 사람 사는 일은 크게 달라지지 않았다는 생각이 든다.

12월 27일(일)은 〈전투〉 첫 회가 전파를 탄 날이다. 원제는 〈Combat〉으로 미국 ABC방송이 1962년부터 1967년까지 방영한 TV시리즈물이다. 샌더스 중사 역에 빅 머로Vic Morrow, 헨리 소위 역에 릭 제이슨Rick Jason이 열연했다. 〈전투〉는 1944년 6월 노르망디 상륙 작전에 성공한 뒤 파리로 진격하는 미 보병분대의 이야기를 소재로 한다. 미군은 일당백의 용사들이고 독일군은 추풍낙엽처럼 쓰러지는 '멍청이'로 그려질 수밖에 없다. 이것이 이 작품의 단점이었다는 뜻은 결코 아니다. 하지만 이러한 극단적인 선악 구도는 이 외화가 석연치 않게 종영이 된 이유가 됐다. 〈전투〉의 종영을 앞두고 경향신문이 보도한 내용이다. 발췌, 인용한다.

TV에서 가장 시청률이 높은 〈전투〉가 앞으로 4회로 종영, 애청자들의 애석함이 대단하다. 64년말 동양TV 개국과 더불어 시작된 「전투」는 3년간 142회 속영(續映)의 장수 프로로 늘 시청률의 톱을 차지해온 인기 프로. 시영(始映)때는 실재의 지명을 썼으나 중간부터는 프랑스의 어느 곳이

KBS 〈전우〉와 TBC 〈전투〉(아래). 〈전우〉의 주제가와 〈전투〉의 오프닝 음악은 지금도 가슴을 울렁이게 한다.

TBC 개국 초기의 또 다른 인기 외화이자 장수 프로그램으로 〈보난자〉를 꼽을 수 있다. 1965년 1월 7일(목) 첫 회가 나갔는데 종영일은 1976년 7월 22일(목)이다. 무려 11년 동안 430회가 방송되었다.

란 막연한 무대 설정으로 끌고 갔다. 이것은 〈전투〉가 논픽션 전쟁물이 아니라 전쟁을 통한 인간성을 그리려고 노렸음을 말한다. 그래서 시청자에게는 극한(局限) 상태에 놓여진 인간의 희비가 가슴깊이 울리도록 만들어졌다. 앞으로 4회로 끝나는데 나머지 10편이 한독우호에 지장을 준다는 납득할 수 없는 이유로 방영 못 되는 것은 아쉬운 일이다. 김성옥, 김동훈, 오현경, 김관수 씨 등의 목소리로 효과를 높였는데…….(경향신문 1967년 10월 21일자)

〈전투〉는 1967년 경희대 신문방송학과가 실시한 시청률조사에서 1위를 차지한 인기 프로그램이었다.[110] 그럼에도 마지막 10회분을 방영 못 하고 종영됐다니 당시엔 '한독우호'가 그만큼 중요했던 모양이다. 이 해 3월 서독 대통령 뤼브케가 내한했을 때도 그의 방한 기간 동안 〈전투〉가 결방된 일이 있었다. 서독에서 차관을 들여와 경제개발에 힘쓰던 때라 이해되는 부분도 없지 않다.

〈전투〉는 1967년 11월 26일(일)을 끝으로 한동안 TBC 화면에서 사라졌다가 1974년 12월 22일(일)부터 매주 일요일 재방영되기 시작한다. 종영일은 1978년 1월 30일(월)이다. 첫 방영 때보다 시청률은 많이 떨어졌겠지만 적어도 어린이에게만큼은 이 외화外畵의 인기는 폭발적이었다. 내가 〈전투〉를 보게 된 것도 이 무렵이다. 아이들의 '귀가 시계'라고 할 수 있을까. 골목에서 놀다가도 주말에 〈전투〉가 재방송되는 시간이면 집으로 기어들어가던 기억이 난다. '빅 머로', '릭 제이슨'이라고 출연 배우를 알리는 오프닝 멘트와 음악 또한 잊혀지지 않는다. 이제는 인터넷을 통해 다시 보고들을 수 있으니 세상이 참 좋아졌다는 생각을 한다.

〈전투〉를 기억하는 사람이라면 이와 '라이벌'격인 국내 드라마 〈전우〉와 소대장 역을 맡은 나시찬羅時燦의 열연을 잊을 수 없을 것이다. 〈전우〉는 KBS에서 1975년 6월 29일(일)부터 1978년 4월 8일(토)까지 방영되었다. 이 드라마가 방영되던 무렵엔 전쟁놀이를 하던 사내아이들이 많았던 것 같다. 내게는 주제가와 나시찬의 기억이 아련하다. 군대에서 행군할 때마다 무의식적으로 가수 별셋이 불렀던 〈전우〉의 주제가를 흥얼거렸다. 나시찬은 1981년 마흔을 갓 넘긴 한창 나이에 지병으로 세상을 떠났다. 주제가를 각주에 붙인다.[111]

TBC 개국 초기의 또 다른 인기 외화이자 장수 프로그램으로 〈보난자〉를 꼽을 수 있다. 1965년 1월 7일(목) 첫 회가 나갔는데 종영일은 1976년 7월 22일(목)이다. 무려 11년 동안 430회가 방송되었다. 1970년대 중반까지 TBC에서 방영됐지만 〈보난자〉와 관련된 내 기억은 그다지 많지 않다. 늦은 밤에 방영된 이유도 있겠지만 지금 취향으로도 〈보난자〉는 별 재미가 있을 것 같지가 않다.

어릴 때 리어카 같은 데서 '보난자' 상표가 붙은 신발을 파는 모습을 본 기억이 있다. 그때는 '보난자'가 우리말인 줄 알았고 무슨 뜻인지도 몰랐다. 비교적 최근에 알게 됐지만 보난자의 원제인 bonanza는 '노다지', '아주 수지맞는 일'이라는 뜻의 영어였다. 〈보난자〉는 미국 서부 개척 시대를 배경으로 4명의 카우보이가 일으키는 해프닝을 그린 드라마다.

〈도망자〉는 앞의 두 시리즈와 함께 TBC 개국 초기의 3대 인기 외화였다. 1965년 9월 15일(수) 1회가 방영되었다. 종영일은 1968년 2월 28일(수)이다. 줄거리와 극중 주인공 이름인 '리처드 킴블'은 거의 모르

# 「戰鬪」여 안녕!

TV 人氣프로

## 아쉬움 속에 끝마쳐

○…TV에서 가장 시청율이 높은 「戰鬪」가 앞으로 4回로終映, 애청자들의 愛惜함이 대단하다. 64년말 東洋TV개국과더불어 시작된 「戰鬪」는 3년간 1백42회續映의 長壽프로로 늘 시청율의 톱을차지해온 人氣프로。

○…「戰鬪」는 42년11월 「노르만디」상륙에성공한후 「파리」로 진격하는 美步兵分隊의 이야기。그러나 「그머스」中士는 終映때까지 「파리」入城을 못하고 사라져버린다。始映때는實在의地名을썼으나 중간부터는 「프랑스」의 어느곳이란 막연한 무대설정으로 끌고갔다。이것은 「戰鬪」가 넌픽션 戰爭物이아니라 전쟁을통한人間性을 그리려고노력을말한다。그래서 시청자에게는 局限상태에 놓여진 인간의 喜悲가 가슴깊이 울리도록 만들어졌다。「헨리」少尉(릭·제이슨) 「샌더스」中士(빅·모로)그밖에 「케리」「커비」「도크」(위생병)들의 人間像의 다채로움도 「戰鬪」가 지닌 매력의 하나였고…。

○…그런데 후반부터는 이시리즈의 감독도맡고있는 「빅·모로」가 제작사정으로 화면에 나타나지않아 섭섭할때가있었으나 「모로」가 나오면 小隊長 「릭·제이슨」의 빛이죽는것은 「모로」의 연기가훨씬뛰어났음을말해주었다。

### 韓·獨友好에 지장준다고

### 3年間 視聽率 최고차지

앞으로 4회로 끝나는데 나머지 10편이 「韓獨友好」에 지장을준다는 납득할수없는 이유로 放映못되는것은 아쉬운일이다。金鎭玉 金貞敷 吳현경 金寬洙씨등의 목소리로 효과를 높였는데…。

「戰鬪」의 두主役「빅·모로」㊧와「릭·제이슨」

京鄕

◇응모요령

▲관제엽서이용 독자증을붙일것。

▲마감=11월2일하오5시본사도착

▲발표=11월4일자본지(일부지방5일자)

▲상금=3천원

▲보낼곳=경향신문사문화부

TV 화제

## 犯人을잡는「도망자」 美國선 8月末에終映

매주 수요일저녁 8시부터 1시간동안 방송되던 TBC·TV의 인기장편연속물「도망자」가 8월말을기해 本産 美國에서는 피날레를 장식한다는 해외소식。

「도망자」는 美國뿐만이아니라 西獨「스페인」등 세계각지에서도 수천만의 팬을 가진것으로 알려진 드릴물로 美ABC방송사의것。

韓國에는 65년9월에「도망자」의 첫화면이 소개돼 지금까지 90여회를 넘기고있다。

도망자의「알파」「오메가」―자기아내의 살인자로 혐의를받고「리처드·킴블」의사는 사형선고를받는다。사형수「킴블」의사는 열차에실려 이송되던중 의외의열차사고로도망을친다。『나는 무고하다。진범을찾아 혐의를벗겠다』는 결심을 하고。「킴블」의사는 지목되는 범인「외팔의사나이」를추적한다。「킴블」의뒤에는 경찰이따르고。4년간의 천신만고끝에「킴블」의사는진범「외팔의사나이」를 낚아내어 자기의무고함을 증명한다。

그리고 조용히 은퇴한 「킴블」의사는 행복한여생을 살아간다는「해피·엔딩」調。「닥터·킴블」로 분한「대빗·잰센」과「외팔의사나이」로분한「빌·레이쉬」는「도망자」로 일약 명성을 얻긴했다。「잰센」은B급배우에서 A급으로 껑충올라 1편에 25만달러의출연료를받게된 행운아。「잰센」은「푸른베레 모」란영화에「존·웨인」과 공연할예정이다。

그러나「레이쉬」는「도망자」가 끝나면「할리웃」에가서 단역밖에 맡을일이없어 그의인상처럼 매우 쓸쓸하다。그는「도망자」로인한 유일한 불운아。「도망자」의P.D「퀸·마틴」은 한1년쯤은 더끌고나갈수도 있었지만 이만 끝을 맺는것이 흥행성공

해외話題

1966년 9월 이화여대 사회학과에서 조사한 시청률에 따르면 1위가 〈도망자〉, 2위 〈0011 나폴레옹 솔로〉, 3위 〈전투〉, 5위 〈도나리드 쇼〉, 10위가 〈패티 듀크 쇼〉였다. 모두 TBC에서 방영 중이던 외화였다. 앞서 언급했던 경희대 신문방송학과의 시청률 조사(1967년)에서도 상위 5개 프로그램 가운데 TBC 외화가 1, 2, 4위를 차지했다.

는 사람이 없을 정도로 유명하다. 수 차례 재방영됐을 뿐만 아니라 영화로도 리메이크 됐기 때문이다. 데이비드 젠슨이 맡은 주인공 '리처드 킴블'은 아내를 살해했다는 누명을 쓰고 미국 전역을 숨어 다닌다. 리처드 킴불은 누명을 벗기 위해 진범 '외팔이'를 쫓고, 수사관 '제라드'는 경찰을 피해 매번 달아나는 리차드 킴블을 추적한다. 1993년 해리슨 포드가 주연한 영화 〈도망자〉 역시 흥행에 크게 성공했다. 첫 방영 당시 주인공의 목소리 연기는 지금도 현역 탤런트로 활동 중인 김성원金聖源이 맡았다. 그는 1970년대 초반 TBC 드라마 〈여보 정선달〉의 주인공 정선달 역을 열연해 큰 인기를 누리게 된다.

TV 시리즈 〈도망자〉는 1970년대 TBC에 의해 다시 한 번 방영됐다. 방영 기간은 1972년 11월 26일(일)부터 1975년 5월 5일(월)까지다. 하지만 이때는 첫 방영만큼 시청자의 호응은 없었던 모양인지 토요일, 월요일 등으로 방영일이 변경되기도 했다. 한 번 본 것이라 시청자들이 식상해 했던 탓도 있었겠지만 1970년대에 들어 TBC의 자체 제작 역량이 늘어나고, 한국 드라마의 인기가 폭발적으로 늘어났기 때문이다.

## 외화의 폭발적인 시청률

1960년대 중후반 TBC의 인기 프로그램은 거의 외화였다. 1966년 9월 이화여대 사회학과에서 조사한 시청률에 따르면 1위가 〈도망자〉, 2위 〈0011 나폴레옹 솔로〉, 3위 〈전투〉, 5위 〈도나리드 쇼〉, 10위가 〈패티 듀크 쇼〉였다. 모두 TBC에서 방영 중이던 외화였다.[112] 앞서

1960년대 금성사 TV 조립 공장의 풍경

언급했던 경희대 신문방송학과의 시청률 조사(1967년)에서도 상위 5개 프로그램 가운데 TBC 외화가 1, 2, 4위를 차지했다.

| 순위 | 프로그램명 | 국명 | 시청률 |
|---|---|---|---|
| 1 | 전투 | TBC | 76% |
| 2 | 도망자 | TBC | 69% |
| 3 | 쇼쇼쇼 | TBC | 64% |
| 4 | 0011 나폴레옹 솔로 | TBC | 52% |
| 5 | 힛게임쇼[113] | TBC | 35% |

1위 〈전투〉의 시청률이 무려 76퍼센트다. 4위인 〈0011 나폴레옹 솔로〉의 시청률이 52퍼센트인데 5위인 〈히트게임쇼〉는 35퍼센트로 확 떨어진다. 외화의 엄청난 인기를 보여주는 사례다. 〈0011 나폴레옹 솔로〉는 영화 '007 제임스 본드' 시리즈의 아류작이라고 생각하면 될 것 같다. 0011은 007에, 나폴레옹 솔로는 제임스 본드에 해당된다.

위의 시청률은 1967년 9월 5일자 중앙일보에 실린 표에 근거했다. 당시는 현재처럼 시청률 전문조사 기관이 없었을 때다. 경희대 사회학과가 조사한 방법은 어떠했을까. 동아일보 기사에 따르면 조사 시기는 '7월 29일부터 8월 7일까지', 조사 지역은 '서울 및 경기도 지구', '동별洞別 2단계 무작위 추출'(총 500가구)에 따라 '일기식 우편조사 방법'이 사용됐다고 한다. 달리 말하면 해당 기간 동안 하루하루 어떤 프로그램을 봤는지 '일기를 쓰듯 기록한 일지'를 우편으로 받았다는 뜻이 된다. 동아일보의 관련 보도를 옮겨보기로 한다.

> 이 조사는 TBC와 KBS의 시청률이 평균 72 대 27 퍼센트로 민영이 국영을 압도하고 있음을 보여준다. 프로그램별로 본 베스트 10만 하더라도 TBC가 8개를 차지, KBS는 〈와일드 웨스트〉·〈비밀첩보원〉이 겨우 6, 7위를 점하고 있다. 톱 베스트는 역시 TBC의 〈전투〉, 그 다음이 〈도망자〉, 장기간 상영의 이점에 따른 TBC로선 수훈의 프로. 여기서 놀라운 것은 외화가 차지하는 높은 인기, 무려 7개나 들었다.(9월 12일자)

TBC가 개국한 1964년 말 전국의 수상기 대수는 3만 2402대였고, 이듬해 연말에는 오히려 줄어 3만 1701대였다. 이화여대 사회학과의 시청률 조사가 있었던 1966년의 경우, 연말까지 보급 대수가 꽤 늘어나 4만 3684대에 이르렀고, 경희대 신문방송학과의 조사가 실시됐던 1967년에는 연말 보급 대수가 7만 3224대에 달했다.[114] 국내 총인구에 비해 수상기 보급이 여전히 미미하긴 하지만 어쨌든 보급 대수가 비약적으로 늘어가고 있음을 확인할 수 있다.

이 같은 상황에서 특히 외화가 인기를 끈 것은 당시 제작 환경 등과 관련돼 있다. 『동양방송 17년사』는 이렇게 썼다.

> 개국 초인 64년 말과 65년에는 모든 제작 여건의 불비로 제작기능을 제대로 발휘할 수 없었기 때문에 방화(邦畵)나 외화 등 외주 프로그램 등에 의존하는 경향이 많았다. 그러나 당시 국영인 KBS와 달리 외화 수입에 필요한 외환(外換) 추천을 받을 수 없어 어려움을 겪었다. 따라서 구입이 용이한 방화 중에서 인기가 있었던 작품을 골라 1주일에 2~3회 방영했다.(832-833쪽)

20대, 30대에게는 더러 이해가 안 되는 상황일 수 있어 조금 부연설명을 하고자 한다. 돈이 있다고 그냥 달러로 바꿀 수 있는 시절이 아니었다. '추천'을 받아야만 환전이 가능했는데 국영인 KBS는 별 어려움이 없었지만 민영 TBC는 '추천'을 받기가 힘들었다는 이야기다. 그럼에도 TBC가 수입한 외화들이 시청률 조사에서 상위권을 차지한 것은 TBC가 그만큼 절박했고 안목이 있었다는 뜻도 될 수 있다. 한정된 비용으로 인기를 끌 만한 외화를 골라야 했기 때문이다.

TV에선 1회 방영에 그친 까닭에 시청률과 관련된 자료는 찾을 수 없었지만 방화(한국 영화) 역시 TBC 개국 초기, 주요 편성 프로그램이었다. 그럴 수밖에 없는 이유가 있다. 비디오테이프, DVD, 인터넷 다운로드, PMP 등이 없었던 그때, 영화를 볼 수 있는 방법은 영화관에서 보거나 TV에서 보는 두 가지 방법뿐이었다. 게다가 한국영화사에서 1960년대의 의미는 매우 각별하다. 제작 편수, 흥행 실적, 관객 동원 등의 면에서 황금기였기 때문이다. 인기 영화배우가 1년에 수십 편씩 영화를 찍으며 '겹치기 출연'하는 경우도 비일비재했다. 『동양방송 17년사』가 서술했듯이 제작 기능을 제대로 발휘할 수 없었던 상황에서 한국 영화나 외화의 방영 비율이 높을 수밖에 없다.

> 개국 초의 편성을 보면 밤 9시 15분 황금시간대에 화요일의 〈화요초대석〉, 토요일의 〈주말초대석〉이 배정됐다. 이것이 1965년 4월 개편 때는 화 · 토 · 일 등 주 3회로 늘어났다.(『동양방송 17년사』, 833쪽)

하지만 한국 영화는 곧 TV 편성에서 찬밥 대우를 받게 된다. 잘 만들어지고, 스케일도 큰 외화에 비한다면 한국 영화는 초라한 수준이었기 때문일 것이다. 『동양방송17년사』는 "1967년 봄에 방화는 토요일 밤 10시 30분대의 〈주말초대석〉 이외에는 모두 낮방송으로 밀려났고 대신 외화는(…) 저녁 8~9시 30분대에 방영됐다"고 쓰고 있다.

〈장수만세〉 녹화 현장. 〈장수만세〉는 라디오 〈장수무대〉의 공개방송에서 비롯되었다.
출처: 국가기록원.

## 〈장수무대〉와 노인의 기준

1965년 4월 9일(금) 첫 회가 TV에 나간 〈장수무대〉는 여러 가지 면에서 시대상을 반영한다. 먼저 TBC 라디오의 프로그램과 동명同名인 〈장수무대〉는 라디오 청취자를 대상으로 한 공개방송을 그대로 TV에 방영한 사례다. 1965년 9월 25일자 중앙일보에는 라디오 〈장수무대〉에 대한 소개가 있다.

50대 이상의 노년층이 출연하는 공개방송. 특히 가족동반으로 출연하는 출연자와 초청가수의 노래 등이 있다. 사회 최계환 아나운서.

당시는 노년층을 50대 이상으로 본 것이다. 굳이 출처는 밝히지 않겠지만 2008년 1월 모 방송사에서 이런 보도가 나간 적이 있다.

> 지난 2003년부터 5년 동안 골절로 이 병원을 찾은 50대 이상 노인 988명을 조사했더니, 12월과 1, 2, 3월이 392건으로 주로 추운 겨울에 노인 골절이 집중됐습니다.

내 기억이 정확하다면 이 보도는 사회적으로 약간 논란이 되고 이슈가 된 것으로 알고 있다. 모르긴 몰라도 해당 방송사는 50대로부터 걸려온, '우리가 왜 노인이냐'는 항의 전화를 꽤 많이 받았을 것으로 짐작된다. 이제는 50대를 노인이라 말하는 '용감한' 방송사는 더 이상 없지 않을까. 노인 대상 프로그램이 생긴다거나, 그런 프로그램이 높은 청취율, 시청률을 기록하는 일도 당분간 요원한 일일 듯하다.

1970년 성균관대 부설 사회과학 연구원은 서울 시민 400명을 대상으로 시청률 · 청취율 조사를 실시했다. 이 조사에서 라디오 〈장수무대〉 재방송이 주간 단위 프로그램 중에 청취율 1위를 차지했다.[115] 〈장수무대〉는 당시 본방송이 토요일에, 재방송이 일요일에 나갔는데 본방보다 재방의 청취율이 높았다. 그래서인지 일요일 재방을 본방으로 알고 있던 사람이 더 많았다. 1971년 2월에 실시된 조사에서는 서울보다는 지방에서의 청취율이 더 높았다고 한다.

라디오 〈장수무대〉의 인기는 TV 〈장수만세〉로 이어졌다. TBC는 라디오 공개방송을 TV에 방영하는 것에 그치지 않고 아예 TV용을 따로 제작해 방송했다. 그렇게 〈장수만세〉는 1973년 10월 10일(수) 첫 선을 보였다. 내게는 〈장수만세〉에 대한 기억만 남아있다. 정확한 가사는 모두 기억할 수 없지만 나는 그 타이틀곡을 아직도 따라 부를 수 있다. 다소 의외였는데 인터넷에서도 〈장수만세〉 타이틀곡을 찾아 들을 수 없었다. 가사는 대략 이랬던 것 같다.

할아버지 할머니 노래를 하면
아들 손자 며느리도 함께 불러요
온 가족이 모여서 즐거운 한때
온 가족이 춤추는 장수만세~

〈장수만세〉라고 하면 아나운서 황인용黃仁龍을 떠올리는 사람이 많을 것이다. 〈장수만세〉는 뒤에 다시 언급하기로 하고 TBC라디오 프로그램으로 시선을 옮겨본다. 황인용은 〈밤을 잊은 그대에게〉의 마지막 진행자로도 유명하다. TBC 시절로만 한정지을 때 그렇다는 뜻이다. 그는 라디오 · 텔레비전을 통틀어 동양방송의 마지막 방송을 한 사람이기도 하다.

〈밤을 잊은 그대에게〉는 TBC라디오 개국 초부터 방송된 장수 프로그램이다. 1980년 11월 방송통폐합 이후에도 차마 없애지 못해 KBS 제2라디오에서 다시 전파를 타게 된다. TBC라디오의 경쟁사인 동아방송DBS을 소유했던 동아일보는 TBC라디오의 주요 프로그램에 대해 이런 평가를 내린 적이 있다.

상업방송의 특징을 살려 연예오락물에 주력한 TBC는 특수 청취층 개발에 힘썼다. 젊은이, 청소년 대상의 심야 음악 프로가 개발됐는가 하면 노인들을 겨냥한 〈장수무대〉, 운전사를 대상으로 한 프로인 〈가로수를 누비며〉를 신설, 특정 청취층 위주 방송의 효시가 되었다.(1980년 11월 17일자)

TBC라디오가 개발한 '젊은이, 청소년 대상의 심야 음악 프로'는 물론 〈밤을 잊은 그대에게〉를 말한다. 익숙지 않은 것은 아무래도 거부감을 주는 모양이다. 처음 신설된 '심야 프로'(당시 밤12시~0시)여서 그런지 방송 초창기, 이런 불평을 하는 청취자들이 많았다.

한밤중에 흘러나오는 고요한 음악은 정말 포근하다. 그런데 KC(TBC라디오—인용자)의 심야방송 『밤을 잊은 그대에게』는 경음악으로, 그것도 시끄러운 경음악이어서 『잠 방해하는 소음방송』 같아 질색이다. 그리고 희망곡을 곧잘 방송하다가도 어떤 때는 갑자기 "이 방송은 희망곡 「프로」가 아니므로 희망곡을 방송해 드리지 못해 죄송합니다"고 튀어나온다. 자기가 듣고 싶어 시끄러운 경음악을 택한 것이 좀 미안해서일까?(1964년 7월 27일자 경향신문에 실린 독자 편지)

개국 직후부터 방송된 〈가로수를 누비며〉는 처음엔 "운전자들을 위한 「프로」로 엽서에 희망하는 가수만 쓰면 그 가수의 히트곡을 방송하는"[116] 형식을 취했다.

같은 개국 프로그램인 〈아차부인 재치부인〉도 통폐합이 될 때까지 인기절정의 장수 프로그램이었다. 이 프로그램은 이런 타이틀 송으로 시작된다.

라디오 〈가로수를 누비며〉 진행자 송해. 송해 오른쪽은 가수 인순이.
출처: 『동양방송 17년사』

안녕히 주무셨어요?

오늘도 하루를 유쾌하게

어머 안녕하세요? 재치부인 아유 아차부인

세상을 살다보면 이런 일 저런 일

궂은 날 개인 날 그렇지만

우리는 구김 없이 살아가는……

한국화장품, 롯데제과 공동제공 아차부인 재치부인

나 역시 이 노래를 기억하고 있다. 인터넷에서 다시 들어보니 옛 기억이 고스란히 되살아났다. 방송인 박철은 『걸리면 다 행복해』라는 책에서 "초등학교 때부터 「0시의 다이얼」「청실홍실」「꽃님이네 집」「격동 30년」「아차부인 재치부인」 등을 즐겨 듣는 애청자였다"고 쓴 일이 있다. TBC라디오 개국과 함께 전파를 탄 〈아차부인 재치부인〉은 1980년 방송통폐합 때까지 방송되었다.

서민, 샐러리맨의 애환을 재치 있고 유머러스하게 엮어나가는 TBC의 롱—런—히트—프로. 아차네 집과 재치네 집이 서로 이웃하여 직장과 가정에서 빚어지는 희비애환을 그때 그때의 시사성에 맞춰 엮어나가는 한국적인 블론디-. 두 집의 가장이 서로 공처가와 애처가를 자처하면서 코믹하게 하루의 생활을 헤엄쳐 나간다.(1970년 9월 30일자 중앙일보)

## 돌풍의 비결

〈아차부인 재치부인〉은 1970년 8월 서울대 사회학과가 실시한 라디오 드라마부문 청취율 조사에서 27.2퍼센트의 청취율을 기록하며 1위를 차지했다. 이 프로그램과 관련해 또 하나 빼놓을 수 없는 것은 성우들이다. 주인공 아차 부부, 재치 부부를 거쳐간 성우들은 다음과 같다. 신문 기사 검색을 통해 파악한 것이어서 빠진 사람이 있을 수 있다.

아차- 유강진(柳江津) 양지운(梁芝雲)

아차부인-이선영(李鮮寧)

재치- 배한성(裵漢星) 최응찬(崔應璨)

TBC 성우들. 출처: 『동양방송 17년사』

재치부인-이민자(李敏子) 김세원(金世媛) 최수민(崔秀敏)

성우별로 대표작을 연결시키면 아하, 하는 사람이 많을 듯하다. 유강진은 KBS 〈동물의 왕국〉의 해설자, 양지운은 TBC 〈6백만불의 사나이〉의 스티브 오스틴 역, 배한성은 TBC 〈뿌리〉의 쿤타 킨테 역, 최응찬은 KBS 〈형사 콜롬보〉의 콜롬보 역으로 유명하다. 나는 이들 성우 가운데 배한성과 양지운 콤비에 대한 추억이 특히 아련한데 두 사람에 대해서는 다시 이야기할 기회가 있을 것이다.

〈광복 20년〉 또한 TBC라디오의 히트작이다. 당시만 해도 라디오 다큐멘터리는 낯선 장르였지만 〈광복 20년〉은 1967년 8월 첫 전파를 탄

1968년 9월 22일자 〈선데이서울〉에 소개된 컬러 TV.
하지만 그 시절 흑백 TV를 보유한 가정도 드물었다.

이후, 방송 1년 만에 청취율 31.1퍼센트를 기록했고 1977년 종방될 때까지 인기리에 방영되었다. 이 프로그램은 1973년 제1회 대한민국방송상에서 우수작품상을 수상했다.

TBC가 개국하기 전까지 텔레비전 방송은 국영 KBS 하나뿐이었다. 당시 KBS는 광고도 하고 시청료도 받아 재정이 넉넉했다. 그러다 보니 아무래도 제작이나 경영이 방만해질 수밖에 없었다. TBC가 개국하자마자 KBS를 누르고 압도적인 시청률을 보인 것은 자연스러운 일일지도 모른다. KBS는 1969년 5월 1일부터 TV 광고를 폐지하게 된다.

TBC라디오의 경우에는 다소 설명이 필요하다. KBS라디오, 기독교

방송(CBS), 동아방송(DBS), 문화방송(MBC)이 이미 경합하고 있는 상황에서 TBC라디오가 뛰어들었기 때문이다. 그럼에도 TBC라디오는 개국 6개월 만에 동아방송(5.3퍼센트)을 제치고 청취율 1위(8.8퍼센트)를 차지하는 기염을 토한다. 이 청취율은 TBC라디오의 자체 조사를 근거로 한 것이지만 상당히 믿을 만하다. 이듬해 11월 정부가 실시한 청취율 조사(서울 중심)에서도 TBC라디오는 1위를 차지했다.[117]

이에 대해 전 중앙일보 · 동양방송 보도국장 전응덕全應德은 다음과 같이 썼다.

> 나중에 알게 된 일이지만 홍진기 사장은 경영을 맡기 전부터 매스컴에 관해 깊이 연구하고 있었다. 신문학과 방송학의 기초부터 역사, 기술 발전, 선진국 현황 등에 대해 방대한 참고 자료들을 독파했다. 한국 매스컴의 현황과 문제점까지 고찰한 다음이었다.
>
> 취임 당시 홍진기 사장은 경영 기반을 확고하게 다지는 일이 급선무라고 판단했다. 사실 홍진기 사장이 부임하기 전 라디오서울은 개국 후의 의욕과 그간의 노력에도 불구하고 계획대로 경영 수지를 맞춰나가지 못했다. 일단 경영 측면에서는 흑자를 기록하는 일이 당면과제였고, 청취율에서 1위로 올라서는 것만이 살 길이라고 홍진기 사장은 보았다. 홍진기 사장이 부임하자마자 제작과 편성을 직접 지휘한 것도 그런 이유에서였다.(전응덕, 『이 사람아 목에 힘을 빼게』, 150-151쪽)

지금 관점으로는 방송국 사장이 제작과 편성에 관여하는 것이 부적절하게 여겨지지만 당시는 전문 인력과 인재가 부족했던 시절이었다.

경성제대 법문학부를 졸업한 뒤 판사로, 외교관으로, 정부 관료로 활동했던 홍진기洪璡基는 어떤 일이든 전문서적을 독파한 뒤 해당 분야에 파고들었다고 전해진다.

라디오뿐만 아니라 TV 또한 마찬가지였다. 나는 다른 일로 해서 TBC 출신의 연출가 김재형金在衡을 만난 일이 있는데 그때 그는 내게 이런 말을 했다. 최근 작고한 김재형은 〈용의 눈물〉의 연출가, 사극 연출의 대가로 널리 알려져 있다.

> 운현궁 스튜디오를 다시 짓는 문제로 미술담당 국장 장종선 씨와 함께 홍진기 회장을 찾아간 일이 있다. 장종선 씨는 일본에서 미술 공부를 한 무대예술의 대가였다. 내가 세트에 대해 이야기를 하니까 홍 회장은 아무 말도 안 하고 책장에서 『무대예술』이라는 일본 책을 꺼내왔다. 그리고는 장종선 씨에 "이 사람아, 당신 이거로 공부했지. 나도 여러 번 봤어"라고 했다. 책을 보니까 이미 빨간 줄이 빼곡히 그어져 있었다. 장종선 씨가 그걸 읽어보면서 얼굴이 하얘지던 것을 잊을 수 없다.

김재형의 회고대로 장종선張鍾善은 당대 일류의 무대미술가였다. 그런 그가 감탄할 만큼 홍진기는 무대미술에 대한 전문지식을 갖고 있었던 것이다. 라디오든 텔레비전이든 TBC가 돌풍을 일으킬 수 있었던 배경에는 그의 리더십이 큰 비중을 차지했던 듯하다.

## 〈쇼쇼쇼〉와 음악감상실 '세시봉'

장종선은 〈쇼쇼쇼〉의 무대장치를 꾸민 책임자이기도 했다. 〈쇼쇼쇼〉가 큰 인기를 끌게 된 이유는 여러 가지가 있다. 사회자 곽규석의 말솜씨, 이봉조악단의 능숙한 연주, 유명 가수들의 노래와 TBC 전속무용단의 현란한 춤, 화려한 조명과 무대장치 등이다. 장종선 역시 〈쇼쇼쇼〉의 공로자였다. 그런 면에서 TBC 전속무용단 단장 한익평韓翼平의 역할을 빼놓을 수 없다. 조성로는 "수많은 TV 쇼프로가 명멸했는데도 〈쇼쇼쇼〉가 그토록 오래 남아 있는 것은 쇼의 대명사로 불릴 정도로 뚜렷한 전통이 있었기 때문"이라며 "이 전통을 만든 사람은 황정태, 이봉조, 한익평의 '삼총사'라 한다"고 썼다. 이어지는 이야기다.

> 이들 3인은 쇼프로를 위해 매일 만나 머리를 맞대었고 의견 차이가 나면 조금도 양보 않고 싸움을 한 것으로 유명하다. 3인 합동으로 쇼 구성을 했기 때문에 〈쇼쇼쇼〉는 TV쇼가 지녀야 할 모든 조건을 갖출 수 있었다. 또한 세트 등 미술 분야에 장종선 씨가 광적일 정도로 몰입을 했기 때문에 자연히 걸작품이 나올 수밖에 없었다는 것. 그래서 이 프로는 당시 가수들의 '꿈에도 그리는 무대'였다. 무명의 가수라도 〈쇼쇼쇼〉에 등장하면 곧 스타덤에 오를 수 있었기 때문에 기회를 잡으려는 몸부림도 대단했다는 것.(조성로, 『신들린 PD와 울보 탤런트』, 89쪽)

1960년대 후반, 〈쇼쇼쇼〉와 관련해 반드시 언급하고 넘어가야 할 사건이 가수 조영남趙英男의 등장이다. 2010년 한가위와 2011년 설을 즈

1968년 12월 1일자 〈선데이서울〉은 조영남에 대해 "별명이 「타잔」. 납작한 얼굴에 납작한 코, 짤막한 키에 멋대로 자란 더벅머리"라고 소개했다.

음해, MBC 〈유재석 김원희의 놀러와〉라는 프로그램에 조영남, 송창식宋昌植, 윤형주尹亨柱, 김세환金世煥 등의 가수가 출연한 적이 있다. 이후 이들은 '세시봉 가수'라고 불리며 신드롬을 일으켰고 현재까지 그 인기가 잦아들지 않고 있다.

그런데 이들이 주로 〈쇼쇼쇼〉와 TBC라디오 프로그램을 통해 방송에 데뷔하고 인기를 얻었다는 사실은 크게 알려지지 않았다. 이들은 TBC PD를 통해 방송 출연을 하게 됐는데 음악평론가 이백천李白天과 뮤직네트워크 전무를 지낸 조용호趙鏞浩가 두 주인공이다. 이백천은 1964년 여름부터 1970년 10월까지 TBC에서 재직했고, 조용호는 TBC, KBS, MBC, SBS를 두루 거친 방송인이다. 두 사람은 음악 감상실 '세시봉'에서 사회자와 DJ로 활동하며 조영남 등과 친분을 맺었다.

〈선데이서울〉 기사[118]에 의하면 조영남이 방송에 데뷔한 건 1967년 4월 라디오 프로그램 〈오늘도 명랑하게〉를 통해서라고 한다. 이 기사에는 모 방송국이라고 나와 있지만 찾아보니 〈오늘도 명랑하게〉는 TBC라디오가 오전 8시 20분부터 방송했던 프로그램이었다. 방송 데뷔 이후 아직 세상에 크게 이름은 알려지지 않았던 조영남에게 TBC PD 조용호가 어느 날 레코드 한 장을 던져 주었다. 영어 가사 절반을 우리말로 번안해서 오라는 것이었다. 그 노래는 영국 가수 탐 존스의 'Delilah'였다. 이 노래가 실린 앨범은 1968년 초에 발매되었다.

그러니 1968년의 어느 날이었을 것이다. 조영남은 TBC라디오 프로그램에 출연해 '딜라일라'를 불렀고 곧 〈쇼쇼쇼〉에도 출연하라는 제의를 받게 된다. 이백천의 회고다.

> 조영남이 부른 '딜라일라'가 라디오에서 히트했다. 그는 이어 단 한 번의 출연으로 시청자를 경악하게 만들었다. 노래의 내용은 변심한 애인이 불 꺼진 창안에서 딴 남자와 하나 되는 것을 보고 밖에서 개탄하는 것이었다. 조영남은 TV에서 그 장면을 직접 설정하고 연기했다. 웃통을 벗고, 머리띠 하고, 부엌칼을 치켜들고 침대 쪽으로 다가가며 이렇게 노래 불렀다.
>
> "오 나의 딜라일라 / 왜 날 버리나요 / 애타는 이 가슴 달랠 길 없어 / 복수에 불타는 마음만 가득하네"(신동아 2003년 4월호)

조영남과 '세시봉 가수'들의 경우처럼 〈쇼쇼쇼〉를 통해 스타가 된 사례는 매우 많다. 『동양방송 17년사』는 "〈쇼쇼쇼〉를 통해 데뷔하고 정상의 자리로 올라선 가수 중 몇몇을 열거해 보면 조영남, 펄 시스터즈, 김추자, 정훈희, 남진, 트윈폴리오의 송창식 윤형주, 장미화, 정미조 등"이라고 했다(825쪽).

펄 시스터즈 또한 자타가 공인하는, 〈쇼쇼쇼〉가 낳은 스타다. 동아일보 1967년 6월 3일자는 "(〈쇼쇼쇼〉는) 롱런하는 프로인 관계로 가수들의 출연 교섭도 쉬운 편이며 부산물이라면 펄 시스터즈, 김명희 등 신인도 길러낸 것"이라고 쓰면서 "패티킴, 릴리화, 윤복희, 길옥윤, 리마김 등이 이 프로의 웰컴 굿바이쇼에 한 번도 빠지지 않았다"고 했다.

## 보세가공품 〈황금박쥐〉

주제가는 정말 많이 듣고 부르며 자랐지만 정작 나는 〈황금박쥐〉를 본 기억은 없다. 태어나기도 전에, 또는 서너 살이 되기도 전에 방영된 만화영화를 기억할 리 없는 것은 당연하다.

황금박쥐

어디 어디 어디에서 오느냐 황금박쥐

빛나는 해골은 정의의 용사다

힘차게 날으는 실버배턴

〈황금박쥐〉의 인기는 어른들에게도 폭발적이었다.

우주의 괴물을 전멸시켜라

어디 어디 어디에서 오느냐 황금박쥐

박쥐만이 알고 있다.

주제가는 '별셋'이 불렀다. 자료를 찾다 알게 된 사실인데 처음에는 '별넷'으로 출발했다고 한다. 4중창단이었다는 뜻이다. '별셋' 하면 1970년대 중반 이들이 철모를 쓰고 KBS 드라마 〈전우〉 주제가를 부르는 모습을 연상하는 분들이 많을 것 같다.

기억을 더듬어 보면 〈황금박쥐〉 주제가를 아이들은 이렇게 개사해 부르기도 했다. 나도 많이 불렀다.

황금박쥐

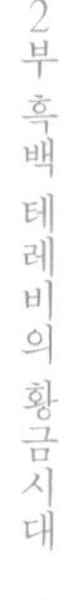

어디 어디 어디에서 오느냐 황금박쥐
빛나는 해골에다 갈비뼈가 열두 개
그래도 잘났다고 빤쓰만 입고
우주의 괴물을 전멸시켰나
아니 아니 매만 맞고 돌아오는 황금박쥐
박쥐만이 알고 있다.

문방구에서 황금박쥐 가면을 팔았던 것 같다. 종이 가면을 쓰고 팬티만 입은 채 보자기를 목에 묶어 늘어뜨리면 누구나 황금박쥐가 될 수 있었다. 한 번쯤 황금박쥐 흉내를 내본 사람도 많을 것이다.

〈황금박쥐〉의 첫 방영 기간은 1967년 10월 24일(화)부터 1968년 3월 12일(화)까지다. 이때는 매주 화요일, 30분간 방영되었다. 그리고 1969년 11월 3일(월)부터 재방영되기 시작했는데 지금 같으면 시청자들의 항의가 빗발치겠지만 그때로서는 전혀 이해 못할 일도 아닌 것 같다.

1968년 말까지 전국의 TV 수상기 보급 대수는 11만 8262대였다. 1969년 말에는 22만 3695대로 늘어난다. 당시 우리나라 인구는 3000만 명에 달했다. 1가구 평균 4명의 가족이 산다고 가정한다면 1968년 12만대라고 해봐야 50만 명 정도가 자택에서 TV를 볼 수 있었다는 의미가 된다. 세대당 TV 수상기 보급률은 1968년 2.1퍼센트, 1969년에는 3.9퍼센트에 불과했다.[119] 아직도 〈황금박쥐〉를 '못 본' 시청자들이 많았던 것이다. 게다가 1969년에는 수상기 보급 대수가 두 배 가까이 늘었으니 〈황금박쥐〉를 재방영해 달라고 요구하는 시청자들도 꽤 있

초창기 방영된 일본 에니메이션들은 보세가공품 즉 하청생산물이었다.
〈요괴인간〉의 한 장면.

었을 듯하다.

그런데 1969년 11월 재방영된 〈황금박쥐〉는 매주 월요일부터 토요일까지 하루 10분씩 방송이 나갔다. '일일 연속극'이 아니라 '일일 만화'인 셈이다. 원래 30분짜리를 10분씩 쪼개 사흘간 방영한 것인데 보는 아이들로선 궁금해서 속이 터졌을지도 모른다.

〈황금박쥐〉는 국내에서 최초로 방영된 일본 애니메이션이다. 1970 · 1980년대, 터진 봇물처럼 유입된 일본 애니메이션의 선구자 격이라 할 수 있다. 일본 원제는 '黃金バット'이다. 정확히 말해 이 만화는 보세가공품, 하청생산품이었다. 1970년 4월 22일자 동아일보는 "TBC TV의 〈황금박쥐〉나 〈요괴인간〉, MBC TV의 〈마린보이〉 등은 완제품이 아니고 보세가공 식의 한일합작이었지만 조심스럽게 일본 작품을 도입했던 케이스들"이라고 했다.

보세가공保稅加工 무역이란 관세를 유보한 채 수입한 원재료를 가공하여 이를 수출하는 무역으로 자원이 없는 우리나라의 특징적인 무역형태라고 한다. 〈황금박쥐〉는 일본에서 수입한 원작 시나리오를 바탕으로 TBC 동화부動畫部가 작화하고 편집한 만화영화, 일본의 하청을 받아 국내에서 생산한 프로그램이었다. 그런 의미에서 '한일합작'이라 할 수는 있지만 그 정서와 배경은 일본 애니메이션일 수밖에 없다.

〈황금박쥐〉가 사회에 미친 파장은 지금으로선 상상하기 힘든 수준이다. 『동양방송17년사』는 '만화영화의 인기가 어린이들은 물론 성인층까지 폭발하였다', '시청권을 휩쓸었다'는 표현을 썼다. 다음은 인터넷에서 찾은 자료[120]를 참조한 이 만화의 간략한 줄거리다.

전설의 아틀란티스 대륙으로 유적 조사를 떠난 박사 일행은 황금색 박쥐에게 이끌려 비밀에 쌓인 고대의 성에 도착하게 된다. 박사 일행은 성에 숨겨진 관을 발견하고 관에 새겨진 고대문자를 해독한다. 그 결과 1만 년간 잠들어 있던 '황금박쥐'를 소생시킨다. 신비한 힘과 능력을 지닌 황금박쥐는 어디에서 오는지 그 누구도 알 수가 없다. 하지만 박사 일행에게 적들의 위험이 다가올 때 "황금박쥐, 도와줘요"고 외치면 '음하하하'라는 특유의 웃음과 함께 황금박쥐가 나타나 적들을 물리친다.

황금박쥐의 무기는 지팡이 모양의 실버배턴. 광선도 발사되고 무엇이든 한 번에 베어버릴 수 있다. 그리고 황금박쥐의 망토는 그 어떤 무기도 뚫지 못하고 불 속에서도 안전하며 바람을 일으키고 하늘을 날게도 한다.

〈황금박쥐〉는 극장용으로도 제작되어 1968년 7월 서울 국제극장에서 개봉됐다. 7월 18일자 경향신문의 보도 내용이다.

만화영화 〈황금박쥐〉가 첫 개봉된 서울 K극장에는 이 날 새벽부터 어린이들이 300미터의 장사진을 이뤄 1회 1700여 장의 입장권이 상오 8시 20분에 매진됐었다. 약삭빠른 암표 상인들은 100원짜리 1장에 300원씩 팔아 톡톡히 재미를 보다 경찰단속망에 걸리기도…….

'황금박쥐'는 신문 칼럼에도 등장한다.

어른도 아니고 어린이가 착하디 착한 고사리 같은 손을 들고 길을 건너고 있었는데 차는 손을 들고 건너는 어린이를 마구 깔아버렸다. 자 어쩌란 말인가. 손을 들면 안전하다고 해서 손을 들어도 함부로 깔아뭉개니 달리는 흉기란 분명히 「현대의 악마」다. 악마라고 부르는 것으로써 끝나는 것이 아니고 그 악마를 없애야 일은 끝난다. 어린이를 보호하는 천사는 없는가. 우주의 괴물을 몽땅 없애버리는 전능의 황금박쥐가 서울 한복판에 나타나야 하겠다.(경향신문 1968년 8월 28일자 칼럼 '여적(餘滴)')

1969년 8월 10일(일)부터 1970년 2월 1일(일)까지 방영된 〈요괴인간〉 또한 〈황금박쥐〉와 같은 방식으로 제작된 만화영화로 원제는 '妖怪人間ベム'다. 어느 블로그에서 찾은, 이 만화의 줄거리는 특히 소개하고 싶다. 내가 생각하기에는 소름이 끼칠 정도로 심오(?)하기 때문이다. 하지만 너무 번잡한 면이 있어 그 일부만 옮기고 나머지는 각주[121]에 붙인다.

흉측한 괴물의 모습을 하고 있었으나 인간의 능력을 뛰어넘는 강인한 육체와 높은 지능, 그리고 나아가 초능력마저도 가지고 있었다. 이들은 모습은 추해도 인간을 지키고 사랑하며, 정의를 지키고자 하는 마음을 갖고 있었다. 요괴이면서도 사람의 마음을 가진 요괴 인간이 탄생한 것이다. 이들 세 명의 요괴인간 벰, 베라, 베로는 완전한 인간이 된 방법을 찾기 위한 여정에 오른다.(http://grasige7.egloos.com/546573)

이 만화를 본 기억은 없지만 그 주제가[122]와, "빨리 사람이 되고 싶다"던 주인공 요괴들의 절규는 언제까지나 가슴속에 남아 있을 것 같다.

## 1960년대와 TBC

TBC 사사社史를 개괄하는 것으로 1960년대를 마무리하려 한다. 개국 당시 TBC는 신세계백화점의 4층과 5층, 옥상을 개조해 사무실과 스튜디오로 사용하고 있었다. TBC라디오는 동양화재 빌딩에 입주해 있었는데 현 서울프레스센터 자리가 당시 동양화재 빌딩이 있던 곳이다. 1965년 12월 동양방송의 라디오와 TV 부문이 각각 서소문 사옥에 입주했고 이때 비로소 방송사의 사옥다운 모습을 갖추게 된다. 이 10층 건물에는 중앙일보도 입주해 있었는데 그때만 해도 학생들의 견학코스로 각광을 받았다. 현 KB국민은행 서소문지점이 입주해 있는 건물이 바로 이 건물이다. 약간은 리모델링이 있었겠지만 거의 원형 그대로 보전돼 있다.

번듯해진 사옥처럼 TBC도, 사회도, 나라도 조금씩 발전해 가고 있

문화방송 개국 전야제

었다. 1966년 8월 금성사는 최초의 국산 텔레비전 수상기를 개발했고, 1966년 8월 TBC는 VTR 편집기를 들여왔다. 편집기 도입은 방송 관계자의 노고가 크게 줄게 되었음을 의미한다. TV 수상기 보급 대수는 앞서 언급했던 대로 1968년 11만 8262대, 1969년 22만 3695대로 늘어났다.

1969년 8월 8일 MBC TV가 개국하면서 TV 3사의 경쟁시대가 열렸다. MBC는 "코미디에서 제일 먼저 시청률을 높인 방송"[123]이었다. 8월 14일(목) 첫 회가 방영된 〈웃으면 복이 와요〉는 코미디물로서는 전례 없는 인기를 기록하며 MBC의 간판, 장수 프로그램이 된다.

11월 14일에는 TBC의 운현궁 스튜디오가 완공됐다. 서소문 사옥의 1 · 2스튜디오에 이은 제3스튜디오였다. 연건평 610평, 스튜디오 180평의 지상3층 지하2층 건물인 제3스튜디오는 당시만 해도 파격적인 규모라고 할 수 있었다. 제3스튜디오의 완공은 폭주하는 프로그램 제작수요를 소화하기 위한 포석이었다. 1년 사이에 수상기 보급이 배로 늘었으니 당연한 조치였던 듯하다.

이 날 한국 최초로 서소문 사옥과 운현궁 스튜디오를 오가는 2원 방송이 실현된다. 해당 프로그램은 〈인기가수 청백전〉이었다. 1969년 11월 15일자 중앙일보는 "국내 최대규모로 최신시설을 갖춘 동양 텔리비젼 운현궁 제3「스튜디오」가 14일 하오 6시 30분 각계인사및 관계자 다수가 참석한 가운데 개설, 제1「스튜디오」와 직결한 국내최초의 2원 방송을 시도했다"며 "이「스튜디오」는 앞으로 동양 텔리비젼의 초대형「쇼」 및「드라머」「프로그램」을 보다 새롭고 보다 다양하게 꾸며줄 것"이라고 보도했다. 요즘은 '2원 방송'이란 말을 잘 안 쓰기 때문에 혹시 모르는 사람이 있을지 몰라 약간 설명을 붙인다. '2원 방송'이란 이런 식이다.

서소문 스튜디오 사회자: "가수 아무개의 열창이었습니다. 그럼, 운현궁 스튜디오 나와주시죠."

운현궁 스튜디오 진행자: "예, 운현궁 스튜디오 아무개입니다."

지금이야 2원이 아니라 3원, 4원, 그 이상의 동시 방송도 가능하지만 뭐든 '최초'라는 표지가 붙으면 의미가 있을 수밖에 없다. 한국 최초의 2원 방송은 장안의 화제가 됐을 것이다.

운현궁 제3스튜디오를 완공한 TBC는 1970년대를 야심차게 준비하고 있었다. 1960년대가 저물고 있었다.

# 라디오와 신문을 따라잡다 (1970-1974)

## 〈아씨〉가 연 1970년대

1970년 4월 1일 포항종합제철 기공식이 열렸다. 기공식에 참석한 박정희는 치사를 통해 "국가건설의 근간인 기간산업의 발전이 무엇보다 중요한데 지금부터 서둘러 철강공업의 육성과 발전을 꾀해서 연관 산업도 발전시켜야 한다"[124]고 말했다. 6월 2일에는 충남 금산의 위성 통신 지구국이 개국했다. 우리나라에도 비로소 인공위성을 통한 '우주중계' 시대가 열리는 순간이었다. 7월 7일 경부고속도로가 개통됐다. 이 무렵 미니스커트 단속이 처음 시작되었다. 종로경찰서의 경우, 단속 기준은 무릎 위 17센티미터였다고 한다.[125] 8월 28일에는 처음으로 장발 단속이 실시된다.[126] 이 같은 일들은 1970년대를 여는 상징적인 사건인지도 모른다.

장발 단속의 여파는 〈쇼쇼쇼〉에까지 번졌다. TBC는 8월 29일(토) 방영분에서 장발의 조영남이 나오는 부분을 편집한 채 방송을 내보냈다. 보름 전쯤 미리 조치를 취한 KBS는 직접적인 영향을 받지 않았고, MBC는 마침 장발의 연예인이 나오는 녹화분이 없어 화를 면했다. 그런데 장발의 기준은 어떠했을까. 1976년 2월 6일 경찰청이 마련한 시행세칙에 따르면 '장발은 남녀를 구분할 수 없을 정도로 여자의 쇼트커트보다 길거나 귀를 덮는 경우'로 규정하고 있다.[127]

1970년 말 전국의 TV 수상기 보급 대수는 37만 9564대였다. 전년에 비해 15만 대 이상 늘어난 수치다. 전년에 대비해 수상기 보급이 가장 많이 늘어난 건 1969년부터 3년간이다. 1969년 89.2퍼센트, 1970년 69.7퍼센트, 1971년 62.4퍼센트가 증가했다.[128] 수상기 보급 대수는 1971년 61만 6392대, 1972년 90만 5363대로 급속하게 늘었다. 세대당 TV 수상기 보급률은 1970년 6.4퍼센트, 1971년에는 10.2퍼센트로 비로소 10퍼센트를 돌파했다.[129] 우리나라에서도 바야흐로 TV의 시대가 열리고 있었다.

하지만 TBC는 약간의 위기감을 느끼고 있었던 것 같다. 그 이유 중의 하나는 1969년 8월 MBC TV의 개국으로 스카우트 파동을 치렀기 때문이다.

1964년 개국 전후로 KBS가 TBC에 당한 것만큼 스카우트 진통이 1969년에 몰아치기 시작했다. 허규 · 이대섭 · 유길촌 · 표재순 · 이효영이 MBC 드라마팀으로 건너갔고 이기하 · 최상현은 MBC에서 돌아왔다가 다시

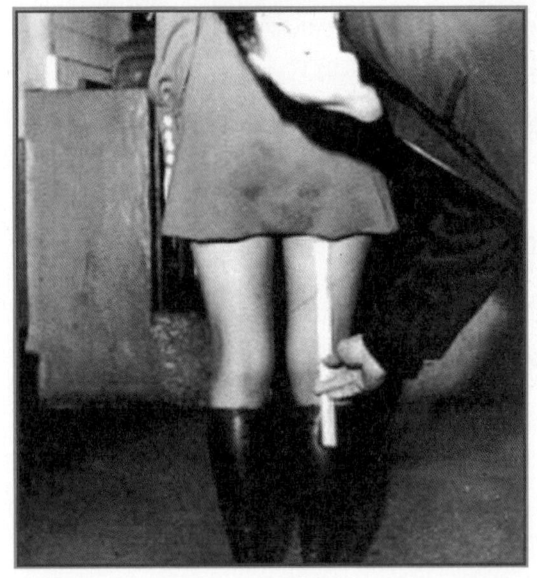

장발, 미니스커트 단속. 1970년대를 상징하는 풍경이다. 1970년 9월 11일자 경향신문은 "미니스커트의 길이가 어느 선에서 미풍양속을 해치는 것으로 판단할 것인가로 고민하던 서울 종로경찰서는 무릎 위 17센티미터면 단속하겠다고 자신 있는 결론(을 내렸다)"고 보도했다.

KBS-TV로 이적하는 등 어수선한 분위기는 극에 달했다. 동양TV가 5년간 쌓아온 드라마 금자탑이 무너지는 인상마저 풍겼다. 김재형을 팀장으로 전열 강화와 재정비에 착수했다. KBS PD였던 고성원 · 전세권 · 박경식을 뽑아 온 여세로 독고중훈 · 최지민 · 하강일 · 맹만재를 픽업하고 정병식 · 나영세 · 이윤희를 보강하여 1970년대 3TV국 정립시대를 대비했다.(『동양방송 17년사』, 816쪽)

그때까지만 해도 텔레비전 드라마는 주간극 · 단막극 편성 일색이었다. 라디오 드라마는 일일연속극 편성이 당연한 것이었지만 TV는 사정이 달랐다. 제작 여건이 열악했기 때문이다. 한정된 스튜디오에서 드라마만 찍을 수도 없는 일이었고, 연기자 또는 드라마 제작 관련 전문 인력도 부족했다.

TBC는 일일연속극 편성이라는 새로운 카드를 꺼낸다. 주간 단위 연속극이 주종을 이루던 TV 드라마 관행에 새로운 바람을 일으켜 보라는 뜻에서 홍진기가 일일연속극 편성을 제안했다고 전해진다. 그렇게 탄생된 드라마가 극본 임희재任熙宰, 연출 고성원高成源의 〈아씨〉였다. 사실 본격적인 일일연속극을 처음 시도한 것은 KBS였다. 1969년 5월 5일 첫 회가 나간 KBS 드라마 〈신부1년생〉은 월요일부터 토요일까지 하루 20분씩 방영되어 '본격적인'이라는 수식어를 붙일 수 있다. 이에 비해 일일극의 효시라 일컬어지는 TBC 〈눈이 나리는데〉, KBS 〈다녀왔습니다〉 등은 주 3, 4회 방영되어 일일극이라고 보기에는 약간 아쉬운 점이 있다. 하지만 일일극의 '새로운 바람'을 일으켰다는 면에서 〈아씨〉는 다른 드라마의 추종을 불허한다.

〈아씨〉의 첫 방영일인 1970년 3월 2일(월), 중앙일보에 실린 TV 편성표에는 '일일연속극(한 여자의 기구한 운명을 통해서 한국 여인 변천사를 살펴봄)'이라는 소개의 글이 있다. 물론 〈아씨〉에 대한 설명이다. 〈아씨〉는 1930년대에서 1950년대에 이르는 격동기를 배경으로 자기 희생을 미덕으로 알고 살아가는, 당시로서는 전형적인 한국의 여인상을 그린 드라마다. '옛날에 이 길은 꽃가마 타고 말 탄 님 따라서 시집가던 길'로 시작되는 가수 이미자의 〈아씨〉 주제가도 널리 알려져 있다. 〈아씨〉는 이듬해 1월 9일까지 방영되면서 숱한 화제를 양산했다. 『한국방송사』는 "우리나라에 TV 방송국이 설립된 이래 지금까지 숱한 드라마가 안방을 드나들었지만 TBC TV의 〈아씨〉만큼 선풍을 불러일으킨 작품도 드물 것"이라며 이렇게 썼다.

지체가 높고 체통을 내세우는 양반댁으로 시집 온 아씨(김희준 분)는 남편의 무절제한 외도와 냉대 속에서 기막힌 운명의 시련을 겪게 된다. 인내와 순종만이 여자의 부덕(婦德)으로 알고 시부모를 봉양하고 지아비를 섬기는 아씨. 그러나 남편은 만주로 혹은 상해로 다니며 주색으로 세월을 허송한다. 그러니 아씨는 아들에 대한 한가닥 기대를 희망으로 삼고 살 수밖에 없다. 그러나 아들 역시 결혼과 더불어 어머니를 소홀히 대하고 귀찮게 여김으로써 아씨의 기대와 희망은 맥없이 꺾이고 만다. 행복이라는 것과는 아예 인연이 없이 살아온 아씨는 결국 만주에서 남편의 임종을 지키는 쓰라린 절망을 체험해야 하고 끝내는 시부모가 돌아가신 후 커다란 집에 덩그러니 혼자 남아 달갑지도 않은 여생을 씹는다. (……)

〈아씨〉가 방영되는 동안 드라마가 시작되기 전에 문단속을 잘 하여 도둑

韓國版 「女子의 一生」

아씨 大團円

2백53회의 롱런 日日劇

3代시집살이로 女性취향맞춰

作家臥病 두달은 代筆도

〈아씨〉는 1930년대에서 1950년대에 이르는 격동기를 배경으로 자기 희생을 미덕으로 알고 살아가는, 당시로서는 전형적인 한국의 여인상을 그린 드라마다. '옛날에 이 길은 꽃가마 타고 말 탄 님 따라서 시집가던 길'로 시작되는 가수 이미자의 '아씨' 주제가도 널리 알려져 있다. 〈아씨〉는 열 달 남짓 방영되면서 숱한 화제를 양산했다.

> 을 조심하고 수도꼭지가 꼭 잠겼는지 다시 한 번 점검한 뒤에 이 프로그램을 시청해 달라는 내용의 이색 스포트가 방송된 것은 그 유례를 찾아볼 수 없는 일이었다. 한편 아씨의 남편(김세윤 분)이 한창 외도를 하며 아씨를 냉대하는 장면이 속출되고 있을 무렵 부인들이 떼를 지어 방송국으로 몰려와 남편을 작품에서 죽여주든가 개심시켜 달라고 사뭇 협박조의 간청을 하던 일도 〈아씨〉를 화제 머리에 올릴 때는 빼놓을 수 없는 토막 얘기가 될 것이다.(823-825쪽)

여주인공 김희준金喜俊은 〈아씨〉를 통해 최고의 인기를 누렸지만 1972년 4월 결혼과 함께 연예계에서 은퇴했다. 남편역의 김세윤金世潤은 당시엔 김창세金昌世라는 본명으로 활동했다.

〈아씨〉를 집필한 임희재는 방영 도중 건강이 악화돼 190회부터 이철향李哲鄉에게 붓을 넘겼다. 위암으로 투병하던 임희재는 마지막 회의 마지막 장면만큼은 자신이 쓰겠다는 애착을 보였다. 그는 '아씨'의 마지막 내레이션에 해당하는 부분을 집필하고 〈아씨〉가 끝난 지 20여 일 후인 1971년 3월 31일 향년 52세의 일기로 별세했다. 드라마 밖의 드라마라는 생각이 든다.

임희재는 마지막 내레이션에서 "지금까지 시청한 〈아씨〉는 우리들의 어머니며 우리들의 할머니며, 인내를 갖고 살아온 우리들의 한국 여성입니다"라고 썼다. 〈아씨〉에 대한 모든 것이 이 한마디에 함축돼 있는 듯하다. 당시엔 신인 탤런트로 '아씨'의 아들 역을 맡았던 노주현盧宙鉉은 "이 마지막 내레이션이 스튜디오에서 녹화될 때 출연자는 물론 카메라맨, 세트맨 등 스태프들까지 눈물을 흘려 울음바다가 됐다"

며 "지금도 그 마지막 내레이션은 귀에 생생하다"고 했다.[130] 노주현은 데뷔 초기 노운영盧運泳이라는 본명으로 활동했다. 그는 2007년 한 예능 프로그램에 출연해 "노운영이라는 이름이 장가 세 번 가는 이름이라고 해서 노주현으로 이름을 바꿨다"고 밝힌 적이 있다.

TBC에 있어 〈아씨〉는 1970년대를 여는 서막이었던 것 같다. 『동양방송 17년사』는 "이 막중한 고비에서 (TBC는) 결정적인 교두보를 확보하게 된다"면서 "〈아씨〉는 70년대 동양TV가 기선을 제압하는 데 결정적인 몫을 한 것"이라고 쓰고 있다. 『동양방송 17년사』의 언급이 자화자찬만은 아니었다. 드라마 〈아씨〉의 방영 시간에는 부부싸움이 중단되고 도난 사건이 자주 발생한다는 신문기사가 있었을 만큼 〈아씨〉의 인기는 지금으로선 상상을 초월한다.

## 일일연속극의 범람

〈아씨〉는 당시까지의 TV 단일 프로그램 중 최고의 시청률을 기록했다. 한국방송사에서 이 드라마에 대해 부여할 수 있는 또 다른 의미는 일일연속극의 시대를 열었다는 점이다. TBC는 〈아씨〉가 방영 중이던 1970년 8월 31일(월), 새로운 일일연속극을 시도했다 유호兪湖 극본, 김재형 연출의 〈딸〉이 그것이다. 유호는 "1970년에 9시대 〈아씨〉의 시청률이 높자 8시대에 또 하나의 일일연속극을 편성"[131]했다고 말한다.

'첫 여성 테마 사회극'이라고 평가받는 〈딸〉은 어떤 드라마였을까. 연출자 김재형의 이야기를 들어본다.

> 당시 사회는 산업화의 물결이 전반적으로 휩쓸던 때라 많은 저 · 고급 인력을 필요로 했다. 더불어 대학을 진학하겠다는 향학열 역시 강했다. 이러한 사회적 배경 속에서 〈딸〉은 시대가 요구하는 여성, 즉 '적극적 여성상'이란 주제를 내걸고 여고생인 주인공 영(英, 안은숙 분)의 시각을 통해 가정과 세태를 살펴보고, 성인의 문턱에 들어서는 여성의 꿈을 그려나갔다.(오명환, 『텔레비전 드라마 사회학』, 406쪽)

김재형은 "〈딸〉이 방영될 때 여고생들의 압도적 시청률을 기록하기도 했는데, '대학 진학을 하느냐, 사회 진출을 하느냐?'는 열띤 토론의 장을 형성하기도 했다는 후문이다. 이에 더하여 일부 극성 팬들은 여주인공 '영'을 대학에 보내야 한다는 전화와 팬레터를 부쳐오기도 해 연출진을 괴롭혀 애를 먹기도 했다"고 덧붙였다.

말하자면 〈딸〉 또한 꽤 인기를 끈 것이다. 〈딸〉의 종영일은 1971년 9월 17일(금)이었는데 〈아씨〉와 〈딸〉의 잇단 성공에 자극을 받은 KBS도 이듬해 〈여로〉[132]라는 야심작을 내놓았다. KBS 일일연속극 〈여로〉는 〈아씨〉의 아류작, 오명환이 지적한 대로 '〈아씨〉의 후예들'이라고 볼 수도 있지만 많은 화제를 낳은 문제작이다. 모자란 남편(장욱제 분)을 묵묵히 봉양하는 아내(태현실 분)의 희생을 그린 드라마다. 코미디언이자 영화감독인 심형래沈炯來가 새롭게 창조해 낸 '영구' 캐릭터는 그 모티브를 〈여로〉의 남주인공 장욱제張旭濟로부터 따온 것이다.

뒤이어 MBC도 〈새엄마〉를 통해 인기 일일극 양산에 동참했다. 김수현金秀賢 극본, 박철朴鐵 연출의 이 드라마는 1972년 8월 30일(수)부터 1973년 12월 28일(금)까지 방영되었다. 바람 잘 날 없는 가정에 후취

KBS 〈여로〉. 모자란 남편을 묵묵히 봉양하는 아내의 희생을 그린 드라마로 숱한 화제를 양산했다. 사진 중앙이 주인공 장욱제.

로 들어간 새엄마(전양자 분)가 갖은 냉대와 박해를 이겨내며 사랑을 쟁취한다는 내용이다.

나로서는 믿어지지 않는 이야기지만 어머니로부터 이런 이야기를 들었다. 내가 아주 어릴 때 어머니로부터 꾸중을 들으면 "엄마랑 안 살 거예요. 새엄마랑 살 거예요"라고 했다고 한다. 어머니의 기억으로는 내가 드라마 〈새엄마〉를 어디서 보고 그런 말을 했다는 것인데 만 세 살 남짓 한 아이가 그랬다는 것을 도저히 믿을 수 없다.

〈아씨〉, 〈딸〉의 성공은 일일연속극의 범람을 가져왔다. 오명환의 말이다.

당시 일일극은 '만들면 본다'는 불문율에 지배되어 상대사와의 경쟁은 제작 차원이 아닌 편성 차원에서 치열했다. '5분 앞당겨 편성하기'나 드라마와 드라마 사이에 5분짜리 미니 프로 편성 발상까지 실로 5분 단위의 경합 양상은 두 민방에서 치열하게 가열되었다.(오명환, 『텔레비전 드라마 사회학』, 81쪽)

두 민방, TBC와 MBC의 5분 단위 경합 양상은 이런 식이었다. 1970년 4월 6일 TBC는 춘계 프로그램 개편을 통해 방영 시간 조정을 단행한다. MBC가 오후 9시에 방영하던 〈두 얼굴〉, 〈홍콩 10번지〉에 대응하기 위해 TBC는 〈동경유학생〉, 〈두 남자〉 등의 드라마 시작 시간을 오후 8시 55분으로 조정했고, 일일연속극 〈아씨〉는 MBC의 일일극 방영 시간보다 5분을 앞당겨 9시 50분에 맞췄다. 그러자 MBC는 자사의 일일극을 〈아씨〉 방영시간보다 10분이 빠른 9시 40분에 방송하며 정면 대응했다. 매일경제신문은 이에 대해 이렇게 분석했다.

TBC의 이와 같은 선공(?)으로 빚어진 시간대 싸움은 TBC가 MBC에 대한 보복전이라고 말하고 있는 것이 중론. 탤런트 윤여정의 스카우트를 비롯, 계약 갱신 만료일이 끝나기가 무섭게 전속 계약을 맺은 최무룡 군의 '극적인 이동'은 탤런트 난에 허덕이는 TBC제작국에 치명타에 가까운 충격을 주었다는 것.(1970년 4월 9일자)

1972년에는 하루에 무려 5개의 일일연속극이 편성되는 일도 벌어졌다. 일례로 8월 7일(월) 편성표에 실린 TBC의 프로그램은 다음과 같다.

1960년대 초반 어느 가정의 TV 시청 모습. 국가기록원 자료에는 중산층이라 기록돼 있지만 아무래도 상류층일 것 같다는 생각이 든다. 출처: 국가기록원.

6 · 00 진선미 30 우리집꽃동산 7 · 00 TBC석간 30 (극)왔구려 40 (극)사슴아가씨 8 · 00 마커스웰빙 〈자니의 고민〉 9 · 10 (극)외아들 20 여보정선달 35 (극)형제 55 가요스파트 10 · 00 뉴스 20 해외소식 25 일기해설 30 내일을 연다 〈초음파의 세계〉

'(극)'이라는 표시가 붙지 않았지만 〈여보 정선달〉 역시 일일연속극이다. 그러니 하루 총 5편의 일일극이 편성된 것이다.

드라마의 성공은 높은 시청률을 의미한다. 높은 시청률은 광고의 증가로 연결된다. 당시까지 국내 광고 총매출액의 가장 큰 비중을 차지한 것은 신문 광고액이었는데 어느덧 TV 광고가 신문 광고를 위협하는 수준까지 성장하고 있었다. 그리고 TV 광고의 '효자'는 일일연속극이었다. 오명환은 "일일극의 양산은 수입원의 폭발적인 증가액을 가속시켜, 이후 일일극은 시청자와 채널을 묶는 강력한 포맷으로 군림하는 한편, 광고주에겐 다시없는 미디어 전략품으로 평가"[133]되었다고 지적한다. 그러면서 "드라마의 역점 제작, 기간 편성으로 양산 체제가 개막되었고 따라서 소재 빈곤, 저질 시비, 상대적 평가가 발생하였다"[134]고 했다.

모든 일엔 빛이 있으면 그림자도 있게 마련이다. TV가 국민 여흥의 도구로 자리를 잡게 되고, 광고주들이 TV 광고에 눈독을 들이게 되자 여러 가지 문제점이 발생하기 시작했다. 먼저 동아일보가 지적한 '재탕, 삼탕' 문제다. 다시 만화영화 이야기로 돌아가 본다.

TBC는 1960년대 후반 처음 방영한 〈요괴인간〉을 1972년 1월 13일(목)부터 1973년 5월 31일(목)까지 재방영했다. 동아일보는 5월 4일자에서 "4월 개편에서 KBS와 MBC TV가 만화를 대폭 줄인 데 비해 TBC TV만은 유독 만화 방영을 고수하고 있다"며, "더구나 〈황금박쥐〉와 〈요괴인간〉은 TBC TV가 일본과 합작해 제작한 만화영화이기도 한데 이를 몇 년을 두고 재탕, 삼탕 하는 것은 큰 문제로 지적되고 있다"고 했다. 동아일보는 6개월 후, 다시 이런 기사를 싣는다.

원래 세 TV국은 1968년경부터 경쟁적으로 만화영화를 수입, 방송해 왔는데 어린이들의 절대적인 환호(?)를 얻자 ·일본제인 조악(粗惡)만화까지 등장하여 어린이 시간을 만화영화를 전부 채우는 사태까지 일어났었

다.(동아일보 1972년 11월 30일자)

하루 5편의 일일극을 편성하는 것과 비슷하게, 어린이 시간을 만화영화로 채우고 있는 방송사를 비판한 것이다. 이 같은 비판은 당연한 것이기도 하지만 신문사의 위기의식을 반영한 것일 수도 있다. 정순일과 장한성은 "당시 신문들은 일제히 TV 프로그램의 저질화 현상을 맹렬히 비난하고 불륜, 저질의 쇼와 드라마를 정화하여 프로그램의 건전화를 꾀하라는 기사와 논설로 방송 관계자를 통박하고 나섰는데, 그것은 신문 독점시대에 도전하는 방송의 위력을 의식한 부분도 없지 않았지만 당시의 방송계가 당연히 감수해야 할 비판의 일단이었다"[135] 고 했다.

일일연속극의 범람에 대해 정부가 직접적으로 규제를 가한 일도 있다. 1973년 7월 16일 문화공보부 장관 윤주영은 6개항에 이르는 '방송 내용의 개선을 위한 담화'[136]를 발표했는데 그 중 한 항목은 "현재 방송 중인 일일연속극의 수를 감축조정하고 그 제작 취지를 시청자에게 예고한다"는 것이었다.

급격히 늘어난 광고 문제도 도마 위에 올랐다. 라디오 방송의 경우, 지방 네트워크를 갖고 있던 TBC와 MBC는 경향신문으로부터 "상품 하나의 선전을 위한 방송인 듯한 프로를 경쟁이나 하듯이 방송하고 있는 느낌"[137]이라는 지적을 받았다. 20분짜리 라디오 일일극이 주제가와 광고를 합쳐 도합 6분을 소모, 14분에 그치는 사례가 있는가 하면, 어떨 때는 10분도 안 되는 드라마를 내보낸 뒤 나머지는 광고로 메운다는 것이다. 경향신문은 이어 "어떤 시간과 시간을 연결하는 사이에 CM이 6~8가지가 튀어나와 청취자들이 울화통을 터뜨리는가 하면 마감 시간이 다 끝나고 시보가 울릴 때까지도 선전을 하는 독선(?)을 자아내 민방에 대한 평소의 애착심마저 흐리게 하고 있다"고 썼다. 텔레비전 방송의 경우에는 스포츠중계 때 방송 중간에 광고가 튀어나와 해설이나 아나운서의 이야기를 빠뜨리는 일도 있었다고 한다.

재탕 · 삼탕 편성, 일일극 홍수, 과도한 광고 같은 문제의 근원을 파고 들어가 보면 결국 시청률 경쟁과 연관돼 있다. 1970년은 어쩌면 TV 3사의 시청률 경쟁 시대가 열린 해였다고 말할 수 있다. KBS는 두 민방에 뒤처진 시청률을 따라잡기 위해, 1969년 8월에 개국한 MBC는 TBC를 누르기 위해, 독보적인 선두를 달리고 있던 TBC는 정상을 수성하기 위해 시청률 경쟁을 마다하지 않았다.

## 〈뉴스전망대〉와 〈TBC석간〉

1971년 4월 1일(목) 아침, TBC라디오에는 작은 변화가 일어난다. 전날까지 15분 동안 진행되던 아침 뉴스가 30분으로 늘어난 것이다. 1980년 통폐합 때까지 방송이 나간 〈뉴스전망대〉는 이 날 신설된 라디오 종합뉴스 프로그램이다. 우선 라디오 뉴스를 30분 동안 진행했다는 점이 지금 관점으로서는 이채롭고, 그런 프로그램이 높은 청취율을 기록했다는 점도 흥미롭다. 전 TBC 보도국장 강용식康容植은 "출발부터 종방까지 10년 동안 청취율 조사에서 타방송을 포함해 1위의 왕좌를 양보한 적이 없었다"[138]고 했다.

〈뉴스전망대〉는 3~4명의 기자가 따로따로 출연해 MC와의 대담을 통해 취재 내용을 전달하는 형식을 취했다. 현장 녹음 또는 전화 연결로 국내외 뉴스를 분석하고 전망하기도 했다. 강용식은 "이 프로가 성공한 것은 지금 생각하면 중후하고 또는 예리한 MC의 기용에 있었다고 생각된다"며, "누구보다도 봉두완 씨가 이 프로를 살렸고 이 프로가 봉두완 씨를 유명 인사로 만들었음은 누구도 부인하지 못할 것"이라고 했다. 봉두완의 이야기다.

사람들은 나의 '솔직함'에 최대한의 호의를 보여줬다. 덕분에 나는 마음껏 사고(?)를 칠 수 있었다. 나는 가끔씩 지극히 사적인 소재로 국가적 의제에 접근하기도 했다. 전주에 살고 계시던 장모께서 우리 집에 오셨을 때였는데, 타고 오던 버스가 추월하다가 큰 사고를 당할 뻔했다고 했다. 퍼뜩 스치는 생각 하나가 있었다. 다음날 아침 〈뉴스전망대〉를 나는 이렇게 시작했다.

"큰일 날 뻔했습니다. 우리 장모가 어제 전주에서 올라왔는데 추돌사고가 나서 큰일 날 뻔했습니다."

그 순간 많은 사람들이 웃었을 것이다. 그런데 만약 거기서 그쳤다면 사람들은 봉두완 특유의 유머로 여기거나, 미친 짓쯤으로 생각하며 그냥 흘려 넘겼을 것이다. 하지만 내가 하고 싶은 말은 그 다음이었다.

"그런데 우리 장모님 말씀이, 왜 집권자인 대통령이 폭넓은 정치를 못하고 쩨쩨하게 경상도 쪽은 4차선이고 김대중의 전라도는 2차선이어서 그런 일이 생기게 하느냐고 화를 냈습니다."

그때부터 사람들은 박수를 치고 난리가 났다(물론 나중에 안 사실이지

만).(봉두완, 『앵커맨』, 23-24쪽)

박정희 체제하에서 이런 방송이 과연 가능했을까. 봉두완은 "내가 앵커로서 누린 인기의 상당 부분은 박정희 정권에 대한 비판이 기초하고 있었는데 만약 KBS나 MBC의 앵커였다면 그것은 원천적으로 불가능했을 것"이라며 "단언컨대 TBC와 이병철 회장이 아니었다면 봉두완 같은 캐릭터의 앵커는 있을 수도 없었을뿐더러 생명이 그렇게 오래가지도 않을 것"이라고 설명한다. 한비 사건 등으로 인해 박정희와 이병철이 서로를 견제하는 불편한 사이였던 것은 유명한 이야기다.

요즘도 더러 쓰이기도 하는데 텔레비전 뉴스 진행자를 앵커맨anchor man, 앵커 퍼슨anchor person이라고 부르던 시절이 있었다. 봉두완奉斗玩은 자칭타칭 '한국 최초의 앵커맨'이다. 그런데 뉴스 캐스터와 앵커맨의 차이는 진행자의 캐릭터와 퍼스낼리티를 인정하느냐 안 하느냐에 달려 있다고 봉두완은 설명한다. 그는 "TBC에서는 바로 그것을 보장해 줬다. 봉두완의 어눌한 말투, 직접 어법, 예측 불허의 오프닝 멘트가 또 하나의 미디어로서 한국 사회에 얼굴을 내밀 수 있었던 것"[139]이라고 했다.

라디오에서 〈뉴스전망대〉가 인기를 끌자 TBC는 1972년 4월 3일(월) 〈TBC석간〉이라는 TV 뉴스 프로그램을 신설했다. 처음에는 평일 오후 6시 20분부터 40분간 방송이 나갔는데 차츰 시청자의 호응을 얻자 같은 해 11월 6일(월)부터 프라임 타임인 10시로 옮겨 방송되었다. TV 뉴스가 길어야 30분이던 그 무렵 40분 방송은 상당히 파격적인 시도였다.

〈TBC석간〉은 스틸 사진이나 영상을 배경으로 자막이 흐르거나 진

한국 최초로 앵커맨을 지향한 봉두완. 〈뉴스전망대〉, 〈TBC석간〉 등을 진행했다.
출처: 『앵커맨』

행자의 멘트가 나가는 기존의 TV 뉴스 양식에서 과감히 탈피한 프로그램이었다. 분주하게 오가는 기자들, 외신 텔레프린터와 전화 소리, 취재차와의 카폰 연락 등 보도국의 생생한 풍경을 배경으로 진행되었다는 것이 강용식의 증언이다. '앵커맨'이 미국으로부터 도입된 개념이듯이 그런 부분도 미국 선진 방송사의 영향이 있었을 것이다. 봉두완은 〈TBC석간〉 앵커맨을 맡아 라디오에서의 인기를 고스란히 TV로 이어나간다.

1972년 10월 17일 이른바 '10월 유신'이 선포되자 〈TBC석간〉은 된

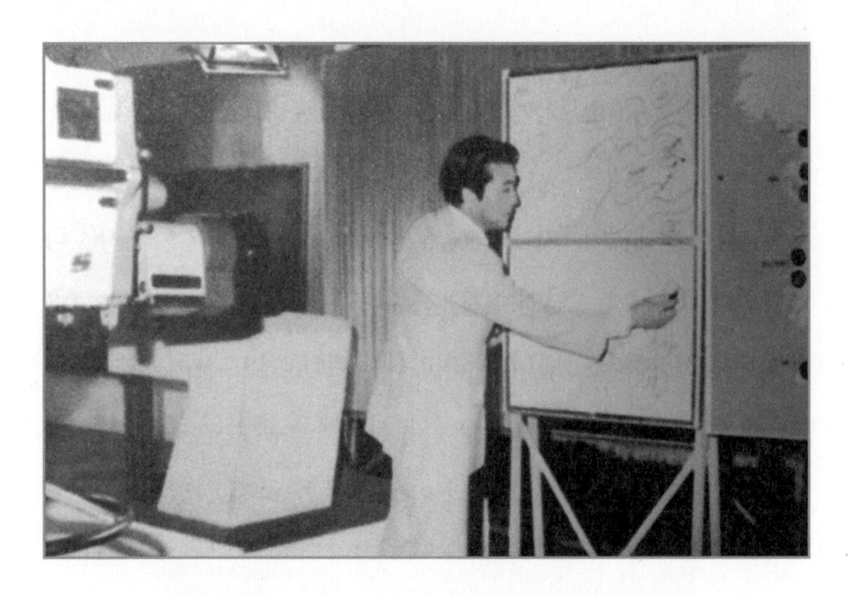

기상통보관 김동완. 기압골, 고기압, 저기압 등을 직접 그려 넣으며 일기예보를 했다.
TBC가 낳은 또 한 명의 '스타'였다. 출처: 『이 사람아, 공부해』

서리를 맞았다. 보도 자유가 대폭으로 제한을 받게 됨에 따라 1973년 4월 프로그램이 개편, 손질되었다. 논평위원이 진행자에서 물러났고 대신 아나운서가 뉴스 진행을 맡게 됐다. 뉴스 전달도 대담 등을 제외한, 나열식으로 후퇴했다. 하지만 1974년 10월부터 다시 논평위원이나 기자들이 〈TBC석간〉 진행을 맡아 종방 때까지 최고의 시청률을 유지하게 된다.

〈TBC석간〉이 배출한 또 다른 스타는 당시 중앙관상대 기상통보관 김동완金東完이다. 1974년 5월경부터 〈TBC석간〉에 출연한 그는 단순히 일기예보를 전하는 데 그치지 않고 일기도를 손수 그려 보이며 일기 변화를 설명했다. 강용식은 "일기뿐 아니라 인간 정서의 변화, 생활 조건에 미치는 영향, 주의 사항 등 생활 기상의 효시를 이루었다"

면서, "이 프로그램으로 김동완 씨는 일약 인기 스타의 위치로 부상한 것"[140]이라고 썼다. 일기도를 그리는 게 너무 신기해서 김동완의 일기예보는 어린 시절 나도 즐겨보던 프로그램이었다. 덕분에 나는 기압골, 저기압, 고기압, 밀리바 등등의 단어를 어릴 때부터 알 수 있었고, 서해는 동해나 남해보다 잔잔하다는 선입견 같은 상식도 갖추게 되었다.

TBC 보도 부문과 관련해 김대중金大中 기자회견 생중계도 주목할 만하다. 1973년 8월 8일 일본 동경에서 납치된 김대중이 서울에서 풀려나 13일 밤 동교동 자택으로 돌아왔다. 당시 보도국장 전응덕全應德은 중계차와 기자들을 동교동으로 보내고 보도국 모든 전화기의 수화기를 내려놓으라고 지시했다. TBC 단독으로 생중계가 실시되는 순간이었다. 전응덕은 "그때 당국은 휴대폰이 없던 시절인지라 보도국 통화가 안 되자 사장실, 중역실로 전화를 하고 있었다. 중앙정보부뿐만 아니라 외무부, 청와대, 문공부까지 나서서 전화를 했다. 그사이 김대중 씨의 회견 내용이 생생히 방송되었다"며 이렇게 썼다.

> 생중계가 나가자 중정(중앙정보부)보다 경쟁사가 더 난리였다. TBC만 편의를 봐주는 거냐고 정부 당국에 항의했다. 보도가 나간 후 일본 외신 기자들도 많이 찾아왔다. 보충 취재를 하기 위해서였다. (……) 이 일이 있은 후 중정은 국가 안위를 내세워 TBC에 통제와 압력을 강화하기 시작했다.(전응덕, 『이 사람아 목에 힘을 빼게』, 191-192쪽)

## 대학 문화와 방송

1970년대 초 통기타 음악이 젊은 층을 휩쓸기 시작했다. 라디오 방송사들은 가수 출신의 인기인을 라디오 DJ로 투입했는데 TBC의 경우, 가수 서유석에게 심야방송을 맡겼다. 학생들이 헤드폰, 이어폰을 낀 채 공부를 하기 시작한 것도 이 무렵이었다고 한다.

1971년 6월경에는 80개에 이르는 민방 라디오 프로그램 가운데 각 방송의 심야 음악 프로그램이 거의 청취율 10위 안에 들었다. TBC라디오의 〈밤을 잊은 그대에게〉, DBS의 〈영시의 다이얼〉, MBC의 〈한밤의 음악편지〉와 〈별이 빛나는 밤에〉, CBS의 〈꿈과 음악 사이에〉 등이 그것이다.

> 담당자들에 의하면 매일 200여 통의 편지가 쏟아져 들어오고 리퀘스트 전화 때문에 방송국 전화는 불이 날 지경이라는 것. 초창기에 한 시간을 넘지 못하던 이들 프로가 최근에는 평균 2시간을 넘고 있으며 내용도 다양성을 추구하기 시작했고 청취자들의 자세도 '열광'에서 '안정'을 찾고 있다는 것이 담당자들의 말이다.
>
> 심야방송이 팝송 일변도로 흘러 공부하는 청소년들에게 악영향을 준다는 비판에 대해 담당자들은 부정적이다. TV시대에 라디오의 기능을 살리는 길은 음악프로의 다양한 개발에 있고 DJ프로는 여기에 가장 적합한 프로라는 것. 취침과 기상 시간이 늦어지고 있는 것은 세계적인 추세며 라디오에 대한 청취자의 자세는 옛날처럼 '경청'하는 자세가 아니고 행동하면서 청취하는 자세로 변화하고 있으며 특히 최근의 젊은이들이 소음 속에서

안정을 찾는 추세를 중시해야 한다는 주장이다.(동아일보 1971년 6월 18일자)

'소음 속에서 안정을 찾는 추세'라는 말이 특히 인상적이다. 어찌 됐건 통기타와 청바지, 장발과 생맥주로 상징되는 대학생 문화가 사회 전반에 파급되기 시작했다.[141] 대학생 문화는 1970년대 중반 텔레비전 방송에도 새로운 바람을 일으켰다.

요즈음 TV · 방송 · 극장무대 등에서 「개런티」를 받고 직업적인 연예활동을 벌이는 「대학생 연예인」들이 눈에 띄게 많아졌다. 이들 학생 연예인들의 활동 분야도 가수 · 탤런트 · 디스크자키 · MC · 개그 · 배우 등으로 아주 다양하다. 현재 공개무대에서 기성 연예인으로 활약하는 학생 연예인은 줄잡아 40여 명, 이밖에 대학가의 '미팅'이나 젊은이들이 모이는 '홀' 무대 · 영화 단역 등에 출연하는 무명의 학생 연예인들까지를 따지면 그 숫자는 훨씬 많아진다.(중앙일보 1974년 7월 5일자)

'대학생 연예인'들의 방송계 진출은 현재 걸 그룹의 홍수처럼 시대적 흐름이나 대중의 기호와 관련이 있다. 한마디로 유행이었다고 할 수는 있겠지만 그래도 그 시기 '대학생 연예인'의 활동이 활발해진 이유가 있었을 것이다. 중앙일보의 같은 기사는 그 이유에 대해 "우선 각 TV · 방송이 근래 젊은이 대상 '프로그램'을 다투어 확장하면서 학생 연예인의 '수요'가 급격히 증가하게 됐다는 점을 들 수 있다"며, "다음으로는 '트로트'조의 가요나 기성 연예인들의 '코미디', 연기에 식상해 있는 일부 시 · 청취자들과 6 · 25 전후 세대의 젊은이들이 좀 새로운 맛이 있는 학생 연예인들에게 호감을 가짐으로써 그들의 인기가 급상승했다"고 분석하고 있다.

트로트 대신 통기타 음악, 코미디 말고 개그가 좀 더 대중들에게 어필했던 시절이었을까. 경향, 동아, 중앙 등의 기사를 검색해 보면 '개그맨'이라는 단어가 우리나라에 통용된 것은 1974년경인 듯하다. 1974년 10월 4일(금) 처음 방영된 TBC 〈살짜기 웃어예〉는 개그맨의 등장에 선도적인 역할을 한 프로그램이다. TBC는 중앙일보에 "전혀 새로운 얼굴들이 등장합니다. 아주 색다른 소재로 구성됩니다. 젊은 세대의 기발한 시사 만담과 유머 잔치가 활발하게 진행됩니다."라는 광고까지 내며 홍보를 했다.

'전혀 새로운 얼굴'은 아니었지만 임성훈林成勳은 〈살짜기 웃어예〉를 통해 스타로 발돋움한 경우다. 연세대 응원단장 출신인 임성훈은 가수로 연예계에 데뷔했지만 이 프로그램을 통해 개그맨으로 더 알려지게 되었다. 임성훈 외에 최미나崔美那, 송영길宋永吉, 허원許洹, 정광태鄭光泰 등도 〈살짜기 웃어예〉에 출연해 각광을 받았다. 송영길은 전유성全裕成과 함께 개그맨의 원조로 일컬어지고 있고, 정광태는 훗날 '독도는 우리땅'을 부르게 된다.

임성훈과 최미나는 이후 〈가요올림픽〉, 〈쇼는 즐거워〉 같은 프로그램에서 잇따라 공동 MC를 맡게 됨으로써 '명콤비'로 이름을 날리게 된다. 어릴 때 나는 임성훈과 최미나가 부부인 줄 알았는데 나중에 최미나가 축구선수 허정무許丁茂와 결혼을 한다는 소식을 듣고 다소 놀란 기억이 있다.

그런데 〈살짜기 웃어예〉는 첫 회부터 언론의 매를 맞았다.

이번 개편으로 많은 오락 프로가 새로 등장했다. 그 대표적인 것이 〈노래로 50년〉과 〈살짜기 웃어예〉인데 전자는 기성세대를 대상, 후자는 청바지 대상. 〈노래로…〉는 과거에 숱하게 등장했던 포맷이라 새로운 맛이 없고 〈살짜기 웃어예〉는 아이디어를 짜내기에 무척 고심도 했을 법하다. 그러나 젊은 층에 너무 영합하기 위해 만들어진 느낌이다.

통기타, 장발… 자칭 개그맨(?)들을 초빙, 치졸한 「놀이」를 보여준 그 첫 회는 장수 프로가 못 될 소지를 여지없이 드러내 보이는 것이었다. 틴에이저에 영합하는 프로의 제작도 좋지만 TV는 일부 특수 연령층의 것은 아니다. 더욱이 젊은 층이라고 모두 「골빈당(黨)」은 아닌 것이다.(경향신문 1974년 10월 7일자)

'골빈당'이라는 유행어를 그냥 지나칠 수 없다. 1971년 10월 왕십리역 일대에서 활동하던 '골빈당'이라는 불량배들이 옆자리에서 술을 마시던 취객 한 명을 살해하는 사건이 발생했다. '지존파', '막가파'가 그랬던 것처럼 '골빈당' 역시 한동안 회자膾炙됐던 모양인데 1970년대 중반 급기야 신문기사 또는 연재소설에까지 등장하게 된 것이다.

또 한 가지 이 무렵의 시대상을 반영하고 있는 것이 대학생 연예인들의 방송 출연 허락 논란이다. 현재는 연예인 재학생들을 학교 홍보 모델로 적극 활용하고 있지만 그 시절엔 그렇지 않았다.

연예 학생들에 대한 학교 자체 내의 규제는 대체로 제적 퇴학 처분까지 하는 「엄벌」과 자유방임형의 둘로 양분된다. 지난해 이대 대학원 성악과 재학 중이면서 영화 『일요일의 손님들』의 주연을 맡았던 OOO양은 이 일

3개TV局 新裝개업 1라운드 寸評

프로改編 1주일

새로운것 없다

多樣해진 어린이時間 -MBC

競爭피해 進路분명히 -KBS

많은娛樂物 새로登場 -TBC

〈살짜기 웃어예〉를 논평한 경향신문 1974년 10월 7일자 기사

로 해서 학교에서 제적을 당하기까지 했다. 또 이화여고 재학시 영화「유관순」에 출연했던 △△△양도 고대 입학 후부터는 강경한 학교측의 제재 때문에 연예 활동을 못하고 있는 실정. 연대에서도 지난 72년 가수로「데뷔」했던 이미배 양과 최영희 양을 무대에 못 나가도록 권유했고 꼭 하겠으면 휴학할 것을 종용했었다. 특히 이 양은 모 주간지의 표지에까지 등장하게 되자 학생처장이 직접 나서 방송국에 전화까지 걸기도 했다.

연 · 고 · 이대를 제외한 대학들은 대체로 아직까지 재학생들의 외부 연예 활동을 규제하지 않는다. 숙대에서는 몇 년 전 '미스 · 코리아' 선발을 비롯한 학생 연예 활동 문제를 놓고 교수진이 찬 · 반 양파로 갈리어 격론을 벌이며 열띤 회의를 거듭했으나 결론을 내리지 못한 일도 있었다고 한다.(중앙일보 1974년 7월 5일자)

약간은 농담을 섞은 표현이지만 1970년대 중반은 동물이 각광받기 시작한 시절이라 해도 좋을 것 같다. KBS는 훨씬 이전부터 〈동물의 왕국〉을 방영하고 있었지만 TBC와 MBC가 연이어 동물 다큐멘터리를 편성한 것이 이 무렵이다. 〈동물의 왕국〉은 일시적으로 폐지되고 대신 신설된 〈아마존 탐험〉이 종영된 뒤 다시 부활한다.

TBC는 1974년 4월 26일(금) 〈동물의 세계〉를 신설해 1976년 7월 29일(목)까지 방영했다. MBC도 비슷한 시기 〈밀림은 살아있다〉를 신설했다는 기사가 보이지만 실제 편성표에는 나오지 않는다. 편성 계획은 세워놨으나 프로그램 구입에 차질이 빚어졌던 모양이다. 그러나 MBC는 1976년 11월 4일(목) 〈동물은 살아있다〉를 신설함으로써 동물 다큐멘터리 편성 대열에 합류한다. 방송 3사(社)가 동물의 생태를 다룬 다큐멘터리를 번갈아 방영한 것인데 지금까지 세인들의 기억에 깊이 각인이 된 것은 〈동물의 왕국〉뿐인 듯하다.

개인적인 생각이지만 어렸을 때 나는 〈동물의 왕국〉 같은 프로그램은 곧 없어질 줄 알았다. 아프리카 초원의 사자가 얼룩말을 사냥하는 장면이 수없이 반복될 텐데 금세 식상해지리라는 생각에서였다. 이 같은 생각은 자라고 나서 덧칠된 기억의 착오에서 비롯된 것일 수 있겠지만 아직도 〈동물의 왕국〉이 방영되는 것을 보면 그때 내 생각이 많이 모자랐던 것 같다. 사자가 얼룩말을 사냥하는 장면 같은 것은 봐도 봐도 질리지 않는다. 동물이나 사람이 먹고사는 것, 살아가는 것은 질릴 수 없는 모양이다.

## 〈여보 정선달〉의 실험

1971년 12월 6일 국가비상사태가 선포된다. 박정희는 담화문에서 "최근의 국제정세와 북괴의 동향을 면밀히 분석, 검토, 평가한 결과, 지금 우리 대한민국의 안전보장은 중대한 위기에 처해 있다"며 이렇게 말했다.

> 침략자들의 총칼을 자유와 평화의 구호만으로는 막아낼 수 없는 것입니다. 이것을 수호하기 위하여는 응분의 희생과 대가를 지불하여야 합니다. 필요할 때는 우리가 향유하고 있는 자유의 일부마저도 스스로 유보하고 이에 대처해 나아가겠다는 굳은 결의가 있어야 합니다.

국가비상사태 선포에 따라 문공부도 12월 11일 '대중연예에 새 기풍'을 위한 쇄신책을 발표했다. 쇄신책은 영화 · 음반계 · 공연물에 대한 것이어서 방송계와 직접적으로 관련된 것은 없다. 하지만 공연물과 관련된 세부지침, 이를테면 "사회불안 요소를 완전 배제하는 내용, 퇴폐풍조를 일소하는 건전한 소재를 내용으로 하는 오락물, 승공사상을 고취하고 국난을 극복하는 내용의 공연물을 권장한다", "외국 공연물 중 히피족의 출연, 양속을 문란케 하는 내용, 과잉노출의 풍조, 고

〈여보 정선달〉 촬영 현장. 출처: 『동양방송17년사』

고, 소울 등 히피풍조의 저속한 노래 등을 금지한다"는 조항은 이후 방송계에 직·간접적으로 영향을 미치게 된다.

정부가 국가비상사태를 선포한 12월 6일은 월요일이었다. 이 날은 〈여보 정선달〉 첫 회가 방영된 날이기도 했다. 이 날 동아일보는 이 드라마에 대해 소개 기사를 실었다.

이 작품은 우리의 고전해학을 총망라해 그 상징적 인물로 「정선달」을 주인공으로 설정한 해학극으로 봉이 김선달이나 정수동도 정선달이 대역한다. 〈여보 정선달〉이 다룰 이야기는 김선달을 비롯해 정수동 정만서 백사

이항복 등 해학의 주인공들이 총동원된다. 정선달 역은 김성원이 맡고 그의 부인은 선우용녀, 무당은 사미자가 맡는다.(동아일보 1971년 12월 6일자)

종영일은 1974년 11월 15일(금)이다. 무려 만 3년여 동안 789회가 방영되었다. 특기할 만한 것은 〈여보 정선달〉이 주화극週話劇을 표방했다는 점이다. 한 주에 한 테마를 다루며 그 주에 완결했다는 의미다. 작가와 연출가가 수 차례 바뀌기도 했지만 이런 점은 변하지 않았다. 처음 극본을 맡은 이성재李聖載의 이야기다.

1주 1화로서 5회 연속. (……) 〈여보 정선달〉이 일반 시청자들에게 영입되었던 점에서 중요한 골자를 뜯어본다면 1주 1회 연속극이 끊어져 매주마다 새로운 배역, 새로운 배경, 새로운 이야깃거리로 변신해 간다는 점이라 하겠다. 거의 매주 이야기의 톤이 달랐다. 이번 주에 야무진 정선달의 암행어사 출도가 있었는가 하면 내주에는 터무니없는 주정뱅이 정선달이 노류장화의 한 기방에서 오금을 못 피고 있었고, 또 그 다음날은 이야기의 벽두부터 귀성이 흉흉한 어느 고옥 안에 갇혀 오금을 못 피는 정선달을 보여줘 시청자들의 의표를 찔러주었다는 점이다.(오명환, 『텔레비전 드라마 사회학』, 430-431쪽)

극중이 아니라 현실에서 벌어진 이런 일화가 있다. 정선달 역을 맡은 김성원에게 어느 날 머리를 곱게 빗은 할머니가 찾아왔다. 이 할머니는 "여보게 정선달, 내 부탁을 좀 들어줘. 난 죽어도 가기 싫은데 아들 내외가 날 양로원에 보내려고 해"라고 하소연한다. 김성원은 "텔레비전에서 간신배들, 불효자들을 응징하는 정선달의 해결사 노릇을 믿고 날 찾아오신 것이었다"며 "의사인 할머니 아들에게 전화를 걸어 해결사(?) 노릇을 했다"고 말한다. 하지만 돌아온 대답은 "남 일에 끼어들지 말고 네 일이나 잘해!"였다. 김성원은 "그때 그 할머니를 떠올리면 가슴 저며오는 통증을 느낀다"고 했다.[142]

TBC를 포함한 방송 3사의 일일연속극이 큰 인기를 끌면서 일일극 홍수를 이루게 되자 외화의 인기는 점차 줄어들었다. 1960년대 후반 또는 1970년대 초반부터 방영되고 있던 〈보난자〉, 〈디즈니랜드〉, 〈딱따구리〉, 〈FBI〉 등이 꾸준한 인기를 유지하고는 있었지만 새롭게 등장한 이렇다 할 외화는 TBC에서 찾기 힘들다.

반면 KBS는 1974년 4월 4일(목) 〈월튼네 사람들〉, 4월 6일(토) 〈형사 콜롬보〉를 신설, 대단한 인기를 얻었다. 〈월튼네 사람들〉은 불이 꺼진 저택을 비춰준 채 월튼네 가족들이 도란도란 이야기를 나누며 잠이 드는 장면, 〈형사 콜롬보〉는 바바리코트를 입은 피터 포크가 갑자기 휙 돌아서며 용의자에게 질문하는 장면으로 상징될 수 있을 것 같다.

## '신풍운동'의 유행이 방송계에도

1970년 말 라디오 음악 프로그램의 경우 80퍼센트 이상이 팝송에 치중됐다고 한다. 국악은 2.8퍼센트에 그쳤고 그 나머지는 가요였을 것이다. 이 같은 수치는 1970년 12월 28일자 경향신문의 기사를 근거했다. 라디오 음악 프로그램에는 팝송이, 텔레비전 쇼 프로그램에는 '히피류'가 대세를 이루고 있었다. 이를 외래풍조, 퇴폐풍조로 보는 청취자, 시청자들도 많았을 것이라고 생각한다. 급기야 박정희는 1971년 1월 22일 문공부를 초도순시하는 자리에서 당시 문공부장관 신범식申範植에게 "건전한 사회기풍을 진작하기 위해 앞으로 히피족은 국영뿐 아니라 민간 텔레비전 방송에도 절대 출연치 못하게 하라"[143]고 지시하기에 이른다.

'신풍新風운동'은 1971년 6월 3일 국무총리로 취임한 김종필金鍾泌이 국정쇄신과 함께 내건 슬로건이다. 이 해의 유행어이기도 했다. 방송연예계에도 곧 '신풍운동'의 바람이 불었다. 6월 16일 문화공보부 장관 윤주영이 취임 후 처음으로 기자회견을 가진 자리에서 한 발언도 한 계기가 되었다.

> 최근 일부 방송 프로가 저속한 외래풍조를 무분별하게 받아들여 퇴폐풍조를 확산시키고 있다는 국민의 지탄을 듣게 된 것은 유감된 일이다. 이러한 불건전 프로는 배격되어야 할 것이다. 외국에서도 병든 사회계층으로 암적 존재가 되어 있는 히피류를 일부 텔레비전 방송에서 출연시키고 있는 것은 개탄스러운 일이다. 이 같은 퇴폐적이고 사치 성향이 높은 외래 풍조에 감염되지 않고 온 국민이 성실하고 근면하며 협동단결하는 국민성을 함양해야 할 것이다.[144]

이 날 윤주영이 강조한 11개 항목은 각주에 붙인다.[145] 그의 발언은 사회적으로 파장을 일으켜 9월 30일 한국방송윤리위원회는 간부회의를 열고 다음과 같은 '자율규제강화방안'을 논의했다.

1. TV에서는 장발 · 히피 · 심한 노출 · 광란한 춤을 엄격히 규제

2. 라디오에서는 리퀘스트 프로, 심야 DJ프로의 외설 무드를 규제

3. 라디오 · TV의 공통 문제로 코미디 · 드라마 · 가요의 퇴폐풍조 조장을 배격, 불신을 조장하는 일체의 방송 내용을 시정

4. 그 밖의 방송에서 요행심을 자극하는 내용은 규제

이런 움직임에 발맞춰 한국연예협회도 산하에 신풍운동촉진위원회를 구성하고 10월 12일부터 퇴폐풍조정화작업에 착수했다. 한국연예협회가 내세운 신풍운동의 주요 내용은 ▲ 눈물과 탄식의 노래 배격 ▲ 사이키 음악 등 무분별한 외래 팝송의 도입 배격 ▲ 장발 등 히피풍조 일소 ▲ 흥행계에 기생하는 불량 알선배의 추방 ▲ 방송음악계의 부정 배격 ▲ 음악학원의 정화 등이었다.

1971년 바짝 불이 붙었던, 방송연예계의 '신풍운동'은 얼마 후 흐지부지되긴 했지만 1970년대 중반까지 명맥이 이어진다. 1975년 6월경 한 신문은 'TV프로에도 신풍을'이라는 사설을 쓰기도 했다. 1974년 2월 MBC가 프로그램명에서 외래어를 자율적으로 추방하겠다고 발표한 것은 '신풍운동'에 맥락이 닿아 있다고 봐도 좋을 듯하다. MBC는 같은 달 〈MBC페스티벌〉을 〈MBC대향연〉으로, 〈가요스테이지〉를 〈가요선물〉로, 〈MBC그랜드쇼〉를 〈토요일 토요일밤에〉로 변경했다.

MBC는 프로그램명을 바꾸면서 출연 가수들에게도 우리말 이름을

쓸 것을 요구했다. 이에 따라 바니걸즈가 토끼소녀로 개명한 것을 시작으로 많은 가수들이 예명을 바꾸게 된다. 하지만 이런저런 반발과 혼선이 일어났다. 일부 가수들은 개명을 거부했고 외국어 표기 이름을 고집하는 방송국이 있는가 하면 우리말 이름과 외국어 이름을 혼용하는 방송국도 있었다.

이 해 8월 한국방송윤리위원회는 정기총회에서 '우리말 순화정신에 입각, 예명은 꼭 우리말 이름으로 고쳐 쓸 것'을 권고했지만 방송사간의 긴밀한 협조는 이루어지지 않았다. 8월 31일자 동아일보는 "예명을 우리말로 쓰는 것은 권장할 일이지만 그것이 명분 때문에 획일화에 빠질 때 생기는 혼란은 더욱 큰 것이다. 더구나 이들 개명된 예명이 일부 방송에서만 통용되고 다른 곳에서는 구舊예명이 그대로 사용되는 것은 당초에 개명하지 않은 것만도 못하지 않을까"라고 지적했다.

결국 이런 혼선까지 빚어진다.

방륜 측 권고에 능동적인 태도를 표명한 방송국간에도 견해차는 있다. 일례로 그룹사운드 「템페스트」의 우리말 이름을 A방송에서는 「돌풍」으로 고쳐 쓰고 있는가 하면 B방송국에선 「돌풍들」, C방송국에선 「5인조 돌풍」으로 달리 번역해 사용함으로써 또 다른 문제점을 낳고 있다. 그밖에 「바니걸즈」의 경우도 「토끼소녀」로 쓰는 방송국이 있는가 하면 「토끼소녀들」 「토끼아가씨들」 등 번역이 구구각색이다. 이러한 각 방송국의 각기 다른 번역 때문에 출연자들은 서너 가지씩의 예명을 외워야 하는 괴로움을 겪고 있다.(경향신문 1974년 10월 9일자)

경향신문은 같은 기사에서 자발적으로 개명에 참여한 가수들의 명단을 실었다. '뜨와에므와'나 '라나에로스포' 같은 경우는 바꾸길 잘했다는 생각도 든다.

패티김=김혜자, 김세레나=김세나, 글로리아방=방수원, 뜨와에므와=너와나, 라나에로스포=개구리와두꺼비, 어니언스=양파들, 템페스트=돌풍, 드레곤즈=청룡들, 바니걸스=토끼소녀들, 버블껌=풍선껌, 봉봉4중창단=봄봄, 블루벨즈=청종, 투코리언즈=도향과창철, 쉐그린=막내들

## MBC에게 일격을 당하다

1973년은 한국 방송사에서 여러 가지 일이 많았던 한 해로 기록될 듯하다. 이 해 2월 6일 방송법 개정안이 비상국무회의의 의결로 개정됐고, 3월 21일에는 개정방송법 시행령이 공포와 동시에 발효됐다. 개정방송법의 주요 골자는 방송국 자체의 사전심의제와 방송윤리위원회의 사후심의제를 의무화한 것과, 광고 방송의 시간과 회수를 대통령령으로 제한할 수 있게 한 것이었다.

3월 3일에는 국영 KBS가 한국방송공사KBS로 탈바꿈했다. 국영에서 공영 체제로 새롭게 출발한 것이다. 7월 16일에는 문화공보부 장관의 '방송 내용의 개선을 위한 담화'가 발표됐고, 이에 따라 TV 3사를 합해 하루 15편에 이르렀던 일일연속극이 8월 중순 이후부터 11편으로 줄어들었다. 12월 3일은 에너지 절약 정책의 일환으로 텔레비전의 아

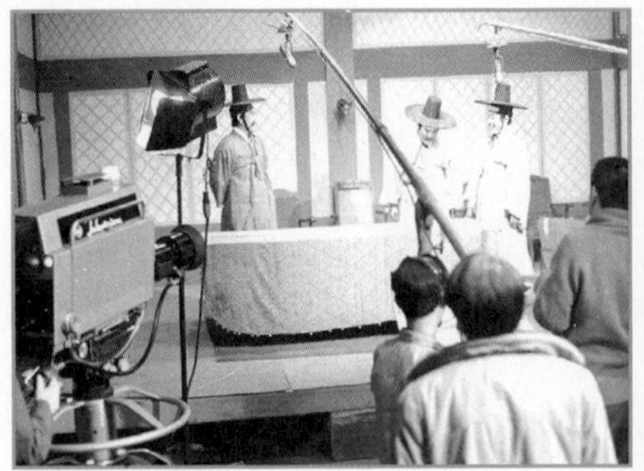

1973년 말 수상기 보급 대수는 128만 2122대로 우리나라에서 TV 방송을 시작한 이래 처음으로 100만대를 돌파했다. 1974년 말에는 161만 8617대에 이르렀다. 오명환은 "1974년을 고비로 마침내 TV가 신문을 따라잡게 된다"며 "총 광고비 500억 중 TV광고액은 270억을 차지, '광고 미디어의 메카'라고 할 수 있는 신문의 독식을 따돌리고 전파매체의 큰 땅으로 자리를 굳혔다"고 했다.

침 방송이 전면 폐지된 날이다. 이 날 폐지된 아침 방송은 1981년 5월 25일 재개된다.

1973년 말 수상기 보급 대수는 128만 2122대로 우리나라에서 TV 방송을 시작한 이래 처음으로 100만 대를 돌파했다. 1974년 말에는 161만 8617대에 이르렀다. 오명환은 "1974년을 고비로 마침내 TV가 신문을 따라잡게 된다"며 "총 광고비 500억 중 TV 광고액은 270억을 차지, '광고 미디어의 메카'라고 할 수 있는 신문의 독식을 따돌리고 전파매체의 큰 땅으로 자리를 굳혔다"고 했다.[146]

그런데 TV 광고비와 실제 텔레비전 방송국의 매출액에는 다소 차이가 있다. 『한국 TV 40년의 발자취』가 인용한 자료[147]에 따르면 1974년의 경우, TBC의 TV 광고 매출은 40억 300만 원, MBC의 그것은 57억 800만 원으로 둘을 합쳐도 100억 원이 넘지 않는다. 어쨌든 이 무렵 텔레비전 방송이 신문보다 더욱 강한 전파력을 가진 매체라는 사실이 확산되고 있었던 것은 분명하다.

타 방송사보다 월등한 시청률을 보였던 TBC가 광고 매출 부문에서 MBC에게 뒤진 이유는 방송망과 관련이 있다. TBC는 서울과 부산에서만 볼 수 있었던 반면 MBC는 부산, 대구, 광주, 대전, 전주, 울산, 제주, 마산 등의 독립법인과 제휴를 맺고 KBS보다도 훨씬 빠르게 전국화를 완료한 상태였다. 이를 감안하면 TBC의 40억 300만 원이 얼마나 대단한 광고 매출인지 짐작할 수 있다.

그럼에도 1974년 TBC는 시청률 면에서 MBC에게 '일격'을 당했다.

드라마가 주축을 이루는 가운데 치열하게 벌어졌던 시청률 경쟁에서는 전례 없이 MBC가 TBC를 압도해 주목을 끌고 있다. 또한 KBS는 대부분 목적극(目的劇)을 가지고 이 대열에서 거의 탈락된 듯한 느낌마저 주고 있다.

MBC TV는 김수현의 〈새엄마〉와 〈수선화〉로 연결된 8시띠가 연중 석권해 왔다. 또 9시때에서는 남지연의 〈갈대〉가 〈인목대비〉를 누르고 있어 이른바 「드라마국」이라던 TBC의 전통을 무너뜨린 것이 금년의 일이다.(경향신문 1974년 12월 16일자)

'드라마국' 혹은 '드라마 왕국'으로 불려오던 TBC가 드라마 시청률에 밀려 MBC의 추격을 허용한 셈이었다. 하지만 TBC는 1974년 9월 20일 운현궁 제5스튜디오를 개관하며 대응을 준비한다. 그때까지 KBS는 4개, MBC는 3개의 스튜디오를 보유하고 있었다.

12월 7일 TBC는 개국 10주년을 맞이했고, 뒤이어 『동양방송 10년사』가 발간됐다. TBC는 새로운 10년을 보내고 '동양방송 20년사'를 발간하리라 믿었겠지만 자사의 표현대로 '위대한 17년'에 머물고 말았다. 그러나 그때까지는 누구도 이 사실을 모른 채 가는 해를 보내고 있었을 것이다.

12월 21일 TBC와 중앙일보가 합병됐다. 새로운 사명은 (주)중앙일보 · 동양방송이었지만 호출 명칭은 여전히 TBC였다.

# TV 폭발의 시대
(1975-1980)

## 장발 연예인 출연 금지

1975년 1월 25일(토) TBC의 간판 쇼 프로그램인 〈쇼쇼쇼〉가 500회를 맞이했다. 중앙일보에 실린 편성표의 소개 글에는 이렇게 쓰여 있다. 원문의 띄어쓰기 그대로 옮겨본다.

쇼쇼쇼500회맞이기념특집쇼(2시간) 김추자 펄시스터즈 조영남 남진 어니언즈외 톱가수 12명 김창숙 이순재외 인기 탤런트 11명 배우 신성일 신영균 코미디언8명 개그맨 악단초청 원맨쇼

같은 날 발행된 동아일보는 "10년 동안 엮어온 〈쇼쇼쇼〉를 거쳐간

가수는 그동안 1만 8000여 명, 500회까지의 총 방송 시간은 375시간 40분에 이른다"고 보도했다. 보도자료를 받았을 테고 가수의 수는 연인원延人員이겠지만 1만 8000명이란 수치는 믿기 어렵다. 회당 36명의 가수가 출연해야 가능한 수치인데 뭔가 착오가 있었던 것으로 보인다. 하지만 〈쇼쇼쇼〉에 많은 가수들이 출연한 것만은 분명하다.

이때까지도 〈쇼쇼쇼〉는 곽규석이 진행하고 있었다. 곽규석은 1976년 1월 17일(토), 11년 조금 넘게 지켜오던 사회자 자리를 이한필李漢弼, 정윤희丁允姬 커플에게 물려주고 〈쇼쇼쇼〉를 떠났다. 정윤희가 사회를 보던 때를 생생하게 기억하고 있다. 다른 사람이 아니고 정윤희였기 때문에 가능한 기억인 듯하다. 그녀는 내 가슴속에 새겨진 최초의 미인이었다.

하지만 정윤희는 사회자로서는 조금 부족했던 것 같다. 일곱 살이던 내가 볼 때도 진행이 참 미숙하다는 느낌이었다. 정윤희는 사회를 맡은 지 3개월도 안 된 4월 10일(토), 마이크를 정소녀鄭少女에게 넘겨준다. 이한필 · 정소녀 진행은 이 해 말까지 유지되고 1977년 초의 어느 날 허참이 이한필을 대신하게 되었다.

어떤 이에게는 〈쇼쇼쇼〉가 곽규석으로 기억되고, 어떤 이에게는 이한필로 상징될 수도 있겠지만 내게 있어 〈쇼쇼쇼〉는 허참 · 정소녀로 각인돼 있다. 허참의 독특한 오프닝 멘트를 잊을 수 없다. 그는 '쇼쇼쇼!'라고 하지 않고 '쇼, 쇼오오오, 쇼!!!'라고 외치며 쇼의 시작을 알렸다. 정소녀는 1979년 4월 결혼과 함께 연예계를 떠났다가 1년 만에 복귀한다. 정소녀가 〈쇼쇼쇼〉를 떠나 있는 동안 미스코리아 진 출신인 손정은孫正恩이 허참과 호흡을 맞췄다. 방송통폐합 이후 〈쇼쇼쇼〉는

〈쇼쇼쇼〉의 인기에 편승한 맥주집 광고.

KBS가 이어받아 1983년 7월 17일(일)까지 방영되었다.

1975년은 ENG카메라가 TBC에 도입된 해라고 『동양방송 17년사』는 쓰고 있다. 그런데 1976년 4월 29일자 경향신문은 "ENG가 그동안 실험기를 거쳐 지난 (4월) 28일 MBC TV 〈여기 젊음이〉에서 본격적으로 가동되기 시작했다"며 "현재 MBC에서 2세트를 보유하고 있으며 KBS TBC에서도 이의 도입을 서두르고 있다"고 보도했다. 아무래도 『동양방송 17년사』의 기록에 착오가 있었던 것 같은데 어찌 됐건 우리나라에 ENG카메라가 도입된 것은 1970년대 중반이다.

ENG는 Electronic News Gathering의 약자다. 휴대용 녹화기다. 이전

까지 사용했던 녹화 기재의 총 중량은 10톤이 넘었다고 하는데 ENG는 20킬로그램에 불과했다고 하니 당시로서는 경이적인 기기의 도입일 수밖에 없었다. 카메라만의 무게는 3.7킬로그램이었다고 한다. ENG의 도입으로 중계차가 갈 수 없었던 산이나 해상, 항공기상에서도 녹화가 가능해졌다.

1975년 4월 2일 문화공보부는 연예인들의 장발 풍조를 자율적으로 정화해 줄 것을 연예협회와 영화제작사에 당부했다. 연예인들의 장발은 1971년 퇴폐풍조 단속과 함께 잠시 수그러들었다가 이 무렵 다시 고개를 들었다고 한다.

> 연예인들에게 단정한 머리 모습을 촉구한 당국의 당부가 있은 뒤 몇몇 대스타들이 자진해서 머리를 깎아 연예가의 흐뭇한 화제가 되고 있다. 반면에 일부 가수들은 여전히 장발을 고수하고 있다. 며칠 전 모(某)방송에서 녹화를 하게 되어 있던 가수 K군은 PD로부터 머리를 깎아 달라는 간청(?)을 받고 "방송에 나가기 위해서 머리를 깎을 순 없다"고 말하면서 되돌아갔다. 요즘의 장발 가수들은 머리가 길지 않으면 노래도 안 나오는 모양인가 보다.(경향신문 1975년 4월 8일자)

4월 14일 TBC를 비롯한 방송 3사는 장발 연예인의 출연 거부를 결정했다. 5월 20일에는 코미디언 구봉서와 배삼룡이 선배로서 시범을 보이겠다며 분장실에서 머리를 잘랐고 뒤이어 후배 코미디언들도 잇따라 이발 의자에 앉았다. 한 시민은 동아일보에 편지를 보내 "머리를 그렇게 길러야만 인기가 있고 노래가 잘 나오는지 참으로 꼴불견이다. 정부는 보다 강력하고 효과 있게 다스려주길 바란다"고 촉구했다.

1975년은 연예계에 여러 가지 파란이 많은 해였던 것 같다. 한 인기 개그맨이 자살했고, 두 가수가 분신, 음독 자살을 시도했다. 어느 가수는 여대생 등을 농락하고 금품까지 뜯어 징역형이 선고됐고, 또 어느 가수는 40대 유부녀와의 간통 혐의로 구속됐다. 자세하게 쓸 수 없지만 민방의 어느 간판 탤런트가 추문에 연루돼 연예계에서 완전히 퇴출됐고 한 여배우도 이 추문과 관련해 음독자살을 시도했다. 12월 3일에는 유명 가수 3명이 대마초를 핀 혐의로 구속됐다. '연예인 대마초 파동'의 실마리가 된 사건이다. 이 해 TV 수상기 보급 대수는 206만 1072대로 100만 대를 돌파한 지 불과 2년 만에 200만 대를 넘어서게 되었다.

1976년 1월 29일 문공부는 '대마초 연예인' 54명의 명단을 관계협회에 통보했다. 방송윤리위원회는 이들에 대해 2월 5일부터 일체의 방송 활동 중단 또는 3개월간 방송 활동 중단 조치를 내렸다. 박정희는 2월 2일 법무부를 초도순시한 자리에서 "우리가 공산당과 싸워 죽느냐 사느냐를 결정하는 중대한 마당에 처한 지금 젊은이들이 대마초를 피우고 있다는 것은 나라를 망치는 일"이라며 "대마초 흡연자에 대해서는 현행법의 최고형을 적용, 엄벌하여 대마초 흡연을 근절토록 하라"는 지시를 내린 바 있다.[148]

그런데 대마초 연예인 중에는 이름을 밝힐 수는 없지만 TBC 〈쇼쇼쇼〉를 통해 스타가 된 유명가수들이 꽤 있었다. 〈쇼쇼쇼〉를 비롯한 각 방송사의 쇼 프로그램들이 후폭풍을 맞은 것은 불문가지다. 1976년 2월 26일자 경향신문은 "요즘 방송가에서는 가수 고갈로 고민이 대단하

# 大麻草 흡연자 最高刑을

朴대통령, 法務部순시서指示 反社會·反時局행위 嚴斷

暴力輩·詐欺犯 철퇴…根絶해야

安保저해 要因 발본색원 報告

朴대통령, 空軍基地 시찰

제2期 維政會의원 候補명단

박정희는 "대마초 흡연자에 대해서는 현행법의 최고형을 적용, 엄벌하여 대마초 흡연을 근절토록 하라"는 지시를 내렸다.

다. 각 방송국 쇼 PD들의 가수 명단은 온통 빨간 줄 투성이가 돼버렸기 때문이다. '대마초 가수' '장발 가수' '퇴폐풍 가수' 등등의 단서가 붙은 것이다. 공식적인 출연 금지 가수 명단에는 대마초 흡연 혐의자들뿐이지만 장발 등 퇴폐적인 몸차림을 하고 있는 가수들까지 빼놓고 나면 실제 출연이 가능한 가수는 불과 손가락으로 꼽을 정도라는 것"이라고 보도했다.

대마초 흡연 혐의로 규제를 받게 된 연예인들은 해마다 늘어 1979년 말까지 140여 명에 달했다. 이들이 생계에 큰 위협을 받게 되자 당국은 1978년 2월 야간 업소 출연을 허용했고, 실형을 선고받지 않은

123명에게는 1979년 12월 6일부터 방송 출연을 비롯한 연예 활동을 전면 허용한다.

## 추억의 만화

1975년 10월 8일(수)은 반공 드라마 〈추적〉 첫 회가 방영된 날이다. 간첩을 잡아내는 수사 요원들이 주인공이었으니 첩보물이라고 할 수 있다. 이낙훈, 장용獐茸, 정운용鄭雲鏞, 이정웅李正雄, 유장현柳將鉉이 수사 요원으로 출연했고 나중에 백일섭白日燮도 수사 요원으로 합류했다. 난수표, 아지트 같은 단어의 뜻이나, 간첩들이 독침 또는 자살용 캡슐을 소지하고 다닌다는 사실을 이 드라마를 보고 알게 된 듯하다.

〈추적〉은 MBC의 반공극 〈113 수사본부〉와 경쟁하게 됐는데 곧 이 드라마보다 좀 더 인기를 끌기 시작했던 것 같다. 그럼에도 수사물은 MBC였다고 할 수 있다. 1973년 11월 7일자 매일경제신문은 "MBC TV는 토요일과 일요일에만도 〈제12순찰대〉, 〈113수사본부〉, 〈사건비화〉, 〈수사반장〉 그리고 〈첩보원 0014〉 등 무려 5편의 수사물을 내보내고 있어 '수사물 전문 TV국'이란 평을 받을 정도"라고 썼다. 수사물에 있어 TBC는 MBC에 도전하는 입장이었던 것이다.

MBC를 대표하는 장수 드라마였던 〈수사반장〉은 1971년 3월 13일(토) 첫 회가 나간 뒤 1989년 10월 12일(목)까지 무려 19년 동안 방영되었다. 〈113 수사본부〉의 방영 기간도 10년에 이른다. 1973년 10월 13일(토)부터 방영되어 1983년 봄 개편으로 종영되었다.

프롤로그에 언급했지만 우리 집에 처음 TV가 생긴 것이 1975년 하반기다. 금성사가 1974년 5월 신문에 낸 광고를 찾아보니 우리 집의 TV는 모델명이 VS-66S인 17인치였던 것 같다. 당시 현금 가격은 9만 2300원이었다. 금성사는 이 해 12월 TV · 냉장고 · 세탁기의 12개월 월부 판매를 단행했는데 우리 집에서 TV를 구입할 수 있었던 건 이 월부 덕분이었다.

내 나이 여섯 살, TBC의 〈딱따구리〉, 〈우주삼총사〉, 〈플란다스의 개〉가 처음 마음을 사로잡았다. 〈딱따구리〉는 복잡하고 들쭉날쭉한 방영 기간을 확인하기 어려웠다. 하지만 별다른 설명이 필요없을 것 같다.

〈우주삼총사〉의 방영 기간은 1974년 12월 22일(화)부터 1975년 12월 23일(화)까지다. 6개월가량 〈우주삼총사〉를 시청한 셈인데 그 주제가와 종이접기 등과 관련된 추억은 너무나도 강렬한 것이었다. 이에 대해서는 프롤로그에 쓴 바 있다.

〈플란다스의 개〉[149]는 1975년 11월 7일(금)부터 1976년 11월 5일(금)까지 방영되었다. 생애 최초로 만난 명작 또는 걸작이라고 할까, 이 만화영화에 대해서는 다른 설명이 필요없으리라고 생각한다. 그토록 슬픈 결말을 만들어낸 원작자가 원망스러울 정도다. 일본 애니메이션인 '플란다스의 개'는 1975년 1월 5일부터 같은 해 12월 28일까지 후지TV에서 방영됐다고 한다.

〈우주삼총사〉가 종영된 시간에는 〈달려라 번개호〉가 등장해 아이들의 시선을 끌어당겼다. 방영 기간은 조금 복잡하다. 1975년 12월 30일부터 이듬해 4월 6일까지 화요일마다 방영되었던 〈달려라 번개호〉는 일시적으로 방송이 중단됐다가 1976년 8월 5일부터 같은 해 10월 28일

까지는 매주 목요일에 전파를 탔다. 역시 일본에서 제작된 만화영화이며 원제는 'マッハ Go Go Go'이다. 2008년 영화로 리메이크가 됐는데 가수 비(정지훈)가 출연해 화제가 되기도 했다.

이 만화영화의 주제가를 기억하는 사람이 많을 듯하다.

세계를 주름잡는 용감한 번개호
영광과 승리는 우리 차지다
달려라 나가자 번개호
뉘에게 질쏘냐 번개호
정의의 깃발 들고 세계의 끝까지
바람을 헤치고 씽씽 달린다
내일의 희망 안고 번개호는 간다

그 시절에는 "영광과 승리는 우리 차지다"라는 부분 가운데 자음 ㅊ을 ㅈ으로 바꿔 부르는 악동도 있었다. 잘 자랐다면 지금쯤 작가가 됐을지도 모를 일이다.

1970년대 중후반은 어린이 만화영화의 황금시대였던 것 같다. 1975년 당시 평일 방송은 오후 6시에 시작됐는데 아이들에게 오후 6시는 '귀가 시간'이자 '프라임 타임'이었다. 골목에서 또는 놀이터에서 놀다가 집에 가서 저녁을 먹어야 하는 시간이기도 했고, 주로 만화영화가 방영되는 시간이기도 했다. TBC의 경우, 1975년 7월 21일(월)에는 〈피노키오〉, 22일(화)엔 〈우주삼총사〉, 23일(수) 〈똘똘이 탐험대〉, 24일(목) 〈동물의 세계〉, 25일(금)에는 〈아내는 요술쟁이〉가 6시 정각에 아이들을 찾아왔다.

만화영화 〈피노키오〉는 1975년 6월 16일부터 이듬해 6월 14일까지 매주 월요일에 방영되었다. 그 후로 〈피노키오〉는 방송사를 바꿔가며 두어 번 재방영된 것으로 기억하는데 그때마다 주제가가 달랐던 듯하다. 내가 기억하는 주제가에는 "피노키오, 피노키오 언제 사람 되려나"라는 대목이 있다. 〈피노키오〉의 원제는 '떡갈나무 모크'. 1972년 일본에서 총 52화로 제작된 만화영화다. 갖은 역경을 이겨낸 피노키오가 사람이 되면서 끝을 맺는다.

〈피노키오〉에 이어 새롭게 월요일 저녁을 장식한 것이 〈엄마 찾아 삼만리〉다. 1976년 6월 21일부터 같은 해 11월 1일까지는 매주 월요일에, 이후엔 매주 금요일 방영되다가 1977년 8월 5일 최종회가 방송되었다. 천신만고 끝에 엄마를 찾은 마르코가 엄마와 함께 제노바로 돌아오면서 결말을 맺는다. 개인적으로 나는 이 사이 서울에서 부산으로 이주했는데 서울에서 못 찾은 엄마를 부산에 와서야 찾았다고 말할 수 있을 것 같다.

〈똘똘이 탐험대〉는 무인도에 표류한 소년소녀들이 생존 방식을 스스로 터득해 삶에 대한 지혜를 얻는다는 내용의 만화영화다. 제목이 비슷해 같이 언급하는 것이지만 TBC는 〈똘똘이의 모험〉이라는 어린이 연속극도 방영한 적이 있다.

'꼬마신랑'으로 유명한 아역스타 김정훈金廷勳이 주인공 '똘똘이' 역을 맡았고 나중에 '월드스타'라고 불리기도 한 강수연姜受延, 중견 탤런트 백일섭, 여운계, 정해창丁海昌 등이 출연했다. 1976년 11월 15일(월) 첫 회가 방영되었다. "시골에서 올라온 똘똘이가 서울 작은집에 살며

도깨비소동 뒤에 도사린 무서운 범죄를 친구들과 함께 해결해 나가는 모험물"[150]이었다.

'똘똘이'의 무기는 고무줄 새총이었다. 이 드라마가 방영되자 어린이들 사이에서 새총 만들기가 거의 붐을 이뤘다. 나도 물론 만들었고, 벌어진 나뭇가지만 보면 새총 만들면 딱 좋겠다는 생각을 한 적도 있다.

> 국민학교 어린이들 사이에 몸을 다치는 위험한 장난감 놀이가 성행하고 있다. 특히 모 텔레비전 방송의 보름 전부터 새로 바뀐 어린이 프로에 나오는 장난감 고무줄 새총을 본떠 요즘 학교 앞 문방구 등에 장난감 고무줄 새총이 마구 나돌면서 어린이들이 이를 사거나 만들어 돌을 끼워 서로 맞히는 놀이가 크게 유행, 학교마다 부상 어린이들이 속출하고 그 밖에도 장도, 칼, 화약 등 위험한 장난감이 많이 나돌고 있다.(동아일보 1976년 12월 1일자)

〈동물의 세계〉와 〈아내는 요술쟁이〉는 별다른 설명이 필요없을 듯하다. 이 밖에 〈날아라 태극호〉, 〈이겨라 승리호〉, 〈정의의 캐산〉, 〈독수리 5형제〉, 〈이상한 나라의 삐삐〉, 〈짱가의 우주전쟁〉(우주소년 짱가), 〈그레이트 마징가〉, 〈그랜다이저〉, 〈원탁의 기사〉 등이 TBC가 방영한 만화들이다. 그 시절, 그 또래들을 열광케 한 만화영화들은 거의 모두가 일본 애니메이션이었다. 만화영화의 주제가 역시 원곡인 일본 노래를 거의 그대로 번안하는 수준이었다. 그렇다고 서글퍼할 이유는 없을 것 같다.

노래만큼 사람의 정서情緖에 영향을 끼치는 것도 많지 않다. 동요 대신 만화영화 주제가, CM송을 부르는 아이들이 많아져 이를 개탄하는 목소리가 나온 것도 이 무렵이다. 조금 뒤에는 일본 주제가를 그대로 번안하는 풍조에 대해 비판하는 지식인도 생겼다. TBC가 방영했던 일본 애니메이션들은 1980년대 KBS 등이 거의 재방영했는데 이때는 주제가를 우리나라 사람이 새로 작사, 작곡하는 경향이 나타나기 시작했다. 내가 중고등학생이 되어 그런 새 주제가를 들을 때면 그렇게 어색할 수가 없었다. 정들고 친숙한 주제가들을 누가 마음대로 바꿔 버렸을까 하는 아쉬움을 느끼며 약간의 상실감에 빠질 때가 있을 정도였다.

일본 원작 주제가들은 1990년대 초반까지 초중고 학생들의 운동회, 대학생들의 술자리, 또는 학교 대항 응원전에서 자주 불렸다.

"태양을 향해라. 용기를 마셔라. 빛나는 앞날을 위해서. 마음껏 달려라. 힘껏 날아라. 생명에 찬 이 우주를. 초록빛 자연과 푸른 하늘과 하나뿐인 인간의 별, 지구를 위해서. 그랜다이저는 생명을 건다. UFO 군단을 무찌른다. 그랜다이저, 그랜다이저, 그랜다이저~."(〈그랜다이저〉 주제가)

"희망이여, 빛이여. 아득한 하늘이여. 나의 백마가 울부짖는다. 지축을 울리는 말발굽. 바람을 가르는 갈기. 나, 소리 높이 외친다. 나, 소리 높이 외친다. 위대한 이 나라의 통일을 위해 오늘도 달린다. 오늘도 달린다."(〈원탁의 기사〉 주제가)

누가 작사, 작곡을 했든, 번안을 했든 별로 나무랄 데가 없는 좋은 노래라고 생각한다. 나는 특히 이 주제가를 잊을 수 없으며 지금도 가사를 안 보고 따라 부를 수 있다.

〈엄마찾아 삼만리〉, 〈플란다스의 개〉, 〈달려라 번개호〉. 더 이상 설명이 필요없을 듯하다.

TBC 〈원탁의 기사〉(왼쪽 상단)와 MBC 〈마징가 제트〉(하단). 오른쪽은 하나뿐인 인간의 별 지구를 위해 생명을 걸었던 〈그랜다이저〉(TBC 방영).

하늘나라 해모수 오룡거 타고
단군성조 이룩하신 옛터를 찾아
오색의 무지개로 궁궐 지으니
버들아씨 예쁜 아씨 왕비 되었네
찬란한 햇빛으로 왕자님 얻고
살기 좋은 나라를 세우게 하니
백성들 모두 모여 춤추고 노래하네
아아아~ 동방의 밝은 임금 동명성왕

이 노래는 1976년경 KBS가 방영한 어린이 연속인형극 〈동명성왕〉의 주제가다. 단어 몇 개만 좀 더 성인 취향으로 바꿔놓는다면 지금 음미해도 고구려 '주몽 신화'가 압축된 한 편의 서사시처럼 읽힌다.

## 추억의 외화

1970년대 중후반은 아직까지도 회자되는 외화들이 우리나라 안방에서 선을 보인 시기이기도 했다. 〈6백만불의 사나이〉, 〈원더우먼〉, 〈투명인간〉, 〈두 얼굴의 사나이〉 등이 TBC에서 방영되었다. MBC는 〈특수공작원 소머즈〉, 〈초원의 집〉 등을 방영해 인기를 모았다.

〈6백만불의 사나이〉는 1976년 7월 12일(월) 첫 회가 방영되었다. 첫 방송 하루 전날인 7월 11일(일) 오후 10시에 전야제를 겸한 '파일럿 프로그램'이 방영됐고, 이 프로그램에서 〈6백만불의 사나이〉의 탄생 비화가 소개됐다. 중앙일보가 보도한 방영 예고 기사는 무슨 무협지 광고처럼 읽힌다.

> 우주 비행사였던 「스티브 오스틴」은 비행기 사고로 부상하여 몸의 기능을 상실한다. 우주 의사들이 그를 전자장치로 재생시키는 데 성공, 축지법을 쓰며 천리안을 가지고 항우보다 힘이 센 「슈퍼맨」을 탄생시킨다.
>
> 1백만 「달러」 의 전자안(眼), 2백만 「달러」의 인조 팔, 3백만 「달러」의 천리 각(脚) 등 모두 6백만 「달러」의 「슈퍼맨」이 지상과 우주를 무대로 펼치는 사랑과 모험의 이야기다.
>
> ABC TV 방송망을 통해 미국에서 전국 시청률 2위를 기록했던 인기 외화. 「리 메이저스」 「리처드 앤더슨」 출연.(중앙일보 1976년 7월 6일자)

종영일은 1978년 8월 13일(일)이다. 만 2년 1개월 동안 방영됐다. 〈6백만불의 사나이〉는 대단한 인기를 끌었다. 애초 방영 시간은 월요일 오후 10시 40분이었지만 시청자들의 빗발치는 요구로 일요일 '골든 아워'인 밤 8시 15분으로 변경됐다. 주인공 스티브 오스틴 역을 맡은 리 메이저스는 1979년 5월 15일 오전 8시 30분 김포공항에 도착, 30여 분 간 공항 대기실에 머물다 필리핀으로 떠난 일이 있다. 비행기를 갈아타기 위한 30분간의 방한이었는데 이 사실이 한 신문에 크게 실릴 정도였다.

〈6백만불의 사나이〉가 방영 중이던 1977년 9월 2일 '6백만불의 사나이'를 흉내내려던 한 남자 어린이가 천호대교에서 뛰어내려 추락사한 사건이 발생했다. 이 때문에 〈6백만불의 사나이〉는 'TV공해'라는 비난을 받기도 했다. 〈6백만불의 사나이〉가 인기를 끌자 MBC는 〈특수공작원 소머즈〉(1976년 10월 29일~1977년 8월 5일)를 방영했는데 〈6백만불의 사나이〉 만큼의 인기는 얻지 못했다.

〈날으는 원더우먼〉은 여자 어린이들이 특히 좋아했던 외화였다. 1977년 9월 24일(토) 첫 회가 방영됐다. 하루 전날 '〈날으는 원더우먼〉 전야제'가 방송된 것은 〈6백만불의 사나이〉와 동일하다. 〈날으는 원더우먼〉의 종영일은 1978년 3월 18일(토)이다.

1977년 12월 한 국민학교 교사가 국민학생 600명을 대상으로 한 설문조사 내용이 동아일보에 기사화됐다. 질문은 '그 사람처럼 되고 싶고 부러워지는 사람, 인기 있는 사람, 존경하는 사람, 최고라고 생각하는 사람을 손꼽으라'는 것이었는데 남녀 어린이들의 반응이 자못 달랐다. 남자 어린이들은 차범근, 6백만불의 사나이, 김일, 김재박, 펠레, 장훈, 김만수, 고상돈, 서영춘, 로봇태권V 순이었고, 여자 어린이들은 혜은이, 원더우먼, 이에리사, 정윤희, 최유리, 소머즈, 유지인, 크리스 에버트, 정경화 순이었다.[151]

같은 달 9일 한 여자 어린이가 '원더우먼'을 흉내 내려다 중상을 당했고, 이듬해 4월 25일에는 또 다른 여자 어린이가 역시 같은 이유로 장독대에서 뛰어내렸다가 뇌수술을 받았다. 이 어린이는 이틀 후 끝내 숨을 거둔다. 사내아이들은 '6백만불의 사나이', 여자아이들은 '원더우먼'을 흉내내려다 비극적인 일을 당한 것은 TV의 영향력을 웅변하는 사례인 것도 같다. 나도 토요일 오후 '6백만불의 사나이' 재방송을 보고 나면 '두두두두' 소리를 내며 정릉 산골짜기를 뛰어다녔다. 높은 곳에서 뛰어내리기도 했는데 그래도 1미터는 넘지 않는 수준이었다.

1979년 2월 5일 어린이 5명이 무인도 모험을 하겠다며 집단으로 가출하는 일이 벌어졌다. 이들은 TBC가 신정 특집으로 편성한 〈15소년 표류기〉라는 만화영화를 보고 이 같은 일을 감행했다. 3월 7일에는 타잔 흉내를 내려고 노끈을 지닌 채 감나무 위로 올라간 어린이가 끈이 목에 걸려 숨지는 사고가 발생했다.

'바보상자'라는 말이 우리나라에 퍼지기 시작한 것이 1970년대 초반이다. 구미歐美에서 일찌감치 통용돼 오던 'Idiot Box'라는 단어를 그대로 번역한 것인데 우리나라에서는 TV 수상기의 보급 증가와 함께 비로소 이 말이 쓰이기 시작했다. 1979년 4월 20일자 매일경제신문은 "바보상자 TV 공해가 날로 심각해지고 있다. TV에 나오는 슈퍼맨을 흉내내려다 생명을 잃은 어린이도 있고 이미 어린이 세계에는 TV 광고 CM송에 밀려 동요를 잊어버린 지 오래"라고 보도했다.

'바보상자'가 'TV 공해'로 악화된 셈인데 'TV 공해' 문제는 미국의 경우 1970년대 초반에 사회 이슈가 되기도 했다. 1972년 1월 미국 의회에 '텔레비전 프로그램의 범죄와 폭력에 관한 보고서'가 제출되고, 이후 하원에 'TV의 범죄와 폭력을 조사하기 위한 소위원회'가 구성됐던 것이다. 그간 미국에서는 범죄, 폭력, 섹스와 관련된 TV 프로그램이 '모든' 어린이에게 해를 끼친다는 주장과, '일부' 어린이에게만 영향을 준다는 주장이 맞서왔다고 한다.

무엇이 맞는 주장인지는 가릴 필요가 없다고 생각하지만 TV 보급 초창기, 여러 가지 문제점이 돌출되고 이를 염려했던 사람이 많았던 것은 세계적인 추세였던 것 같다. 인터넷이, 스마트폰이 처음 나왔을

1960년대 후반, 1970년대 초반에 수입된 외화들은 첩보물, 형사물 등이 주를 이뤘고 이런 외화들에 대한 대안으로 선택된 것이 초능력자를 다룬 이른바 '슈퍼맨류'의 외화였다. 사진은 〈6백만 불의 사나이〉와 〈원더우먼〉.

TBC 외화 〈두 얼굴을 가진 사나이〉

때도 이런저런 폐해를 걱정하는 사람들이 많았다. 이런 걸 보면 모든 건 시간이 해결하고 답을 내려준다는 생각이 든다. '모든' 어린이에게 해를 끼친다면 지금 내 또래들은 거의 범죄와 폭력, 섹스에 허우적대고 있을 것이다.

그런데 〈6백만불의 사나이〉, 〈날으는 원더우먼〉, 〈특수공작원 소머즈〉 같은 프로그램들은 그나마 폭력성, 선정성이 덜 하다 하여 수입된 외화들이었다. 1960년대 후반, 1970년대 초반에 수입된 외화들은 첩보물, 형사물 등이 주를 이뤘고 이런 외화들에 대한 대안으로 선택된 것이 초능력자를 다룬 이른바 '슈퍼맨류'의 외화였다. TBC가 1977년 5월 18일(수)에 첫 회를 방영한 〈투명인간〉이나, 1978년 9월 3일(일)부터 방송을 내보낸 〈두 얼굴을 가진 사나이〉도 그런 사례들이었다.

## 주말연속극의 효시, 〈결혼행진곡〉

1975년 9월 17일 문공부장관 이원경李源京은 사회정화시책을 발표하며 방송, 영화, 공연, 만화, 신문, 잡지 등에 대해 '범죄 사실이나 부도덕에 대한 과대 보도나 표현, 인명 경시 풍조를 조장하는 표현을 삼갈 것'을 요청했다. 이 같은 요청은 만화, 영화 등에 잔인한 장면의 묘사를 억제토록 지도하라는 대통령의 특별 지시에 따른 것이었다.[152]

'방송 정화'에 대한 박정희의 의지는 강렬했다. 그는 10월 4일 시정연설에서 "퇴폐적인 일부 대중예술을 정화해서 건전한 국민 기풍을 진작시키고 전파 매체가 국민생활에 미치는 영향을 감안하여 방송의 시설과 내용을 질적으로 크게 개선해 나갈 것"이라고 밝혔다. 이듬해 2월 5일 문공부를 순시하는 자리에서는 "불건전한 가요와 그 밖의 연예 활동, 그리고 연예인들의 장발, 대마초 흡연 등 퇴폐풍조 현상도 단속하라"고 지시했다.

1976년 초 문공부의 TV 프로그램 편성 지침이 내려지고 각 방송사의 대폭적인 프로그램 개편이 있었던 건 이 같은 배경에서다.

MBC를 비롯한 각 TV가 (1월) 12일부터 일제히 프로 개편을 단행한다. 이번 개편으로 3TV는 똑같이 저녁 8시띠(帶)에 20분짜리 사회교양 프로가 등장한다. 시청자가 많은 골든아워에 일반 사회 프로를 편성한다는 것은 우리 방송에서 일찍이 없던 일이다. 이에 따라 다른 프로는 일부 폐지되거나 시간띠가 변동된다. TV 방송에서 저녁 8시때는 프라임 타임이라 해서 노른자위로 꼽힌다. 그래서 이 시간띠는 드라마나 쇼가 아니면 차지할 수 없다는 것이 아직까지의 관례다. 그런 의미에서 이번 개편은 그야말로 관례를 깨뜨린 파격적인 편성이라 하겠다.(경향신문 1976년 1월 9일자)

TBC가 1976년 1월 12일(월) 첫 회를 내보낸 〈호돌이와 토순이〉은 그런 '파격적인 편성'의 산물이다. 경향신문의 같은 기사에 따르면 이 프로그램은 '어린이 교육을 위한 버라이어티 구성물'이었다.

편성 배경이 어찌 됐든 내게는 〈호돌이와 토순이〉에 대한 추억과 그리움만이 남아 있다. 월요일부터 금요일까지 매일 방영된 〈호돌이와 토순이〉는 최유리崔有里와 윤유선尹有善, 두 어린이 MC에 의해 주로 진행되었다. 최유리는 오래전에 연예계를 떠났고 윤유선은 현역 탤런트로 왕성하게 활동 중이다. 특히 윤유선을 TV에서 보면 나보다 연상임에도 불구하고 나는 아직도 〈호돌이와 토순이〉 시절을 떠올리게 된다. 잊을 수 없는 주제가를 각주에 붙인다.[153]

문공부가 각 TV 방송국에 내려보낸 편성 지침은 다음과 같다.

시간대　방송 프로그램　종류

오후 6시　어린이 시간으로 통일

오후 7시　뉴스, 가족이 함께 볼 수 있는 건전 오락물로 편성(연예인 출연은 억제)

오후 8시　사회교양 프로그램과 건전 홈드라마 및 국난 극복의 영웅이나

〈호돌이와 토순이〉. 경향신문 기사에 따르면 이 프로그램은 '어린이 교육을 위한 버라이어티 구성물'이었다.

명인을 주제로 한 시대 교양 드라마(민방의 경우) 또는 다큐멘터리(KBS)로 통일

오후 9시 30분간 뉴스로 통일. 9시 30분부터는 연예 · 오락(일일극, 외화, 주간극 등). 일일극은 1일 2편만으로 제한

주말 자유 재량으로 한다

(정순일 · 장한성, 『한국 TV 40년의 발자취』, 115쪽에서 재인용)

이전까지 각 방송사의 종합 뉴스 편성은 대체로 오후 6시대거나 10시대였다. 오후 9시대에 30분간 뉴스로 통일하라는 문공부의 지시에 따라 방송 3사는 1976년 4월 12일(월) 밤 9시 일제히 뉴스를 내보낸다.

우리나라에서 '뉴스는 9시'라는 관념이 생기기 시작한 건 이 날부터다. 물론 현재는 이런 통념이 희석된 상태다.

이 개편은 또한 '동종 프로그램의 동시간대 편성' 현상을 야기했다. 이를테면 코미디를 볼 것인가, 드라마를 볼 것인가 고민하던 시청자들이 이젠 같은 드라마 중에서 한 방송국의 작품을 골라야 할 처지에 놓인 것이다. 그런데 '동종 프로그램의 동시간대 편성'은 TBC가 1970년대 후반 시청률 면에서 타 방송국을 압도하는 결과를 낳게 된다. 이에 대해서는 후술하기로 한다.

방송사로서는 문공부의 편성 지침이 달가울 리 없었다. TBC와 합병한 중앙일보는 1976년 4월 3일자 기사에서 "이번 개편은 어느 때보다도 그 개편의 폭이 크고 내용도 바뀌어 '방송매체의 대변혁'으로 평가되고 있다"며 "방송의 자율성이란 측면에서 방송들은 '프로' 편성에 진통을 겪었다"고 보도하고 있다.

일일극을 하루 2편으로 제한함에 따라 각 방송사는 드라마 편성에도 변화를 줄 수밖에 없었다. TBC의 경우 〈결혼행진곡〉이라는 '토요연속극'을 편성해 4월 17일(토) 첫 회를 내보낸다. '토요연속극'이란 토요일에만 방영한다는 뜻이다. 중앙일보에 실린 이 드라마에 대한 소개 글이다.

결혼으로 인연을 빚는 시가에 대한 희생은 고귀한 것인가. 과연 결혼은 낙원인가, 아니면 무덤인가. 결코 명확한 답을 기대할 수 없는 물음 속에서 한 여인이 결혼을 통해 찾아야 할 보람은 무엇인가를 추구한다. 남지연 극본 · 전세권 연출. 홍세미 박근형 안옥희 한진희 염복순 연규진 김형자 유

지인 등 출연.(1976년 3월 29일자)

남지연南芝鳶 극본, 전세권全世權 연출의 〈결혼행진곡〉은 한국방송사, 한국 드라마사史에 전기轉機가 된 작품이다. 이 드라마가 엄청난 인기를 끌게 되자 TBC는 같은 해 10월 10일(일)부터 일요일에도 편성을 감행했다. 10월 9일자 중앙일보에 실린 편성표에는 "주말드라마로 개편 후 일요일 첫 방송"이라는 설명이 부기돼 있다. 비로소 주말연속극이란 새로운 장르가 탄생하게 된 순간이었다. '주말은 자유 재량으로 한다'는 문공부의 지침을 TBC가 요령껏 활용한 결과였다.

그런데 보통 일일극이라고 하면 월요일부터 금요일까지 방영되는 연속극을 뜻하는 것 같다. 하지만 당시 일일극은 토요일, 일요일에도 방영되는 사례가 많았다. 이 또한 '자유 재량'의 문제였던 것이다. 자유는 규제를 압도한다. 시청자들이 당국의 규제를 받는 평일 편성을 외면하기 시작하고, 대신 주말에 편성된 프로그램들이 더욱 높은 시청률을 보이게 되었다.

〈결혼행진곡〉은 방송의 흐름조차 바꾸어 놓았다.

(〈결혼행진곡〉이) 인기를 모으게 되자 그 효과가 다른 방송국에도 파급되어 나가기 시작했다. 이때부터 주말연속극은 세 방송국의 주전장(主戰場)이 되었다. 따라서 멜로성은 주말극으로 옮아가게 되고, 일일극은 홈드라마의 성격을 띠면서 퇴조하게 된다.(김승현 · 한진만, 『한국 사회와 텔레비전 드라마』, 66쪽)

부끄럽고 격에 안 맞는 이야기이긴 하지만 〈결혼행진곡〉은 일곱 살이던 나에게도 '드라마 보는 재미'가 무엇인지 알게 해준 최초의 드라마였다. 드라마의 대사를 따라하기 시작한 것도 〈결혼행진곡〉부터였다. 김순철의 "바쁘다, 바빠", 한진희韓振熙의 "죽갔네"라는 대사를 어린 나도 무던히 따라했던 것 같다. 이 대사들은 그 시절 전국적인 유행어가 됐다.

〈결혼행진곡〉에서 탤런트 김순철 씨가 자주 연발하는 「바쁘다 바빠」가 요즈음 전국적으로 크게 유행되고 있어 화제. 특히 『박대통령 「컵」 축구대회』 충무 「팀」 대 태국의 경기 때 숨쉴 틈 없이 퍼부은 충무 「팀」 의 공격에 흥분한 관중들이 「바쁘다 바빠」 「죽갔네」를 다함께 외쳐댔는데 이 소리가 중계 마이크를 통해 그대로 전국에 전달돼 시청자들이 폭소를 터뜨리기도 했다.(중앙일보 1976년 9월 16일자)

〈결혼행진곡〉에 자주 나온 가곡 '비목碑木'도 크게 유행했다. 지금 쓰는 말로 '국민 가곡'이라는 표현이 가능할 것 같다. 생전의 영부인 육영수陸英修가 이 노래를 매우 좋아했다고 한다. 학교 다닐 때 어느 선생님께서 '초연이 쓸고 간 깊은 계곡'이라고 할 때의 '초연'은 초연硝煙이며 '화약 연기'를 뜻한다고 설명해 주셨다. 그 가르침을 잊을 수 없다.

우리나라에서 재형저축 제도가 실시된 것이 1976년 4월 1일이다. 다시 말하면 〈결혼행진곡〉 방영 직전이다. 재형저축은 근로자재산형성저축의 줄임말인데 국가가 금리와 세제 면에서 우대 조치를 취함으로써 근로자의 장기저축과 재산 형성을 촉진하기 위한 제도였다. 극

TBC의 주말연속극이 인기를 끌자 KBS와 MBC도 잇따라 주말연속극을 편성했다.

중에서 장인 역할을 맡은 김순철은 "바쁘다 바빠. 사위가 말했어요. 푼돈 모아 목돈 마련, 들고 보자 재형저축"이라는 대사를 자주 했는데 그 결과 재형저축 신청이 급속도로 늘어났다. 이 공로로 TBC가 대통령 훈장을 받았다는 기록도 있지만 실제로는 1977년 2월 방송의날 기념식에서 국무총리 포상을 받은 사실을 확인할 수 있었다.

기사나 증언을 종합해 보면 〈결혼행진곡〉의 시청률은 평균 70퍼센트가 넘었던 것 같다. 훗날 TBC는 여의도 스튜디오를 준공하게 되는데 〈결혼행진곡〉 광고 수익으로 이 스튜디오를 지었다는 말이 떠돌 정도였다.

〈결혼행진곡〉이 재형저축제도를 홍보함으로써 정부의 시책에 호응했다면 KBS 드라마 〈꽃피는 팔도강산〉은 처음부터 정책 홍보용 드라마를 표방한 프로그램이었다. 방영 기간은 1974년 4월 15일(월)부터 1975년 10월 5일(일)까지다. 원작인 영화 〈팔도강산〉(1967년)도 흥행에 성공했지만 〈꽃피는 팔도강산〉도 대단한 인기를 끌었다. 『한국 TV 40년의 발자취』는 "일일연속극 사상 최장수 기록을 돌파했다는 점과 TV 드라마로서는 처음으로 유럽 현지 로케를 단행하는 등 몇 가지 새 기록을 남겼고 민지환, 한혜숙, 김자옥 등의 삼각관계가 바닥에 깔려서 시청자를 흡입한 멜로드라마였지만, 이제까지의 통념을 깨고 정책 홍보 드라마가 이 드라마에서 비로소 인정되었다는 점에서 부상된 작품"이라고 설명하고 있다.

## 정윤희 누나, 한진희 아저씨

〈결혼행진곡〉은 1977년 3월 27일(일) 막을 내린다. 뒤를 이은 주말 연속극이 〈청실홍실〉이다. 인기 있던 드라마가 끝나면 그 시간대에 새로 방영되는 드라마를 자연스럽게 보게 되곤 한다. 이런 걸 '관성'이라고 해야 하는 걸까. 나도 그런 경우였다.

〈청실홍실〉은 1950년대 인기를 끌었던 라디오 드라마 '청실홍실'을 TV용으로 리메이크한 작품이다. 4월 2일(토)에 첫 회가 방영되었고 방영 기간 내내 높은 시청률을 기록했다. 1977년 7월에 조사된 '시청률 베스트 10'[154]은 다음과 같다.

1위 〈청실홍실〉 70.6퍼센트

2위 〈수사반장〉 61.0퍼센트

3위 〈6백만불의 사나이〉 59.0퍼센트

4위 〈추적〉 55.0퍼센트

5위 〈허부인전〉 48.1퍼센트

6위 〈고전 유머극장〉 47.6퍼센트

7위 〈113 수사본부〉 45.1퍼센트

8위 〈특수공작원 소머즈〉 43.1퍼센트

9위 〈서울야곡〉 40.0퍼센트

10위 〈왜 그러지〉 37.7퍼센트

〈청실홍실〉의 중심 구도는 남자 주인공 나기사(김세윤)를 둘러싼 동숙(정윤희), 지선(장미희)과의 삼각관계다. 부잣집 딸로 설정된 동숙은 청순하고 순진하고 이해심 깊은 여인으로 그려져 나기사가 두 여인 사이에서 갈등하는 계기가 된다.

정윤희, 장미희張美姬, 유지인兪知仁은 1960년대 문희文姬, 남정임南貞姙, 윤정희尹靜姬에 이어 1970년대의 트로이카로 일컬어진다. 정윤희, 유지인, 장미희는 영화배우로 데뷔한 뒤 TBC를 통해 스타로 발돋움했다는 공통점이 있다. 정윤희와 유지인은 1975년 각각 영화 〈욕망〉과 〈그대의 찬손〉, 장미희는 1976년 영화 〈성춘향전〉을 통해 연예계에 입문했는데 정윤희는 드라마 〈맏며느리〉, 유지인과 장미희는 〈결혼행진곡〉을 통해 시청자에게 얼굴을 알리게 된다. 〈맏며느리〉는 1976년 9월 26일(일) 첫 회가 나간 TBC의 일일연속극이다.

노주현과 한진희는 이 트로이카와 대비할 수 있는 남자 탤런트 쌍

두마차라고 할 수 있다. 국민학교 다닐 때 우리반에서 노주현과 한진희를 두고 누가 더 미남이냐 또는 누구를 더 좋아하느냐는 논쟁이 벌어진 적이 있다. 그때 나는 한진희 편을 들었던 것 같다. 노주현이 아주 잘 생긴, 도시적인 미남이라면 한진희에게는 같은 미남이면서도 소박함과 털털함이 느껴졌기 때문이다.

1977년 9월 5일(월) 첫 회가 나간 일일드라마 〈외동딸〉에서 노주현과 한진희는 정윤희를 두고 삼각관계에 놓인다. 노주현은 '나무랄 데 없는 신랑감'이고 한진희는 '가난한 결핵환자'다. 그럼에도 정윤희는 한진희를 선택한다.[155] 이러니 그때 어린아이들이 정윤희 누나를, 한진희 아저씨를 어떻게 좋아하지 않을 수 있겠는가. 반면 노주현은 너무 완벽한 얼굴이 시청자들에게 거리감을 주었는지도 모른다.

TBC TV 탤런트 노주현이 팬들의 비난 전화에 울상. 연속극 〈외동딸〉에서 정윤희를 놓고 한진희와 라이벌이 되었던 그는 이제 정윤희를 포기하고 서승현과의 결혼을 마음먹는데…. 처음에는 "자존심도 없느냐", "세상에 여자가 그뿐인가", "인물값을 해라" 등 비난 전화가 잇따르더니 최근엔 "남자가 한번 뽑은 칼을 써보지도 않고 칼집에 넣다니", "한진희와 정면대결하라"는 등 격려 전화가 쇄도. 노(盧)군은 "극본대로 했을 뿐인데 피해만 본다"며 투덜투덜.(1977년 11월 22일자 동아일보)

하지만 노주현은 이후 일일극 〈야 곰례야〉에서 절름발이 연기를 펼치며 정윤희의 남편 역으로 호흡을 맞추게 된다. 이때는 나도 그에게 많은 호감을 느꼈던 것으로 기억된다. 정윤희의 남편 역할이어서 다소 질투심도 느꼈겠지만 말이다. 〈외동딸〉은 1978년 1월 14일(토) 최종회가 방영되었다.

개인적인 생각이지만 찬동할 사람도 많을 거라고 생각한다. 정윤희는 트로이카 가운데 단연 독보적이었던 것 같다. 1977년 '종합기획'이라는 회사가 서울 시민 580명을 대상으로 인기연예인과 관련된 설문조사를 실시한 일이 있다. 이 조사에서 '미남으로 잘 생긴 연예인'은 1위 한진희(38.3퍼센트), 2위 노주현(26.6퍼센트), 3위 남궁원(10.2퍼센트)이었고 '미녀 탤런트'는 1위 정윤희(40.2퍼센트), 2위 장미희(19.3퍼센트), 3위 유지인(13퍼센트), 4위 홍세미(12.6퍼센트)였다.[156] 이 회사는 이듬해에도 같은 설문조사를 실시했는데 '미남 인기인'은 한진희 노주현 박근형 이정길 신성일, '미녀 인기인'은 정윤희 유지인 장미희 한혜숙 김자옥 순이었다.[157] 정윤희와 한진희는 불변이었다.

나는 부산 동구 수정동, 초량동에서 유소년기를 보냈는데 산동네 아주머니들이 이따금 정윤희에 대해 이야기하는 것을 들은 적이 있다. 정윤희가 통영에서 태어나 부산에서 자랐기 때문에 그랬던 것 같다. 인터넷에서 이런 글을 발견할 수 있었다. 영화감독 김호선金鎬善의 글이라고 한다. 각주에 붙일 수도 있지만 굳이 본문에 옮겨본다.

> 알맞은 키에 알맞은 가슴과 바가지 두 개를 엎어놓은 것 같은 히프를 가진 여자. 360도 팬(회전)해 봐도 고르고 알맞게 살찐 여자. 어쩌면 작은 몸매에 그토록 알맞은 몸의 균형을 가지고 있을까?
>
> 대바구니에 담아도 담겨질 것 같은, 주머니에 넣어도 전혀 무게를 느끼지 않을 것만 같은 새 같은 여자다. 윤기 흐르는 까무잡잡한 피부는 블랙

정윤희와 한진희, 정윤희의 미모는 어떠한 찬사로도 모자랄 듯하다.

올페의 연인을 연상케 하고 가늘고 긴 목과 작은 어깨는 연민의 정을 불러 일으킨다.

카메라가 그녀의 앞가슴을 열어 젖히면 왼쪽 가슴에서부터 오른쪽 가슴으로 대각선을 이루며 흐르는 두 개의 점이 나타난다. 그 두 개의 점이 어쩌면 몸의 균형과 조화를 잘 이루는지 다시 한 번 경탄케 한다. 그 점을 떼어 몸의 각 부분의 무게 비례를 저울에 달아본다면 아마도 정확한 평균치가 나올 것이다.

작은 공간에서는 한없이 작아 보이고 큰 공간에서는 한없이 커 보이는 여자.[158]

정윤희는 결혼과 함께 연예계를 떠나 평범한 주부로, 그러나 아직도 만인의 연인으로 살아가고 있는 것 같다.

정윤희 장미희 유지인이 TBC 여자 탤런트 트로이카에서 1970년대 트로이카로 성장했다면 원미경元美京, 이미숙李美淑, 차화연車和娟은 TBC의 '제2기 트로이카'라고 할 수 있다. 이 세 여배우의 공통점은 프로필상 1960년 쥐띠 동갑내기라는 점과 1978년 TBC 공채 20기 탤런트란 점이다. 원미경은 〈파도여 말하라〉, 이미숙은 〈마포나루〉, 차화연은 〈여자의 얼굴〉 등의 TBC 드라마에 출연했다. 이들은 TBC가 통폐합된 이후에도 영화 또는 타방송국 드라마에 출연하여 1980년대를 대표하는 여배우로 부상하게 된다.

탤런트로, 라디오 진행자로 활동중인 최화정崔化精은 이들보다 한 기수 아래인 1979년 21기다. TBC는 1979년 두 차례 신인 탤런트를 선발했던 듯하다. 기사 검색상으로는 탤런트 정한용鄭漢溶과 이경표李瓊杓가 1979년 TBC 22기 탤런트로 나와 있다. 이들이 TBC의 마지막 공채 탤런트들이다.

각 방송사가 마찬가지였지만 TBC도 〈쇼쇼쇼〉 등을 통해 정책적으로 스타를 키우기도 했다.

> 스타의 산실 〈쇼쇼쇼〉는 1976년부터 매년 초에 「새 별들의 행진」이라는 특집을 꾸며, 그 해의 유망주를 소개하기 시작했다. 1976년 첫 번째 데뷔한 가수들이 혜은이 이은하 선우혜경 등이었고, 탤런트로는 장미희 유지인 정윤희 트리오가 유망신인으로 소개되었다.
>
> 최백호 윤수일 옥희 나미 정종숙 등도 〈쇼쇼쇼〉로 등장한 가수들. 특히 만년 신인에 머물렀던 윤시내가 '열애'란 노래를 연 4주 계속 〈쇼쇼쇼〉에서 열창하면서 일약 스타로 부상했으며, 무명신인 조용필이 처음 브라운관에 선보인 것도 바로 〈쇼쇼쇼〉였다.(『동양방송17년사』, 825쪽)[159]

〈쇼쇼쇼〉는 '매년 초'에 한정하지 않고 일 년에 두 차례 정도 '새 별들의 행진'을 꾸몄다. 1978년 11월 18일(토) 방영된 〈쇼쇼쇼〉 '새 별들의 특집'편에는 원미경 외 5명의 탤런트가 소개됐다. 이런 기사도 발견할 수 있었다.

> 이번 주 〈쇼쇼쇼〉에는 앞으로의 활약이 기대되는 유망 신인들의 제전인 '새 별들의 행진'이 방영된다. 1976년에 시작된 '새 별들의 행진'은 이번이 4회째로 그 동안 혜은이 · 이은하 · 하수영 · 윤수일 · 최병걸 등이 이 프로그램을 통해 스타로 발돋움했다.(1979년 7월 13일자 중앙일보)

TBC의 트로이카. 왼쪽부터 유지인, 정윤희, 장미희.

## '찰리 백'과 '찰리 정'

〈결혼행진곡〉이 화려한 탄생을 알리고 〈청실홍실〉이 토대를 다진 주말연속극의 인기는 〈그건 그려〉까지 이어졌다. 1977년 10월 8일(토) 〈청실홍실〉 최종회가 방영되고 10월 9일(일) '〈그건 그려〉 전야제'가 나간 후 10월 15일(토) 첫 회가 전파를 탔다.

〈그건 그려〉는 이낙훈을 위한, 이낙훈에 의한, 이낙훈의 드라마였다고 생각한다. 중후한 신사 또는 근엄한 상사나 아버지 역할을 주로 맡아온 이낙훈이 〈그건 그려〉에서 돈은 많지만 촌스럽고, 사기꾼 기질이 농후하지만 밉지는 않은 '찰리 백'역을 맡아 신선한 충격을 던졌다.

1977년 12월 13일자 중앙일보는 "이낙훈은 지금까지의 이미지를 완전히 깨뜨린 '찰리 백'의 역할을 훌륭히 해냄으로써 연기파로서의 관록을 과시하고 있을 뿐만 아니라 틀에 박힌 역할만을 되풀이하는 타성을 과감히 탈피할 필요가 있다는 것을 실증해 주고 있다"고 평가했다. 소설가 손장순孫章純은 이렇게 썼다.

이낙훈은 순토박이 서울산이다. 그런데도 얼마 전 연속드라마 〈그건 그려〉에서 그럴 듯한 전라도 사투리를 구사해 가며 "돈이면 사랑도 살 수 있다"고 행동하는(나중에 달라지지만) 찰리 백이라는 인간 유형을 훌륭히 구상화해냈다. 목적을 위해서는 철면피하게 저돌적으로 밀고 나가는, 천박하고 촌스런 찰리 백. 좋아하는 여성에게는 약하고, 순수한 열정으로 할복까지 하려는 찰리 백이 곧 이낙훈으로 착각될 만큼 그 연기는 일품이었고 그래서 인기를 모았으며 그 드라마의 전부를 이끌어갔다고 해도 과언이 아니다.(동아일보 1978년 5월 20일자)

극중에서 이낙훈은 홍세미鴻世美를 두고 이순재와 사랑 다툼을 벌인다. 홍세미를 볼 때마다 이낙훈은 이렇게 인사를 한다. 이 말 역시 당시 꽤 유행을 탄 것으로 기억한다.

"안녕하십니까, 홍 여사. 나 찰리 백입니다."

이낙훈은 '찰리'를 '챠- 리'라고 발음했다.

여덟 살이던 나는 이를 흉내 내곤 했다. 내가 "안녕하십니까, 조 여사, 나 챠- 리 정입니다"라고 하면 어머니는 허리를 붙잡고 웃으실 정도였다.

가수 이은하李銀河가 불렀던 〈그건 그려〉 주제곡도 기억하는 사람이 많을 것 같다. 〈그건 그려〉는 1978년 3월 5일(일) 마지막회가 방영되었다.

TBC 주말연속극의 선풍적인 인기에 자극받은 MBC도 이 무렵 자사 최초로 주말연속극을 신설하게 된다. 1977년 7월 16일부터 10월 30일까지 방영한 〈왜 그러지〉가 그것이다. 1977년 7월 16일자 경향신문이 소개하는 이 드라마의 줄거리는 다음과 같다.

> 서울의 어느 조용한 주택가에 김학로 일가가 사는 맞은 편 집에 이연만 일가가 이사 온다. 골목길에서 우연히 마주친 두 사람은 30년 만에 만나게 된 죽마고우(竹馬故友). 두 사람은 그동안 쌓이고 쌓인 묵은 사연을 떠올리며 할 말을 잊는다.

'쌓이고 쌓인 묵은 사연' 때문에 죽마고우가 앙숙처럼 티격태격한다는 줄거리인데 문제는 양가의 자녀들이 서로 좋아하는 사이가 된다는 점이다. 양가의 가장인 김무생金茂生과 홍성민洪性民의 코믹 연기가 꽤 재미있었다는 기억이 난다. 두 사람이 마주치는 순간부터 웃음이 나오기 시작했던 것도 같다. 가수 혜은이가 이 드라마에 고정 출연한 것도 화제가 되었다.

주말연속극을 탄생시킨 TBC는 〈그건 그려〉 이후, 사람들 입에 크게 오르내리는 이렇다 할 주말연속극을 생산하지 못했다. 후속작 〈시집갈 때까지는〉은 역경 속에서도 좌절하지 않고 살아가려는 호스티스들을 주인공으로 삼아 시청자의 관심을 끌었지만 〈결혼행진곡〉, 〈청실

MBC 드라마 〈왜 그러지〉. 극중 김무생과 홍성민이 마주치는 장면마다 웃음이 나오기 시작한 것 같다.

홍실〉, 〈그건 그려〉만큼의 인기는 얻지 못했다. 〈시집갈 때까지는〉부터 방송통폐합까지 TBC가 내보낸 주말연속극 목록과 방영기간은 다음과 같다.

〈시집갈 때까지는〉 1978년 3월 11일(토)~1978년 6월 18일(일)

〈그리워〉 1978년 6월 24일(토)~1978년 11월 5일(일)

〈하얀 날개〉 1978년 11월 11일(토)~1979년 3월 11일(일)

〈사랑도 미움도〉 1979년 3월 17일(토)~1979년 9월 30일(일)

〈고독한 관계〉 1979년 10월 13일(토)~1980년 3월 15일(일)

〈잃어버린 겨울〉 1980년 3월 29일(토)~1980년 8월 31일(일)

〈축복〉 1980년 9월 6일(토)~통폐합 이후 KBS가 이어받았으나 주인공들의 동반 죽음으로 종영

앞서 '동종 프로그램의 동시간대 편성'이 TBC가 1970년대 후반 시청률 면에서 타 방송국을 압도하는 결과를 낳게 된다고 한 적이 있다. 평일보다 주말에 더 높은 시청률을 보이기 시작했다는 점도 언급을 했다. 『한국 TV 40년의 발자취』는 "1976년 편성 대개혁 이후 평일의 시청 경향은 주말에 비해 현저히 줄었으며, MBC의 〈묘기대행진〉, 〈타잔〉, 〈수사반장〉 외에는 TBC가 거의 모든 시청률을 차지하고 있는 것으로 나타나, 결과적으로 동종 동시간 편성정책은 시청자를 TBC에 몰아주거나, 평일 저녁의 시청시간을 TV시청 외의 생활로 전화시킨 의의의 결과를 낳고 만 셈"이라고 쓰고 있다. 이 책에 따르면 1977년 2월경 주간 평균시청률은 TBC 30.78퍼센트, MBC 16.22퍼센트, KBS 7.52퍼센트였다.

## 10·26과 5·18, 그리고 〈야 곰례야〉

1976년 말 TV 수상기 보급 대수는 280만 9131대에 이르러 300만대에 육박하게 되었다. 200만대를 넘어선 게 불과 1년 전이었다. 1977년 말에는 380만 4535대가 되어 400만대를 바라보게 됐고 1978년 말에는 513만 5496대로 거침없이 늘어나게 된다.

세대당 보급률도 크게 증가했다. 1971년 10퍼센트대를 돌파하고 1974년 20퍼센트대를 뛰어넘은 뒤, 1975년 30.3퍼센트, 1976년 41.1퍼센트, 1977년 54.3퍼센트를 기록했다. 1977년이 되어서야 한 집 건너 한 집은 텔레비전을 갖고 있는 나라가 됐던 것이다. 이 해 우리나라는 사상 최초로 수출 100억 달러를 돌파했다. 이 소식을 전하는 뉴스나 기념행사를 TV에서 본 기억이 난다. 이 해를 장식한 또 하나의 쾌거는 복서 홍수환洪秀煥의 세계 챔피언 등극이다. 도전자 홍수환이 챔피언 카라스키야에게 네 번을 다운 당한 뒤 KO로 이긴 그 경기는 11월 27일 TBC에 의해 단독으로 중계되었다. 나로서는 스포츠중계를 통해 처음 느껴본 전율과 감동의 경기였다.

나라도 경제도, 사회도 문화도 발전하고 있었지만 고단한 서민庶民의 삶이 존재하는 건 어느 시절이나 마찬가지인 듯하다. 1979년 6월 18일(월) 첫 회가 방영된 〈야 곰례야〉는 심마니의 손에서 자라난 '곰례'가 서울로 와 서민들의 생활 속에 희망과 사랑을 불어넣어 준다는 이야기를 담고 있다. 나연숙羅漣淑이 극본을 쓰고 정병식鄭丙植이 연출했다.

이름도 촌스럽기 그지없는 곰례, 그런데 여주인공 곰례 역을 맡은 탤런트가 청순가련의 대명사였던 정윤희였다. 정병식의 회고다.

> 정윤희는 24세의 미모를 내세우는 연기자가 아니라 충청도 월악산 밑에서 서울 달동네에 나타난 무지랭이 촌닭으로 탈바꿈하게 된다. 타이틀백과 도입부 촬영을 위해서 '곰례'는 통치마에 고쟁이를 바끔히 보이도록 입고, 조그만 보따리를 가슴에 안고 오징어 발을 질겅거리면서 팔자걸음으로 걸

어야 했다. 촬영준비가 될 때까지 기다리다 보면 구경꾼들이 기웃거리고, 구경꾼들은 제각기 한마디씩 하게 마련인데, "아까부터 저 미친년은 왜 어슬렁거리는 거야?"하는 그들의 현장 반응이었다. 그 즈음의 인기와 미모로는 내로라하는 정윤희를 보고 '미친년'이라니 본인의 자존심은 엉망진창이 되었고 시작부터 조짐이 심상치 않았다. 나는 궤변을 늘어놓을 수밖에 없었다. '너무 실감나는 분장이다, 극중인물에 충실하다, 이제야 성격배우로 접어드는 거다' 등 정윤희의 토라진 기분을 달래느라고 나는 그녀의 사기를 높이는 일이라면 무엇이든지 했어야 했다.(오명환, 『텔레비전 드라마 사회학』, 439쪽)

〈달동네〉를 연출한 김재형은 "TBC 시절의 마지막 작품이면서 최초로 우리 서민들의 모습을 드라마에 담은 〈달동네〉"[160]라고 쓴 적이 있지만 그런 의미라면 〈야 곰례야〉야말로 최초의 '서민드라마'라고 할 만하다. 〈달동네〉 이전에 방영이 마무리됐기 때문이다. 정병식은 "고향을 잃고 서울의 변두리에서 꿈과 좌절을 씹으며 살아가는 소외된 사람들의 이야기이자 호화생활의 상류층 중심 드라마가 보편적이었던 당시의 제작풍조에서는 상당히 엉뚱한 기획"이었다고 설명했다. 그럼에도 〈야 곰례야〉는 장안의 화제가 됐다.

「곰례」는 국내에서뿐 아니라 미 로스앤젤레스 한국 교포 사회에서도 대단한 인기를 모으고 있는 것으로 알려졌다. 주 3회 「곰례」 방영시간이 되면 교포상가가 철시하는가 하면, 남자들까지 귀가를 서두른다는 것. TBC의 자체 시청률 조사로는 최고가 62% 평균 57%를 나타냈는데, 이 같은 인기

〈야 곰례야〉는 국내에서뿐만 아니라 미국 한인 사회에서도 대단한 인기를 끌었다. 교포 상가가 철시하고 남자들까지 귀가를 서둘렀다고 한다.

를 일본 매일신문이 보도하기도 했다. 마영달(이성웅)은 「곰례」로 일약 인기스타가 되어 영화 출연까지 하는 등 바빠졌다. 「곰례」가 이 같은 인기를 모은 이유를 최창섭 교수(서강대)는 『웃음이 각박한 세상에 따뜻한 웃음을 준 민중드라마였기 때문』이라고 말한다. 이라고 말했다.(1980년 5월 14일자 조선일보)

〈야 곰례야〉의 인기는 극중 '마영달' 역을 맡은 탤런트 이성웅李成雄이 예명을 마영달馬榮達로 바꾼 것으로 상징되기도 한다.

방영 기간이 1979년에서 1980년으로 넘어가는, 연대가 바뀌는 동안과 겹쳐서일까. 〈야 곰례야〉의 방영기간 내내 한국 현대사의 대사건이 꽤 일어났다. 이 드라마가 전파를 탄 지 채 한 달도 안 된 7월 10일, 국내 유가油價가 무려 59퍼센트, 전기료는 35퍼센트가 인상되었다. 2차 오일쇼크가 우리나라에 미친 파장이었다. 10월 26일에는 궁정동에서 박정희가 서거했고, 〈야 곰례야〉의 종영일인 이듬해 5월 17일에는 비상계엄이 전국으로 확대되고 이튿날 광주민주화운동의 불이 붙는다. 정병식은 "10 · 26 박 대통령 시해사건을 전후하여 내려진 계엄령으로 통금시간이 앞당겨지고 밖에서 노닥거릴 수는 없고 빨리 귀가하여 텔레비전 앞에 앉아 있을 수밖에 없는 시청자들이었으니, 더욱 시청률이 높아질 수밖에 없었다"며, "〈야 곰례야〉는 '궁정동 사건'의 덕을 톡톡히 본 셈"이라고 했다.

방영 기간 출연료를 둘러싸고 탤런트가 '파업'을 벌이는 사상 초유의 일도 벌어졌다. 탤런트들의 '파업 움직임'은 1980년 4월 1일 가수들이 출연료 150퍼센트 인상을 요구하며 방송 출연을 중단한 이후 불거지기 시작했다. 1980년 4월 15일자 동아일보는 "최근 TV연기자협회(회장 이낙훈)가 발표한 자료에 따르면 전체 회원 392명 가운데 62퍼센트인 224명이 도시근로자 최저 생계비인 월 27만 700여원에 못 미치는 것으로 나타났다"며 "겉으로 화려해 보이기만 하는 인기 탤런트들의 생활이면을 새삼 들여다보게 한다"고 보도했다. 이 기사에 따르면 1979년 가장 많은 수입을 올린 탤런트는 강부자였고 이하 김순철, 최불암, 정해창, 사미자, 김성원, 한진희, 백일섭, 오지명, 김상순 순이었다. 강부자의 수입은 이 해 1900여만 원이었다고 한다.

방송3사 탤런트들은 4월 21일부터 결국 '실력 행사'에 들어가 방송 출연을 거부하다가 4월 28일 한국텔레비전연기자협회 대표와 방송사 간의 합의가 이뤄지자 29일부터 드라마 제작에 참여하게 된다. TBC의 경우 〈야 곰례야〉 시간에 〈봄맞이 연예쇼〉 또는 스포츠를 방영하기도 했다.

나 또한 마찬가지지만 탤런트는 원래부터 스타였다고 생각하는 사람이 많을 것 같다. 그런데 알고 보니 그게 아니었다. 가수는 오래전부터 스타였을 테지만 탤런트는, 영화배우가 영화라는 매체가 탄생하면서 그랬듯이, 텔레비선이 등장하고 보급되면서 새롭게 부상하기 시작한 스타였다. 다시 소설가 손장순의 글이다.

우리나라에 TV가 등장한 이래 그 보급 대수가 300만대를 돌파하다 보니 고전적인 스타의 개념 대신 탤런트란 새로운 인기인이 존재를 뚜렷이 나타내고 있다. 대중의 일상생활로부터 격절된 높은 하늘에 빛나는 스타보다 매일 브라운관의 영상을 통해 친근하게 볼 수 있는 탤런트가 TV시대에

「탤런트議員」탄생

서울道峰區 洪性宇씨

『약한자 가난한자를 위해 봉사하고 국가이익을 위해 목숨걸고 直言하는 忠告者가 되겠다』—서울 道峰區에서 예상을 뒤엎고 당당「은메달」을 차지, 우리나라 사상최초의 탤런트출신 국회의원이된 洪性宇씨(무소속·37)의 가슴벅찬 포부。

洪씨의 당선은 이번10대총선의 이변이라고 할만하며 탤런트의원의 출현은 우리사회가 산업사회로 발전해가고 있음을 일러주는 것이라고 할수도 있다。

『꾸준히 착한일을 한 댓가가 의외의 선물을 안겨주었다』는 洪씨는 그의 기쁨을 자신을 지지해준 道峰구민과 사비를 털어가며 남모르게 뛰어준 거지왕 金春三씨 산하의「거지동지」2만명, 가난한 인근주민과 노인 탤런트동료들에게 돌렸다。

洪씨는 TV탤런트로 활약하면서도 지난 74년이래 사재를 털어 노인잔치와 불우이웃돕기운동을 꾸준히 전개해왔으며 평소「형님 동생풍토조성운동」등으로 맺어진 따뜻한 인간 관계가 얄팍한 이해관계에 얽힌 정당조직을 이긴것같다고 승인을 분석했다。

洪씨는 지난69년 TBC TV탤런트가 된것도『큰일을 하기위해서는 이름을 알려야한다』는 정치적인 이유에서였고「아름다운 청춘」「세자매」등 그가 출연한 대부분의 드라마에서「서민역」을 강청한 것도 대국민이미지를 제

"TV서도 庶民役만 맡아「거지동지」2萬名 큰도움"

산한 정계진출의 장기적인 포석의 하나였다고。

「금배지」의 숙원을 이룬 洪씨는 10대국회에들어가면 선거연설에서 공약한「노인공원설립」「60세이상노인 버스무임승차」「매스컴근무직원파 탤런트 처우개선」등을 실현시키며 가난하고 약한이웃을 위해 분골쇄신하겠다고두 주먹을 불끈 쥐었다。

그는『당락에 신경을 쓰지않았기때문에 선거운동 기간중에 몸무게가 4kg나 붙었다』고 너털웃음을 지으면서 같이 밤을 새운「거지동지」30여명및 당선소식을 듣고 새벽녘에 달려온「형님」「동생」들과 축하소줏잔을 나누었다。

洪씨는 京畿安城産으로 安城中農高와 慶熙大化學科를 졸업。洪百基씨(64)의 5남매중 장남。「아름다운夫人」파는 말할수없는「슬픈사연」으로 지난 70년부터 별거중이며 슬하에는 龍義군(15·도봉중2년)등 3형제가 있다。

당선소식에 환호하는 「탤런트의원」洪性宇씨와 선거참모들。

탤런트 홍성우의 국회의원 당선은 새롭게 부상하기 시작한 탤런트의 위상을 상징적으로 보여준다. 동아일보 1978년 12월 13일자.

알맞은 연기의 주역인지도 모른다.(동아일보 1978년 5월 20일자)

탤런트가 스타로서 부각되고 인기를 바탕으로 힘을 얻기 시작하던 무렵이었다. TBC 탤런트 홍성우洪性宇는 1978년 12월에 치러진 10대 총선에서 지역구인 도봉구에 무소속으로 출마, '예상을 뒤엎고' 당선돼 '사상 최초의 탤런트 출신 국회의원'이 된다. 작은따옴표 안은 동아일보 기사 문구를 그대로 인용한 것이다. 〈데릴사위〉, 〈하얀 장미〉 등이 홍성우의 출연작이다. 좀 더 훗날의 이야기지만 이낙훈, 이순재,

정한용도 국회에 진출에 TBC 탤런트 출신 국회의원 대열에 합류하게 된다.

1970년대엔 브라운관을 통해 '친근하게 볼 수 있었던 탤런트'들이 지금은 하늘의 별보다 더 멀리 있는 '귀족'으로 격상돼 있다. 최근엔 일부 인기스타들이 일반 국민들을 '평민'처럼 여기는 뉘앙스의 말을 하는 것을 심심찮게 들을 수 있다.

## 이주일과 전두환, 청와대와 초원의 집

〈야 곰례야〉가 '웃음이 각박한 세상에 따뜻한 웃음을 준 민중드라마'였다면 TBC의 〈토요일이다 전원출발〉은 코미디 황제 이주일李朱一을 세상에 내보낸 프로그램이었다고 할 수 있다. 이주일은 1980년 1월 19일(토) 이 프로그램의 첫 회부터 단역으로 출연했다가 바로 다음날부터 길에서도 알아보는 유명인사가 됐다. '스타로 뜬' 기간이 2주일에 불과해 '이주일'이라는 예명을 지었다는 기사를 보기도 했지만 근거는 없는 듯하다. 첫 회 출연자 명단에 이주일이라는 이름이 보이기 때문이다. 어찌나 웃겼던지 나는 아직도 그가 등장한 첫 회를 기억하고 있다.

첫 출연 이후 한 달을 조금 넘긴 2월 27일, 벌써 이런 기사가 보인다.

> 이주일 · 이성웅 주연의 멜로 액션 코미디 영화 〈평양맨발〉이 오는 (2월) 29일에 크랭크인된다. 〈평양맨발〉은 일제치하에서 인생도 사랑도 구가할

수 없었던 주인공 김억만(일명 맨발)이 만주와 상해를 떠돌며 맹활약한다는 내용의 영화. 주연을 맡은 이주일은 근래 크게 각광받고 있는 45세 된 신인 코미디언이며 이성웅 또한 중년 연기자로 최근 TBC TV 〈야 곰례야〉에서 마영달 역으로 시청자들의 사랑을 받고 있다.(매일경제신문)

이주일을 흉내 내는 아이들의 '오리걸음'은 수많은 어른들의 눈살을 찌푸리게 했다.

"헤이!"

한 학생이 갑자기 한 손가락을 머리 위로 올린 다음 어깨를 뒤로 돌려 흔들면서 반쯤 넘어질 듯 걸어가며 묘한 소리를 내지른다.

"뭔가 보여주겠다."

그러자 많은 학생들이 일제히 일어나 깔깔거리며 뒤뚱뒤뚱 걸어 나온다. 두 팔을 오리처럼 벌리고 발을 절룩거리거나 엉덩이를 재빨리 좌우로 흔든다. 어느새 복도는 이 기묘한 인간 오리들의 행렬로 가득 찬다. 서울 OO구 OO동 S국민학교 6학년 3반의 종례 직후 교실 옆 복도에서 벌어진 해프닝이다.(동아일보 1980년 6월 26일자)

물론 나도 이주일 흉내를 낸 적이 있다. 수줍음을 다소 타는 까닭에 반 아이들 앞에서 한 것은 아니지만 어느 날 학교를 파하고 혼자 집에 가다가 무의식적으로 따라했다. 그랬는데 길가에 나와 있던 새마을금고 누나가 "애, 니 뭐하노?"라며 깔깔대며 웃었던 기억이 난다.

어른들은 얼마나 걱정이 많았던 것일까. 이 해 8월 28일 방송윤리위원회는 '저질 연기 등으로 물의를 일으켰던 연예인들'의 방송출연을 금지시키기로 하고 연예인 25명의 명단을 각 방송사에 통보했다. 이주일은 그 명단의 첫 줄을 차지했던 모양이다. 이들이 스스로 부끄러워하거나 감추고 싶어할 것 같지는 않아 그 명단을 아래에 옮겨본다.

> 코미디언-이주일 이상해 배삼룡 이기동
>
> 가수-심수봉 옥희 이수미 정훈희 나훈아 태진아 남진
>
> 탤런트-허진 홍세미 이수련 임동진 김윤택 김정희 조미례 김동수 유종근 유병한 안광진 박춘신 박선옥 한지하

이들 가운데 이주일 허진許眞·김동수金東洙·조미례趙美禮가 이 해 10월경에 출연 정지가 풀려 방송계에 복귀했고 심수봉沈守峰·태진아太珍兒 이기동李起東을 제외한 나머지 연예인들은 1981년 1월 1일부터 출연 금지가 해제되었다. 심수봉, 태진아, 이기동은 1984년 1월 출연금지 조치가 풀렸다. 심수봉, 태진아는 그 후 텔레비전에 자주 얼굴을 비치며 인기를 이어나갔지만 이기동은 MBC 〈웃으면 복이와요〉 등에 몇 차례 출연했을 뿐, 활동이 뜸해지다가 1987년 타계했다.

배삼룡에 따르면 이기동은 김종필을 지지한다는 이유로 삼청교육대에 끌려가 고초를 당했다고 한다. 일찍 타계한 것도 그 후유증이라는 것이다. 한때 이기동을 아느냐 모르느냐의 여부로 신세대와 구세대를 구분하는 기준으로 삼는다는 우스갯소리가 떠돈 적이 있었다. 그 같은 기준이 가능했던 것은 1980년을 끝으로 브라운관에서 사라지다시피 한 이기동의 비극적인 말년 때문인 듯하다.

이주일과 '초원의 집' 광고.

이주일의 출연 금지를 두고 전두환全斗煥과 닮은 게 그 이유라는 '유언비어'가 나돌았던 것 같다. '이주일과 전두환의 공통점'이란 유머가 화제가 되기도 했다. 데뷔 시기가 같다, 머리가 벗겨졌다, 축구를 좋아한다, 텔레비전에 자주 나온다, 푸른 집에 산다, 미국에 자주 간다, 웃긴다, 뭔가 보여주겠다고 하면서도 보여주지 못한다 등인데 '푸른 집에 산다'는 대목은 약간 설명을 필요로 한다. 전두환은 청와대에 살고, 이주일은 '초원의 집'에 산다는 것이다.

'초원의 집'은 이주일이 출연하던 극장식 나이트클럽의 업소명이다. MBC의 인기외화 〈초원의 집〉에서 착안한 것이다. 〈초원의 집〉은 1976년 4월 18일(일) 첫 회가 방영되었다. 이 외화와 관련해 꼭 하고 싶은 이야기가 있다. 어느 날인지 알 길은 없지만 내가 기억하는 〈초원의 집〉 방영 내용 중에는 이런 게 있다.

극중의 어머니가 평소에 정말 갖고 싶어하는 그릇 세트가 있었다. 하지만 형편이 어려워 선뜻 살 엄두를 내지 못한다. 어느 날 아이들이 돈을 모아(이 부분은 확실치 않다. 내 기억이 틀릴지도 모른다) 어머니에게 그릇 세트를 선물한다(선물한 것도 확실치 않지만 어쨌든 그릇을 얻게 된다). 이 날 저녁 어머니는 음식을 그 그릇 세트에 담아 남편과 아이들에게 내놓는다. 한 아이가 묻는다.

"엄마, 엄마가 정말 아끼는 그릇인데 왜 지금 쓰시는 거예요? 귀한 손님 오실 때 쓰지 않고."

그러자 어머니가 대답한다.

"내가 가장 소중해 하는 그릇이니까, 가장 소중하고 사랑하는 사람들한테 써야지. 너희들과 아빠가 내가 가장 사랑하는 사람들이란다."

이 기억을 떠올릴 때마다 아직도 가슴이 먹먹해진다.

## “코미디를 없애라”

1977년 10월 26일 각 방송국은 코미디 프로그램을 폐지하라는 문공부의 지시를 받게 된다. 10월 28일자 동아일보 기사에 보도된 '문공부 관계자'는 “청소년단체나 교육계 등 각계각층에서 텔레비전 방송의 코미디를 없애라는 건의를 받고 오래 전부터 민간방송국에 내용을 개선할 것을 종용해 왔으나 개선의 기미가 보이지 않기 때문에 아예 프로그램 자체를 없애도록 종용하게 되었다”고 말하고 있다.

곧 반대여론이 일었다. 신민당의 한 국회의원은 국회 상임위에서 “코미디 프로를 없앴다고 하는데 이는 정신위생학상 있을 수 없는 일이며 없애는 것보다는 질을 높여야 한다”[161]고 주장했다.

문공부도 '정신위생학'을 고려해 코미디 폐지를 지시했을 테지만 바로 태도를 누그러뜨렸다. 문공부는 방송사의 재량에 위임하는 선으로 방침을 변경했다. 민간방송사들은 코미디 프로그램을 주 1회만 편성함으로써 이 지침에 비교적 순응했다. TBC가 〈고전 유머극장〉을 권선징악을 주제로 한 코믹 사극으로, MBC가 〈웃으면 복이 와요〉를 캠페인성 코미디로 변경한 것이 이 직후의 일이라 한다.

〈고전 유머극장〉의 간판 코미디언 서영춘, 송해宋海, 임희춘林喜春, 심철호沈哲湖, 최용순崔容順 등이 떠오른다. 내게 〈고전 유머극장〉은 '서수한무', '3년 고개', '악처 길들이기' 등으로 기억된다.

'서수한무'는 서영춘의 극중 아들 이름만 대면 다른 설명이 필요 없을 것 같다.

〈고전 유머극장〉. 왼쪽부터 송해, 임희춘, 심철호. 출처: 『동양방송17년사』

수한무 거북이와 두루미 삼천갑자 동방삭 치치카포 사리사리센타 워리 워리 세부리캉 무두셀라 구름이 허리케인에 담벼락 서생원에 고양이 바둑이는 돌돌이

이 이름을 부를 땐 서영춘의 성을 붙여 '서수한무'로 시작해야 한다. 그러다가 코미디언 김형곤金亨坤에 의해 '김수한무'가 됐고, 최근엔 탤런트 현빈이 이를 주문처럼 외워 화제가 되기도 했다. 나로서는 〈고전 유머극장〉을 통해 본 '서수한무'가 아무래도 익숙하다. '김수한무'는 왠지 유사품처럼 느껴진다.

'3년 고개'는 여기서 넘어지면 3년밖에 못 산다고 해서 붙인 이름이다. 극중에서 한 코미디언이 3년 고개에서 넘어져 크게 고민하게 되는데 누군가 '한 번 구르면 3년이니, 두 번 구르면 6년이 아닌가, 많이 굴

러라'는 조언을 한다. 그 코미디언은 조언에 따랐다가 얼마 후 그 자리에서 횡사한다.

'악처 길들이기'에서 악처 역을 맡은 코미디언은 최용순이었던 것 같다. 최용순 앞에선 오금도 못 펴는 남편은 누군가의 조언을 듣고 야심한 시각 최용순의 이부자리에 물을 한 바가지 퍼붓는다. 이튿날 깨어난 최용순에게 남편은 오줌을 싼 게 아니냐고 나무라고 약점을 잡힌 최용순이 이후 남편에게 순응한다는 내용이다. 이 같은 내용들은 권선징악은 아닐 테지만 어떻게 받아들이느냐에 따라 나름의 교훈을 줄 수 있다고 생각한다. 서영춘, 심철호, 최용순, 김형곤은 이미 고인故人이 됐다. 남을 즐겁게 하는 것은 정말 힘든 일인 듯싶다.

KBS 〈전국 노래자랑〉의 사회자인 송해는 TBC라디오 〈가로수를 누비며〉를 오래 진행했다. 1964년 TBC라디오 개국 때부터 방송된 〈가로수를 누비며〉는 '특정 청취층 위주 방송의 효시', '교통정보 프로그램의 원조'로 불린다. 라디오 방송사 사이에 교통 관련 프로그램이 치열해진 것이 1970년대 중반이었다. 요즘은 버스나 택시 기사들이 거의 DMB나 내비게이션을 틀어 놓지만 그때는 백이면 백, 라디오나 음악을 틀었던 것 같다. 채널권은 당연히 기사의 몫이었고 승객들은 그저 기사가 틀어놓은 프로그램을 들을 수밖에 없었다.

TV가 전파 미디어의 제왕으로 군림하고 있는 이 즈음 TV의 인력권 밖에서 계속 호경기를 누리는 라디오 전파띠(帶)가 있다. 아침 8~9시의 교통정보 프로그램이다. 라디오 미디어의 특성을 가장 잘 활용하는 프로여서 청취율 또한 가장 높다. 그래서 5개 라디오 방송은 이 시간띠에 사운(?)을 걸고 총력을 기울이고 있어 이 시간의 전파 전쟁은 서울의 교통 전쟁보다 더욱 치열하다. 각 방송국이 봉급 생활자들의 출근시간에 맞춰 동시에 편성했기 때문에 출근자들은 운전자들의 다이얼 선택에 따른 청취를 할 수밖에 없다. 그래서 교통정보 프로 PD들은 운전사들이 흡족해 하도록 프로를 제작하기에 안간힘이다.(1976년 5월 27일 경향신문)

〈가로수를 누비며〉가 운전기사를 주 청취층으로 한 프로그램이라면 〈안녕하세요 황인용 강부자입니다〉는 주부 대상 프로그램이라고 할 수 있다. 나는 '…황인용 강부자입니다'가 KBS에서 시작된 줄 알았는데 알고 보니 1979년 TBC라디오 시절에 처음 방영된 프로그램이었다. 처음엔 '…황인용입니다'에서 출발했다는 사실도 자료를 찾고 보니 알게 되었다.

주부들의 독자 투고가 활발해진 것도 1970년대 후반인 듯하다. 이전까지 주 독자 투고층은 청소년이나 20대 초반이었을 것이다. 1979년 4월 6일자 "신문이나 방송 여성지 등에 자신의 생활 얘기를 싣고자 문을 두드리는 주부들이 올 들어 부쩍 늘어나고 있다. 소박한 가정생활에서 행복을 찾는 평범한 주부들의 모습이 그대로 나타나 독자나 청취자의 많은 공감을 얻고 있다"고 보도했다.

##  〈뿌리〉 선풍

1978년 1월 6일자 중앙일보에는 TBC의 5단 광고가 게재된다. 이 광고는 "시청자 여러분의 아낌없는 성원 속에 자라온 「채널 7」 TBC-TV는 1978년 새해를 맞아 TV 사상 유례 없는 다채롭고 뜻 깊은 9대 방송 행사를 마련하고 시청자 여러분께 보답코자 합니다"라고 말하고 있다. '9대 특집 방송'은 다음과 같다.

· 동양 최대 여의도 스튜디오 준공 대축제
· 〈쇼쇼쇼〉 700회 특집…무대를 구미일(歐美日)로
· 슈퍼스타 패티김 · 조영남 귀국 공연
· 세계 석학들의 〈80년대의 세계〉 토론
· 새 시도 3시간의 대하드라마 제작
· 지구의 제3극 〈적도를 가다〉 기획
· 금세기 최대 화제작 〈뿌리〉 방영
· 홍수환 타이틀 방어전 우주중계

이 같은 기획이 어떻게 가능했을까. 물론 TBC의 매출 증가와 사세 확장과 1차적인 관련이 있을 것이다. 하지만 그것보다는 1977년 무렵, 우리의 국력이 어느 정도 신장됐기 때문이라고 보고 싶다. 기상氣像이 남아男兒에게만 있는 것은 아닐 테지만 '대한 남아의 기상'을 세계에 떨친, 기분 좋은 일들이 많았던 것도 이 무렵이다.

1977년 9월 산악인 고상돈高相敦이 한국 최초로 에베레스트산을 등정했다. 대체로 '대한 남아의 쾌거', '국력 신장이 가져온 개가凱歌'라는 보도가 주류를 이뤘다. 11월에는 최동원 등이 이끈 국가대표 야구팀이 슈퍼월드컵대회에서 우승했고, 홍수환의 '4전 5기 신화'가 쓰여졌다. 야구 대표팀과 홍수환의 대대적인 카퍼레이드가 벌어졌다. 이 해 수출 100억 달러를 돌파했고, 한 해 전의 일이지만 캐나다 몬트리올올림픽에 참가한 레슬러 양정모梁正模가 건국 이후 처음으로 금메달을 획득했다.

갈 길은 아직 멀지만 우리도 잘 살 수 있다, 하면 할 수 있다고 느끼기 시작한 것이 이 무렵이 아니었을까. 우리도 이젠 해외 로케이션도 해보고, 아프리카에서 다큐멘터리를 찍어보자는 오기 비슷한 감정이 꿈틀대기 시작했던 것도 이 무렵이 아닐까. 나는 그렇게 보고 싶다.

TBC가 기획한 '9대 방송행사'의 전부를 설명할 필요는 없을 듯하다. 서로 관련이 깊은 〈뿌리〉, 〈적도를 가다〉, '대하드라마'에 대해서만 먼저 언급하려고 한다.

1978년 3월 25일(토)은 〈뿌리〉 첫 회가 TBC에서 방영된 날이다. 우선 방영 일정부터 옮겨본다. 부산에서는 한 주 늦게 방영이 시작되었다.

3월 25일(토) 〈뿌리〉 1회 '신이여 위대한 생명에 축복을'

3월 26일(일) 〈뿌리〉 2회 '너의 이름은 토비'

3월 27일(월) 〈뿌리〉 3회 '나는 아프리카인이다. 맨딩카의 용사다'

3월 28일(화) 〈뿌리〉 4회 '딸이여 아무 데도 가지 말아라'

3월 29일(수) 〈뿌리〉 5회 '미스 앤! 살려줘요 나를 팔지마'

3월 30일(목) 〈뿌리〉 6회 '나는 쾌활한 조지, 치킨 조지야'

3월 31일(금) 〈뿌리〉 7회 '자유를 얻은 흑인은 이주를 떠나라'

4월 1일(토) 〈뿌리〉 최종회 '자유! 자유가 왔다'

4전5기의 신화를 쓴 홍수환. 실황 중계에서 느낀 감동과 전율이 아직도 생생하다.
출처: 『동양방송 17년사』

기억나는 몇 가지 장면이 있다. 하나는 노예사냥꾼이 던진 그물에 걸린 쿤타 킨테의 절규다. 또 하나는 노예주가 쿤타 킨테에게 미국식 새 이름을 부여하는 장면이다. 노예주가 말한다.

"너의 새 이름은 토비야. 너는 이제부터 토비야."

그러자 쿤타 킨테는 고개를 가로저으며 강하게 부정한다.

"내 이름은 쿤타……, 쿤타 킨테."

그때 내가 자유의 의미와 소중함, 뿌리와 이름의 자긍심을 느꼈을 리 만무하지만 어쨌든 내게 〈뿌리〉는 그런 기억들로 각인돼 있다.

한국, 아니 세계 방송사상 〈뿌리〉만큼 화제를 뿌린 미니시리즈는 없다고 생각한다. 〈뿌리〉는 미국 ABC TV가 15개월 동안 642만 달러를

세계적으로 미니시리즈 열풍을 일으킨 〈뿌리〉의 쿤타 킨테.

투입해 제작한 12시간 분량의 미니시리즈였다. 1977년 에미상의 14개 부문 가운데 9개 부문을 석권했고 미국 방영 당시 시청률 51퍼센트라는 경이적인 기록을 세웠다.

우리나라에서도 〈뿌리〉의 선풍은 대단했다. 방영 기간 8일 동안 〈뿌리〉의 평균 시청률이 74.75퍼센트, 평균 점거율이 86.2퍼센트였다. 다른 방송사들은 그야말로 파리를 날릴 지경이었다. 시인 박목월朴木月은 〈뿌리〉 방영 하루 전에 타계했는데 〈뿌리〉가 방영되는 시간을 전후해서는 문상객의 발길마저 끊겼다고 한다.

〈뿌리〉의 감동은 8일 동안의 연속 편성에 힘입어 전국적으로 연쇄폭발을 일으켰으며, 전문가들의 찬사는 물론 연구논문이 나올 정도였다. 사상 최대의 화제 못지않게 방송 전 2개월에 걸친 PR 또한 TV에서 유례가 없던 대작전이었다. 육교에 선전 현판이 나붙고 지하철역과 지하철 전동차, 버스 안의 유료 광고, 학생용 책받침, 길거리 벽보판에 나붙은 포스터는 물론 TBC 전화교환에는 걸려오는 전화에 대해 〈뿌리〉 방영 안내 멘트를 넣었다. 'Roots'(원제)의 우리말 제목 현상공모에는 무려 125만 통의 엽서가 쇄도하기도 했다. 전국에 일련의 '뿌리' 현상을 일으켜 조상(祖上)이라는 말 대신 '뿌리'라는 보통명사가 그 이후 오늘날까지 자연스럽게 쓰이고 있다.(『동양방송17년사』, 836쪽)

〈뿌리〉가 종영되고 이틀 후인 4월 3일 TBC 기획실 전산부 조사팀은 두 국민학교의 6학년 어린이 240명을 대상으로 설문조사를 실시했다. 그 결과에 대해 『동양방송17년사』는 "〈뿌리〉를 시청한 어린이 가운데 19퍼센트가 '백인을 경멸한다', 18.3퍼센트가 '자유의 소중함을 깨달았다', '나는 사람 차별 않겠다'고 각각 반응했으며, '평등의 필요성' '인종차별 및 노예제도 반대'(12.2퍼센트) 등으로 소감을 나타내 이 영화의 내용이 아동들에게 큰 정신적 영향을 준 것으로 나타났다"고 말하고 있다.

## 테마드라마

우리나라에서 〈뿌리〉의 또 다른 주인공은 성우들이었다. 쿤타 킨테의 목소리는 배한성, 킨테의 아내 역은 송도순宋道順, 킨테의 정신적 멘토인 피들러 역은 최응찬이 맡았고 그 외 유강진, 양지운 등 130명의 성우가 동원되었다.

배한성과 양지운은 TBC가 방영한 외화의 남자 주인공 역할을 도맡아 했던 것 같다. 이들은 두 남자의 우정을 그리는 이른바 버디 무비Buddy Movie에 특히 잘 어울렸다. 〈내일을 향해 쏴라〉, 〈스팅〉 같은 영화에서 한 사람은 폴 뉴먼의 목소리를, 한 사람은 로버트 레드포드의 목소리를 맡으면 영화의 재미와 매력이 한층 더해지는 듯한 느낌이었다. 그 후 나는 이들이 아닌 다른 성우가 그런 영화의 주인공 목소리를 내게 되면 왠지 감흥이 떨어지곤 했다. 영화 자막이 일반화된 요즘, 외화에서 성우들의 목소리를 듣기 힘들게 됐지만 이따금 배한성, 양지운 콤비의 재치와 익살이 그리워지기도 한다. 두 사람은 KBS에서 방영한 〈스타스키와 허치〉에서도 절묘한 호흡을 보여주기도 했다.

특집 다큐멘터리 〈적도를 가다〉는 TBC가 〈뿌리〉가 불러일으킬 아프리카에 대한 관심을 염두에 두고 미리 기획한 프로그램이라고 할 수 있다. 1978년 9월 18일(월)부터 22일(금)까지 총4회가 방영되었다. 21일(목)에는 '박스컵 축구' 중계방송 관계로 결방된 것으로 보인다.

TBC와 중앙일보의 기자 4명으로 구성된 취재팀은 이 해 7월 12일부터 8월 23일까지 43일간 세네갈, 잠비아, 코트디브아르, 자이르(현 콩고), 케냐 등 6개국을 순방 취재했다. 취재팀의 일원인 이창성李昌成 사진기자가 아버지의 친구분이어서 어렸을 때 아버지로부터 얼핏 이 다큐멘터리에 대해 들었던 기억이 있다.

〈적도를 가다〉의 내용은 다룰 필요가 없을 듯하고 『동양방송17년사』의 다음 기록을 옮겨보기로 한다.

> 아프리카 사람들은 카메라를 들이댈 때마다 "뽀또모니"(Photo Money)를 외쳐대며 손을 벌리고 덤벼들었다. 숨어서 촬영을 했다 싶으면 이를 본 사람이 귀띔을 해줬고 그러면 당사자들이 달려와 돈을 내라는 것이었다.(868쪽)

몇 해 전 MBC에서 방영한 〈아마존의 눈물〉이 화제가 된 적이 있다. 〈적도를 가다〉는 이 프로그램의 1970년대 판인 듯하다.

다음 부분도 그냥 지나치기 어려웠다.

> 가는 곳마다 취재팀은 교포들의 눈물겨운 환영을 받았다. 특히 교포가 두 가구만 사는 잠비아에서는 더욱 그랬다.

"여러분이 떠나면 언제 또 한국 사람을 볼 수 있을까요."

의사 김동철 부부는 취재팀을 붙들고 오열을 터뜨렸다.

취재팀은 18명의 원양어선 선원들이 한조각 묘비도 없이 흑인들 묘 사이에 잠들어 있는 코트디브아르의 아자메 묘지에서도 울었다. 한 달 5만 원의 형편없는 급료를 받으면서 이역만리 바다 가운데서 뼈 빠지게 고생하는 원양선원들을 만나서도 울었다(이 원양선원 문제는 보도가 되자 급료가 곧 100퍼센트 인상됐다).(『동양방송17년사』, 868-869쪽)

1970년대와 1980년대는 웃음에 인색했던 시대였던 것 같다. 개그, 코미디 프로그램을 보고 웃는 건 왠지 격이 떨어진다는 사회적 분위기가 있었던 듯도 하다. 반면 해외에서 동포들끼리 만나면 우는 일이 잦았다. 서독에서 박정희와 교포 광부, 간호사들이 그랬고, 남아공에서 5000여 명의 현지인들에게 둘러싸인 채 홍수환을 응원하던 스무 명의 원양어선 선원들이 그랬다.[162] 그랬던 한恨의 민족이 이제는 신명의 민족이 된 것은 아닐까.

TBC가 대하드라마를 제작한 것도 〈뿌리〉의 영향임은 분명하다. 〈뿌리〉의 선풍으로 인해 세계적으로 미니시리즈 붐이 일었고, 국내 방송사들도 이때부터 편성에서 미니시리즈를 중시하게 된다. 오명환은 "드라마의 대형화는 1978년 TBC TV가 외화 〈뿌리〉를 수입방송한 후 90분 '테마드라마'의 시도를 거쳐 1981년 KBS의 〈TV문학관〉(90분), 〈제1공화국〉(80분), 〈쇼 2000〉 등으로 연결되었다"[163]고 지적했다.

TBC의 테마드라마는 1978년 3월 1일(수) 〈족보〉로 시작된다. 이 드라마에 대해 고려대 신문방송학과 교수 원우현元佑鉉은 "주제는 그 세대가 보통 겪은 경험과 흡사하여 평이한 편이지만 차가울 정도로 차분한 연출에다 내용전개의 기승전결이 선명하여 지금까지 이런 류類의 드라마라면 으레 의도적이고 주입식이거나 절규하는 따위의 연기를 써온 풍토를 개선하는 데 모범이 되는 선례를 남긴 셈"[164]이라는 평가를 내렸다. 『동양방송17년사』에 따르면 〈족보〉는 '한국인의 얼을 부각한 작품'이었다고 한다.

〈족보〉를 비롯해 TBC는 1978년 한 해에만 〈종가할머니〉 〈통곡〉 〈파도여 말하라〉 〈어머니의 강〉 〈생존자〉 등의 테마드라마를 제작했다. 이 가운데 〈종가할머니〉는 '한국적 전통과 현대문명의 갈등'을 소재로 했고, 〈통곡〉은 '자수간첩 이용규李用珪의 탈출실화를 재현'한 것이었으며, 〈파도여 말하라〉는 '일본인을 통해 본 최초의 광복 특집'이었다고 한다. 이상은 역시 『동양방송17년사』의 설명이다.

TBC는 이듬해에도 공해문제특집 〈해오라기〉, 신정 특집 〈달동네〉, 3 · 1절 특집 〈땅과 하늘 사이〉, 청소년 특집 〈종이달〉, 6 · 25 특집 〈어머니의 한〉 등의 테마드라마를 제작했다. 1980년 작품으로는 〈그 땅의 사람들〉 등이 있다.

## 대망의 80년대를 맞이했지만

1979년 말 TV 수상기 보급 대수는 596만 7952대였다. 이전 해의 513만 5496대와 비교한다면 '불과' 83만여 대가 증가한 수치다. 1980년 말 수상기 보급은 626만 7584대로 소폭 상승하는 데 그쳤다. 세대당 TV 수상기 보급률은 1978년 70.7퍼센트, 1979년 79.1퍼센트에 이르렀다. 어느덧 우리나라도 텔레비전을 집집마다 한 대씩은 보유하게 됐다는 의미가 된다.

1979년 12월 9일 TBC 여의도 스튜디오가 개관됐다. TBC의 여의도 시대가 열린 것이다. 운현궁 스튜디오에서 찍기 시작한 〈야 곰례야〉도 여의도 스튜디오에서 찍게 되었다. 이틀 전인 12월 7일은 TBC가 개국 15주년을 맞이한 날이었다. TBC는 이 날부터 9일까지 사흘간 특집 프로그램을 방영했는데 〈TBC 여의도 대행진〉, 드라마 〈날 저무는 하늘에〉, 〈제1회 TBC세계가요제〉 등이 포함돼 있었다. 동아일보 기사에 따르면 〈TBC 여의도 대행진〉에 300여 명의 탤런트, 가수, 코미디언이 출연했다고 한다. TBC의 자신감, 자축 분위기를 읽을 수 있다.

〈제1회 TBC세계가요제〉는 이듬해 2회 가요제와 함께 생생하게 기억하고 있는 프로그램이다. 한국 가수는 윤尹시내 박경애朴敬愛 등이 참가했는데 이때 윤시내가 불렀던 곡이 '열애'다. 그랑프리는 일본의 오하시 준코가 차지했고 윤시내는 은상, 박경애는 우수가수상을 수상했다. '세계가요제'나 연말 시상 프로그램과 관련된 또 하나의 기억은 '대독代讀'이라는 단어다. 이를테면 '귀하는 우수한 연기를 보여주어 여자 신인상을 수여합니다. 중앙일보 · 동양방송 회장 홍진기 대독', 이런 말을 텔레비전에서 자주 들었는데 그때는 대독이라는 단어의 뜻도 몰랐고 그 발음도 '태도'라는 소리로 들렸다. 마땅히 뜻을 물어볼 사람도 없어 그냥 회장 같은 사람 이름 뒤에는 '태도'라는 단어를 붙이는구나, 하는 생각을 했었다.

여의도 스튜디오의 개관 자축연이 열린 것은 1980년 4월 14일이다.

이른바 '서울의 봄'이라고 일컬어지는 무렵이다. 김대중과 김종필이 자축연에 참석했고 김영삼金泳三은 지구당 개편대회 일로 불참했다. 김해 김씨 동성동본인 김대중과 김종필은 항렬을 따지며 농담을 주고받기도 했다. 김종필은 "내가 아저씨뻘일 걸요. 우리 집안이 항렬이 높은데 김현철 전 내각수반이 할아버지뻘이 됩니다"라고 했고 김대중은 "그 분하고 나하고는 같은 항렬"이라며 "옛날부터 사람은 못난 것이 항렬만 높다는 얘기가 있지요"라고 말해 좌중을 웃겼다. 불과 한 달 뒤, 이 두 사람과 김영삼은 전두환 등의 신군부에 의해 고초를 겪게 된다.

'서울의 봄'이 짧았던 건 TBC도 마찬가지였다. 압박은 외곽에서부터 몰아쳤다. 1980년 6월호 월간중앙에 실린 특집 좌담 '전후세대가 말하는 통일 전망'이 문제가 되어 이 잡지는 무기 휴간을 당했고 7월 언론통폐합 조치의 일환으로 강제 폐간됐다. 신군부가 동양방송을 통폐합할 것이라는 소문이 돌기 시작했다. 중앙일보를 손볼 것이다, 아니다 TBC를 뺏을 것이다, 신군부가 여론을 떠보기 위해 지어낸 소문일 뿐이다, 하는 식의 이야기가 오가곤 했다.

9월 15일 이병철이 중앙일보 · 동양방송 회장직에서 물러나고 같은 날 대표이사 사장이었던 홍진기가 회장에 취임했다. 사장직에는 이종기李鍾基와 홍두표洪斗杓가 선임되어 각각 중앙일보와 TBC를 담당하게 되었다. 신군부의 움직임이 심상치 않다고 여겼던 것 같다.

언론통폐합은 전격적으로 이뤄졌다. 언론통폐합 전후사정을 추적한 동아일보의 기사는 이렇게 쓰고 있다.

1980년 10월 8일 전두환 대통령은 성북동 갈비집 '대원각'에서 청와대

출입기자들과 저녁을 먹으면서 통폐합에 대해 이렇게 말했다. "글쎄 필요성도 있긴 한데 보상 문제도 있고…방송을 보상하려면 돈이 많이 든단 말이야."

이보다 며칠 전 노태우 보안사령관도 일부 기자와 만난 자리에서 비슷한 얘기를 했다.

"방송을 보상하는 데는 돈이 많이 드는데 우리에겐 그런 커패시티(능력)가 없어서…"

이어 11월 10일 전 대통령은 중앙일보 · 동양방송 주최 빈 필하모닉 오케스트라를 관람한 자리에서 홍진기 회장에게 이렇게 말했다.

"중앙일보는 괜찮을 겁니다."

그 이틀 후인 11월 12일 오전 전대통령은 언론 통폐합 계획을 전격 결재했다.(동아일보 1988년 11월 5일자)

『유민 홍진기 전기』에 따르면 전두환의 결재가 이뤄진 이 날 오후 2시경, 보안사령부의 요원이 중앙일보 사장 이종기의 집무실을 찾아왔다고 한다. 그 요원은 "혹시 노태우 보안사령관이 홍 회장과의 면담 요청을 할지도 모르니 다른 약속을 하지 말고 대기해 주셨으면 좋겠다"고 했다. 곧 보안사령부 본부로 끌려가다시피 온 홍진기는 TBC를 포기한다는 각서에 도장을 찍게 된다. 실질적인 사주社主 이병철의 동의가 있었음은 물론이다.

TBC가 KBS로 넘어간다는 소식은 이튿날 직원들에게도 알려졌다. 직원들은 이 날부터 통폐합까지 매일같이 술을 마셨다. 이유야 묻지 않아도 알 수 있다. TBC 직원들을 비롯해 이 무렵 직장을 잃게 된

TBC 여의도 스튜디오. 출처: 『동양방송 17년사』

언론사와 방송사 직원들은 이를 '통폐합주酒'라고 부르기도 한다.

이 해 TBC는 11월 21일부터 23일까지 제2회 TBC세계가요제를 개최할 예정이었다. 홍진기는 "비록 며칠 후면 TBC가 깃발을 내리게 됐지만 「TBC는 영원하다」는 정신으로 마지막 순간까지 최선을 다하자"고 하면서 세계가요제 준비상황을 매일처럼 점검했다. 제2회 세계가요제 역시 이전 대회처럼 성황리에 막을 내렸다. 대상은 모잠비크 가수 '슈디Shoody'가 차지했고 그의 '엑스터시'라는 곡은 가요제 이후에도 국내에서 크게 히트했다. 우리나라 가수는 조용필趙容弼과 박경희朴京姬 등이 참가해 박경희가 최우수가수상을 수상했다. 조용필은 '창밖의

통폐합 직전임에도 TBC가 심혈을 기울인 세계가요제.

여자'를 불렀는데 그가 수상하지 못한 사실이 안타깝다.

이 무렵 또 하나의 '서민드라마' 〈달동네〉가 폭발적인 인기를 끌고 있었다. 원래 〈달동네〉는 TBC가 1979년 설을 맞이해 준비한 특집 테마드라마였다. 이때 시청자들의 반응이 좋았던 모양인지 TBC는 이를 일일드라마로 늘려 1980년 10월 1일(수) 첫 회를 방영했다.

〈달동네〉는 추송웅秋松雄과 서승현徐承賢의 딸로 분한 '똑순이' 김민희金敏姫를 아역 스타로 탄생케 했다. 김민희는 나보다 두 살 연하인데 그녀를 보면 아직도 "아부지 손 잡고, 오메(엄마) 손 잡고"라는 노래를 부르던 '똑순이'의 이미지가 강렬하다. 그녀는 그 이미지로 인해 사춘기 시절 많은 괴로움을 겪었다고 한다. 하지만 최근 인터뷰에서 "지금은 너무 감사하다. 이런 고통이 없었으면 좋은 엄마나 아내가 될 수

〈달동네〉. '똑순이'의 '아부지 손 잡고, 오메 손 잡고~'라는 노래가 귓전에 들리는 것 같다.

없다고 생각한다"고 했다.

TBC가 KBS에 통합된 이후의 일이지만 〈달동네〉의 인기와 관련해 "KBS가 비공식으로 집계한 시청률 조사에서 〈달동네〉는 전국적으로 수위를 차지한 것으로 나타났다"며 "전국의 시청률이 67퍼센트를 웃도는 높은 인기를 감안하여 KBS는 2월부터 현재의 20분으로부터 25분으로 그 방영 시간을 늘리고 3월부터는 8시대 골든아워에 편성할 것을 검토 중"[165]이라는 조선일보 기사가 보인다.

〈달동네〉의 인기는 뭐니 뭐니 해도 추송웅, 서승현, 김민희 가족에 힘입은 바 크다.

아내를 구박만 해오던 탁상필(추송웅)은 새해를 「아내를 위하는 해」로 삼고 각성하기 시작, 뺑튀기를 하는 화자(서승현)는 감격에 겨워 노상 눈물이다. 딸 똑순이와 「꽃밭에서」 노래를 합창하는 탁상필은 꽃밭이 달린 집을 갖겠다는 꿈을 펴기도 한다.(조선일보 1981년 1월 14일자)

〈야 곰례야〉를 집필한 나연숙의 작품이어서 〈달동네〉는 전작과 비슷하다는 비판을 받기도 했지만 조선일보는 같은 기사에 "이웃처럼 소탈하게 사는 극중인물의 풋풋한 애환에 시청자들은 따뜻한 눈길을 보내고 있다"는 평가를 내렸다. 연출을 맡았던 김재형은 "이 드라마는 '달동네'라는 말을 유행시켰고 주제가는 서민들의 애창곡으로 대폿집에서 저녁마다 불려질 정도로 시청자들의 사랑을 받았다"[166]고 회고했다. 〈달동네〉의 주제가는 이은하가 불렀던 것으로 기억한다.

〈달동네〉처럼 방송통폐합 이후에도 KBS 제1TV를 통해 방영을 이어나간 드라마로는 〈부부〉, 〈형사〉, 〈추적〉이 있다. 또한 〈장수만세〉, 〈뛰면서 생각합시다〉, 〈올스타 청백전〉 같은 예능 · 퀴즈 프로그램과 〈디즈니랜드〉, 〈들장미주리〉, 〈원탁의 기사〉 등의 외화 · 만화영화도 KBS 제1TV로 이어진 프로그램들이다. KBS 제1TV는 기존 KBS의 바뀐 명칭으로 채널은 9다.

채널 7 TBC는 KBS 제2TV로 명칭이 변경됐다. 이 채널에서는 〈아롱이 다롱이〉 〈축복〉 등의 드라마와 〈쇼쇼쇼〉 〈밤의 스타쇼〉 〈지상에서 영원으로〉 〈명작초대석〉 〈두 얼굴을 가진 사나이〉 같은 쇼 · 외화의 방영을 이어나가게 된다.

# 마지막 전파
## (1980년 11월 30일)

1980년 11월 12일 통폐합이 결정되고 이튿날 이 사실이 직원들에게 알려진 뒤 TBC에게 주어진 시간은 보름 정도였다. 11월 30일을 마지막으로 TBC는 KBS에 통합될 예정이었다. TBC는 명작 영화를 갑자기 많이 편성했는데 드러내놓고 표현하지는 못했지만 '고별 특집'이란 것만은 누구라도 알 수 있었다.

11월 15일(토) 〈바람과 함께 사라진 대지〉

11월 18일(화) 〈화려한 여정〉

11월 20일(목) 〈지상에서 영원으로〉*매주 목요일에 방영된 시리즈물이었음

11월 22일(토) 〈도라 도라 도라〉

11월 24일(월) 〈창공에 지다〉

11월 25일(화) 〈에어포트〉

11월 26일(수) 〈맨발의 이사도라〉

11월 27일(목) 〈지상에서 영원으로〉

11월 29일(토) 〈쿠오바디스〉

중앙일보에 실린 편성표에는 '고별 명작초대석'이라는 문구가 11월 25일자에 딱 한 번 등장한다. 하지만 텔레비전에서는 이런 영화 편성 광고를 꽤 내보냈던 것으로 기억하고 있다. 그때는 무슨 뜻인 줄 몰랐던 〈도라 도라 도라〉, 〈쿠오바디스〉 같은 영화를 이때 처음 알게 된 것 같다.

화려한 여정이었으나 바람과 함께 사라지고, 지상에서 영원으로 올라가고, 창공에서 장렬히 전사한다. TBC가 이런 영화들을 선택한 이유를 짐작게 한다. 『동양방송17년사』는 "그리고 TBC 최후의 주말극장을 장식한 〈쿠오바디스〉 등은 당시 동양TV의 고별을 상징적으로 담은 영화였다"며 "특히 〈쿠오바디스〉(주여! 어디로 가시나이까?)는 타이틀이나 내용에서 시사하는 함축된 뜻이 TBC의 마지막 감정을 대변하는 듯했다"고 쓰고 있다.

TBC의 마지막 주말연속극이 된 〈축복〉의 결말도 의미심장하다. 『동양방송17년사』는 "암으로 죽어가는 주인공(정윤희)의 생사를 둘러싸고 드라마의 행방은 바짝 관심을 돋웠으나, TBC의 생사 문제에 가려 허무한 동반죽음을 당했다"고 했다.

11월 30일 일요일 아침이 밝았다. TBC란 사명社名으로 마지막 방송을 하는 날이었다. 이 날 오후 여의도 스튜디오에서 중앙일보 사장이 주최하는 송별연회가 열렸다. 이병철과 홍진기는 연회에 참석하지 않았다. 대신 이병철은 벽시계를, 홍진기는 기념패를 직원들에게 돌렸다. 벽시계에는 '동양방송 그 위대한 17년'이라는 문구가, 기념패에는 'TBC는 영원하리'라는 휘호가 담겨 있었다.

밤 9시 30분부터 2시간 동안 〈TBC 가족 여러분 안녕히 계십시오〉라는 고별 특집방송이 방영되었다. 편성표에는 "모든 TBC 가족 여러분 가정 구석구석에 평온과 사랑이 언제까지나 충만하시기를 기원하며 인사의 말씀드립니다"라는 인사말이 부기돼 있다. 인터넷에서 TBC 고별방송의 일부를 다시 볼 수 있었다.

아나운서 박종세朴鍾世가 TBC가 지나온 길을 회고한 뒤 인사말과 함께 물러난다. 허참, 정소녀가 진행을 이어받아 TBC를 통해 스타가 된 이들, 특히 가수들이 많았다고 하면서 '1980년 톱 싱어들'을 소개한다. 카메라는 왼쪽부터 박경애, 이은하, 혜은이가 나란히 선 무대를 비춘다. 이은하는 TBC를 통해 스타로 성장한 자신의 이야기를 간략하게 한 뒤, '아직도 그대는 내 사랑'을 부르기 시작한다.

이때는 TBC 역시 계엄당국으로부터 '고별 방송에 대한 지침'[167]을 받은 상황이었다. 11월 25일 정오 뉴스를 마지막으로 보도방송 기능이 정지된 CBS의 담당 아나운서가 오열을 터뜨리자 계엄당국은 11월 26일 이 지침을 각 방송사에 시달했다. 그 내용 중의 하나는 "시청자들의 감정을 자극할 수 있는 내용이나 감상적 표현 또는 방송종료에 관한 부정적 표현은 금지"한다는 것이었다.

그러나 사람의 감정까지 통제할 수는 없는 일이었다. 박경애는 줄곧 침울한 표정을 짓다가 얼굴을 가리기도 했고, 자신의 차례를 기다리던 혜은이는 한 번 숙인 고개를 좀처럼 들지 못했다. 이은하는 눈물을 흘리며 울먹여 노래를 잇지 못했다. 이은하는 이후 3개월간 방송 출연 금지 조치를 당하게 된다.

눈물을 흘린 건 이은하뿐만이 아니었다. 박경애도, 장미희도 눈시울을 적혔다. 특히 장미희는 "항시 언제나 같이 있고 싶었던 채널 7이었고 어떤 경우라도 다시 여러분들과 함께 뵙겠습니다. 그동안 감사합니다"라고 말한 뒤 그 고운 두 눈에 눈물이 그렁그렁 고였다.

후반부 사회는 이순재와 강부자가 맡았다. 강부자 역시 잠시 울먹이는 목소리를 드러냈다. 눈물을 흘리진 않았지만 '열애'를 부르던 윤시내의 목소리는 차라리 절규에 가까웠다.

> 태워도 태워도 재가 되지 않는, 진주처럼 영롱한 사랑을 피우리라.

막을 내려야 할 시간이었다. 고별 특집방송 〈TBC 가족 여러분 안녕히 계십시오〉를 마지막으로 TBC TV의 모든 방송이 끝이 났다. 이제 남은 것은 TBC라디오뿐이었다.

황인용은 당시 〈밤을 잊은 그대에게〉 진행을 맡고 있었다. 그는 TBC, 정확히는 TBC라디오의 마지막 방송을 한 아나운서다. 그른 이렇게 회고한다.

> TV는 11시 30분쯤 끝났죠. 동양방송의 마지막 방송을 보기 위해 동료들과 PD들이 모두 스튜디오로 몰려왔습니다. 안에서는 나 혼자 방송을 하고, 유리창 밖에서는 수많은 직원들이 나를 주시하고 있었죠. 비장한 분위기였습니다.(동아일보 2008년 8월 30일자)

TBC 고별 방송. 출처: 『유민 홍진기 전기』

황인용의 기억은 정확하다. TBC TV는 정확히 밤 11시 30분에 종영됐다. 그의 마지막 말은 다음과 같다.

이제 정말 헤어질 시간입니다. 남은 5분이…… 남은 5분이 너무 야속합니다. 10분만 남았으면……. 10분만 남았으면……. (울먹임으로 잠시 중단) 여러분! 동양방송을 기억해 주시기 바랍니다. 아! 이제 4분 남았습니다……

여기는 동양라디옵니다. 다시 만날 때까지 안녕히! 여러분께 신의 가호가 함께 하시길……. 감사합니다! 감사합니다, 여러분!……

이제 동양방송은 3분 남았습니다. 끝으로 동양라디오의 호출부호를 불러보겠습니다. 여기는 HLKC 639Khz 동양……방……송입니다.(『동양방송 17년사』, 930-931쪽)

아나운서 황인용의 마지막 멘트는 "여기는 HLKC 639Khz 동양……방……송입니다"였다.

TBC는 그렇게 마지막 전파를 쏘아 올렸다.

전파는 눈에 보이지 않는다. 하늘에 흩어져 사라져 버리는 것일지도 모른다. TBC가 쏘아 올린 마지막 전파 역시 결국은 사라졌다. 하지만 그 시절 TBC를 보며 울고 울었던 사람들이 있었다는 사실만큼은 누구도 부인할 수 없으며 사라지지도 않을 것이다.

이 책은 이 땅에 TBC가 있었다는 작은 증거이자 추억이다.

# 에필로그

『흑백 「테레비」를 추억하다』는 작가로서의 자신감과 자존심에 상처를 입힌 책이다. 일화 하나, 프로그램 하나 하나에는 재미있는 이야깃거리가 많았는데 이를 엮고 구성하려고 하니 도무지 요령부득要領不得이었다. 자칫 프로그램 나열이 될 소지가 너무나 컸다.

〈우주삼총사〉가 끝난 뒤 〈달려라 번개호〉가 어린이 시청자를 사로잡았다……, 일본 무슨 TV에서 방영된 〈달려라 번개호〉는 어쩌고저쩌고……, 이 무렵 〈결혼행진곡〉이라는 주말연속극이 장안의 인기였다…….

이런 구성의 책이 될 가능성이 다분했고 실제로 거기에서 크게 벗어나지 못했다.

KORCAD · DBC · TBC와 그 프로그램들은 하나의 바다였다. 전파를 타고 사라져버린 방송과 프로그램은 사진이나 기록에 극히 단편적으로 남아 있기 때문에 좀 더 정확하게 말하면 '사라진 바다'라고 할 수 있다. 나는 이미 사라져버린 '바다'를 수족관(방송 프로그램)도 아니고 그림(책)으로 표현하겠다는 무모한 시도를 한 셈이었다.

바다에 〈6백만불의 사나이〉라는 '다랑어'가 살았다는 건 기억이 나는데 그 다랑어의 크기가 어떻게 되는지, 지느러미는 어떻게 생겼는지는—이를테면 방영기간이나 구체적인 내용은 전혀 알 길이 없었다. 일일이 바다에 뛰어들어 고기를 관찰해야 했다. 관찰한 것도 있고 못 본 것도 있지만 아예 관찰할 시도조차 못한 것도 있다. 관찰한 거라고 해서 모두 그림으로 표현할 수도 없었다. 고래를, 상어를, 해연海淵을, 밀물과 썰물을 어떻게 한꺼번에 그림으로 표현할 수 있겠는가. 나는 '바다의 심연深淵'에 빠져 급속히 힘을 잃어간다는 절망감에 빠지기도 했다.

처음 이 책을 구상했을 때부터 완성까지 6년 이상이 걸렸다. 나로서는 처음 경험하는 일이었다. 몇 번을 쓰다가 포기하고 방치하곤 했다. 구성이 너무 어려웠다. 200자 원고지 30~40매쯤 쓰고 나서 포기한 초고草稿가 두세 가지 '버전'이 있었을 정도다. 지금 그 파일을 열어보면 아주 '가관'이다 못해 얼굴을 가리고 싶을 지경이다. 구성의 묘안은 어느 날 기적같이 찾아왔는데 대학 시절 과제물로 냈던 '자기소개서'가 집필의 물꼬를 터 주었다. 이에 대해서는 프롤로그에 적어놓았다.

이 책을 쓰는 동안 너무나 괴로웠다. 부족한 필력이 한스러웠다. 작가로서의 의욕과 열정도 잃어갔다. 기사 검색을 위해 눈을 비벼가며 마이크로필름을 넘길 때, 바스라질 것 같은 오래된 책을 한 장 한 장 조심스럽게 복사할 때, 그런 일에 몇 시간씩을 투자하며 허기가 지고 머리가 아파올 때 오만가지 생각을 하게 된다. 『흑백 「테레비」를 추억하다』 같은 경우에는 KORCAD 방송 3년치, TBC 방송 16년치의 TV 편성표를 찾을 수 있는 것이면 하루도 빠짐없이 다운로드를 받았다. 한 번씩 처절한 생각이 든 적도 있다.

'그냥 직장 생활이나 잘하면 되지 무슨 영화榮華를 보겠다고 이런 일을 하고 있는 것일까. 누가 원고료를 주며 시키는 것도 아닌데……. 책 한 권 더 내봐야 돌아오는 것은 시간과 비용의 허비일 뿐인데…….'

하지만 책을 완성했을 때의 희열과 성취감을 떠올리며 2011년 5월경 가까스로 초고를 끝낼 수 있었다. 탈고 이후에도 원고의 운명은 순탄치 않았다. 논픽션 공모에서 물을 먹었고, 여러 출판 관계자의 손을 전전했다. 탈고 3년 만에 선뜻 출판을 맡아준 알렙 출판사 조영남曺泳南 대표에게 감사를 드린다.

꾸역꾸역 이 책을 완성했다는 부끄러움을 지금도 지울 길이 없다. 다만 한 가지 그래도 나니까, 정범준이란 이름을 걸었으니까 이만큼 썼다는, 자기 최면에 가까운 자위를 한다. 또한 하루하루 '바다'와 사투를 벌이며 때론 좌절하고 포기할 때도 있었지만 끝내는 바다에 지거나 굴복하지는 않았다고 자부한다. 내게 남은 것이 『노인과 바다』의 주인공에게 남은 그것처럼 다랑어 뼈다귀에 불과할지라도 그것으로 만족하려 한다.

에필로그에 너무 앓는 소리만 써서 죄송하다. 이제까지 여섯 권을 내는 동안 이런 말을 써본 적은 처음이다. 그동안은 신이 나서 하늘로 날아오를 듯이 글을 써왔다. 널리 이해해 주셨으면 좋겠다. 내 삶의 은인恩人들에게 전하는 말을 남기며 에필로그를 맺는다.

나를 정범준鄭範俊이게 한 서규범徐奎範 · 박기범朴基範 · 안준용安俊勇, 이 좋은 친구들을 만나게 한 부산 금성錦城고등학교, 이 학교에서 만난 또 다른 지기들인 김성만金成滿 · 강태욱姜泰旭 · 박병호朴炳昊……. 이 책은 나에게 추억의 일부분에 머물 테지만 그대들은 내게 추억의 전부이자 진행형이 되리라 믿는다. 또한 SK하이닉스에서 보낸 시간은 정말 행복하고 꿈같은 시간이었다. 김정수金貞秀 상무님, 박현朴賢 팀장님, 홍보팀 동료들과 맺은 인연 또한 어디 비길 데 없이 소중하다.

1960 · 1970년대 그 어려운 시절을 살아오신 아버지 · 어머니(鄭炳吉 · 趙恩淑), 장인 · 장모님(金正旭 · 韓基粉)께, 더불어 내 아버지, 어머니 세대에게 이 책을 바친다. 이 분들이야말로 흑백 '테레비'를 보며 애환을 달랬던, 흑백 '테레비'를 진정으로 그리워하고 추억하고 계신 분들이다. 마지막으로 동생(鄭潤聖)과 아내(金美惠)에게는 무슨 말을 해야 할지 모르겠다.

2014년 가을 수유리에서<br>정범준

## 주석

1) 이 책을 구상한 시점에서는 종편사업자 선정이라는 것은 상상도 할 수 없었다. 이제는 '자사(自社)의 역사를 서술할 주체'가 존재한다. 2010년 12월 31일 중앙일보는 종합편성채널 사업자로 선정됐고 이후 JTBC를 출범시켰다.
2) 2008년 8월 21일자.
3) '샛별 텔레비전'은 정식 제품명이 아니다. 금성사는 국산 TV 생산 10주년을 기념해 1976년 9월 11일부터 10월 15일까지 자사 텔레비전의 '별명'을 공모한 적이 있다. 총 50만 3500여 통의 응모엽서 가운데 7500여 명이 '샛별'이라는 이름을 선택했고, 그 결과 금성사는 같은 해 11월 자사 TV 제품에 '샛별 텔레비전'이라는 별명을 붙이게 된다. 이상은 1976년 11월 23일자 매일경제신문 기사에 근거한 것이다.
4) 『금성사 25년사』, 913쪽.
5) 〈플란다스의 개〉부터 〈달려라 캐산〉까지 모두 TBC에서 처음 방영된 만화영화다.
6) 이상의 대화는 조성로, 『신들린 PD와 울보 탤런트』, 13쪽에 근거한 것이다.
7) 지번은 종로구 관철동 296번지다. 도시 재개발로 사라진 지 오래지만 동일빌딩에 대해 설명할 필요를 느낀다. 대한제국 말기인 1906년 5월, 경성상업회의소의 상인들이 중심이 되어 한일은행(韓一銀行)을 설립한다. 이 한일은행은 1998년 한국상업은행과 합병되어 한빛은행으로 개칭된 한일은행(韓一銀行)과는 이름은 같지만 역사와 유래는 전혀 다른 은행이다. 대한제국 때 설립된 한일은행은 1924년 보신각 옆에 지상 3층, 지하 1층 규모의 본점을 마련한다. 설계자는 일제시대 경성에 여러 건

물을 설계한 나카무라 요시헤이(中村與資平)다. 한일은행 본점은 나중에 동일빌딩으로 불리게 되는데 다음과 같은 연유에서인 듯하다. 한일은행은 1931년 1월 호서은행(湖西銀行)과 합병하여 동일은행(東一銀行)이란 이름으로 새 출발을 하게 된다. 그리고 이 동일은행은 1943년 10월 한성은행과 합병되어 조흥은행이라는 새로운 이름을 얻는다. 따라서 같은 건물이 해방 이전까지 '한일은행 본점'으로 7년, '동일은행 본점'으로 12년, '조흥은행 종로 지점'으로 2년 동안 불리게 됐다. 그럼에도 이 건물 이름이 동일빌딩이 된 건 그만큼 서울 시민들의 뇌리에 동일은행 시절이 강하게 남아 있었기 때문인 것 같다. 덧붙일 것은 여러 문헌이나 자료에는 4층 또는 5층으로 혼선을 빚고 있지만 당시 사진을 확인해 보면 동일빌딩은 3층 건물이라는 점이다.

8) 1922년 설립되어 1944년 하마마쓰공업전문학교로 개칭됐다. 개칭 이후 텔레비전의 연구개발로 일본 내에서 유명해졌다고 한다. 1949년 시즈오카(靜岡)대학 공학부로 통합되었다.

9) 조성로, 『신들린 PD와 울보 탤런트』, 268쪽.

10) 1926년 11월 개국한 경성방송국의 바뀐 이름이다. 경성방송국은 조선인 청취자 다수 확보, 경영난 해소, 정책 선전 등을 위해 1932년 4월 '사단법인 조선방송협회'로 법인명을 변경한다. 법인명은 1935년 7월 중앙방송국으로 또다시 개칭된다. 중앙방송국은 이 해 9월 부산, 평양, 함흥, 이리방송국 등을 잇달아 개국했다.

11) 이장춘의 블로그(http://blog.daum.net/jc21th/17780300)에서 인용.

12) 국사편찬위원회 한국사데이터시스템에 근거한 것이다.

13) 3MHz~30MHz의 단파를 이용하는 라디오 방송이다. 단파는 대기(大氣)의 전리층과 지구 표면 사이를 계속 반사하며 나아가 지구 반대편까지도 도달할 수 있다고 한다.

14) 유병은, 『방송야사』, 102쪽.

15) 『단파방송 연락운동』(269쪽)에 따르면 황태영의 '죄목'은 다음과 같다.

1. 1939년 10월 경성부 서교정 136번지에 소재하는 조선방송협회 연희방송소 제4호 사택에서 '컨버터'라고 하는 보통 라디오 수신기에 접촉을 하면, 단파방송을 청취할 수 있는 10구 라디오 수신기에 접속하는 무선전화의 시설을 해 놓고, 1940년 10월경까지 이 단파방송 수신시설을 통해서 외국으로부터의 방송 등을 청취하기 위하여 이 시설을 사용하였으며,

2. 또 1942년 6월 전라북도 익산군 이리읍 남중정 86번지에 속한 조선방송협회 이리방송국 사택에서 컨버터를 10구 라디오 수신기에다 접속하여 무선전화시설을 해 놓고 그로부터 약 1개월간 이 단파방송 수신시설로 외국의 단파방송을 청취하는 데 사용한 바 있음.

16) 자유신문 1947년 10월 8일자.

17) 라디오 방송 기자재 도입을 위해 황태영이 도미(渡美)한 시기에 대해서는 두 가지 설이 엇갈린다. 『한국 방송인물지리지』를 쓴 김성호는 1954년이라고 썼고, 유병은은 『방송야사』에서 1955년 초라고 적었다. 최창봉, 강현두가 공저한 『우리 방송 100년』

에는 '1954년 어느 날'이라는 기록이 보인다.

하지만 여러 정황으로 보아 황태영이 RCA 본사가 있는 미국 뉴욕에 간 것은 1953년 경이었던 같다. 우선 환도(還都) 이후 라디오 방송국 복구 추진이 이뤄졌다고 보는 것이 자연스러운데다, "서울로 환도하여 방송시설의 복구 및 방송장비 현대화를 추진하는 과정에서 황태영은 RCA 제품인 우수 방송장비의 납품업자로 활약한 바 있었다"는 유병은의 증언도 있다.

그런데 환도는 1953년 5월부터 수개월 동안, 정부 부처나 기간별로 시기를 달리해 이뤄졌고, 같은 해 8월 13일자 조선일보에는 연희방송국이 복구를 앞두고 있다는 기사가 보인다. 따라서 황태영의 도미는 이 사이의 일인 듯하다. 조선일보 기사의 전문은 다음과 같다.

"6·25 동란으로 완전파괴상태에 직면했던 연희방송국은 그동안 제반시설을 복구하기 위한 한전 직원들의 눈부신 활약의 결정으로 외국의 수입자재에 힘을 얻어 거의 완성을 보고 있다는 바 앞으로 약 3개월 내로 대전력방송기(大電力放送機) 2대를 준공시켜 전국적으로 일대 방송망을 확장할 것이라고 한다."

이듬해 3월에는 서울방송국(KBS라디오의 전신)의 아나운서와 방송국직원이 일본에서 열리는 월드컵 아시아 예선 경기를 중계방송하기 위해 도일(渡日)할 것이라는 기사가 보인다(조선일보 1954년 3월 5일자). 해외에서 중계방송을 할 수 있는 수준이었다면 이때는 방송국 복구가 거의 마무리됐다고 봐야 한다. 그러므로 황태영의 도일 시점은 이보다는 훨씬 이전인 1953년경이었던 것으로 추정할 수 있다.

18) 최창봉 · 강현두, 『우리 방송 100년』, 118쪽.
19) 20대 이하의 세대에게는 생소한 단어일 수 있어 뜻을 소개한다. 네이버 백과사전은 마천루에 대해 "과밀한 도시에서 토지의 고도 이용이라는 측면에서 만들어진 주로 사무실용의 고층건물"이라고 정의하고 있다.
20) 눈으로 본 TV 30년 편찬위원회 편, 『눈으로 본 TV 30년』, 3쪽.
21) 같은 책, 118쪽.
22) 최창봉, 『방송과 나』, 252쪽과 오명환, 『텔레비전 드라마 예술론』, 121쪽.
23) call letters. 각 무선국에 할당된 고유의 부호(符號)다. 무선국을 식별하기 위해 쓰인다. 국제전기통신조약 부속 무선통신규칙에 따라 알파벳 또는 숫자로 조립된다. 최초의 한 자 또는 두 자는 무선국이 속한 국적을 표시하는데 한국은 HL이 대표적이다.
24) call name. 무선국을 식별하기 위해 지정된 해당 무선국의 고유 명칭이다. 문자의 조합으로 구성된다.
25) 최창봉, 『방송과 나』, 254쪽.
26) 같은 책, 257쪽.
27) 같은 책, 261쪽.
28) 유병은, 『방송야사』, 217쪽.
29) 조선일보 1956년 5월 13일자.

30) 최창봉, 『방송과 나』, 258쪽.

31) 오명환, 『텔레비전 드라마 예술론』, 121쪽.

32) 현 소공동 롯데호텔 자리에 있었다.

33) 취타(吹打)라고도 한다. 고려 때부터 전해오는 대취타곡(大吹打曲)을 관현악(管絃樂)으로 편곡한 것이다. 궁중 연례악으로 임금의 행차나 군대의 행진 및 개선 때 연주하던 곡이다. 7장 · 12박 · 1장단, 전 21각(刻)으로, 장중하며 쾌활한 가락이다.

34) 이 글을 쓰기 위해 참고한 문헌 가운데 한국방송공사가 펴낸 『한국방송사』와, 이범경이 쓴 『한국방송사』가 있다. 따로 설명을 붙이지 않는 한, 이 글에서 인용한 『한국방송사』는 한국방송공사편을 말한다.

35) 1960년 12월 16일자.

36) 한국 TV 방송 50년 위원회 편, 『한국의 방송인』, 149쪽.

37) 같은 책, 150쪽.

38) 2006년 9월 14일 〈MBC 뉴스데스크〉.

39) 한국 TV 방송 50년 위원회 편, 『한국의 방송인』, 150쪽.

40) 최창봉은 "세종로 로타리, 파고다공원, 서울역, 각 전차정거장 등 공공광장에 설치한 40여 대의 24인치 대형 옥외시청 수상기"(『한국방송사』, 524쪽)라고 회고한 적이 있지만 이는 기억의 착오로 보인다.

41) 298쪽.

42) 한국방송공사 편, 『한국방송사』, 524쪽.

43) 경향신문 1996년 3월 8일자.

44) 조선일보, 한국일보 모두 1956년 5월 13일자.

45) 523-524쪽.

46) Cowards die many times before their death; the valiant never taste of death but once.

47) 최창봉, 『방송과 나』, 264쪽.

48) 오명환, 『텔레비전 드라마 예술론』, 123쪽.

49) 오명환, 『텔레비전 드라마 사회학』, 400쪽.

50) 동아일보 1991년 12월 28일자.

51) 오명환, 『텔레비전 드라마 사회학』, 400쪽.

52) 오명환, 『텔레비전 드라마 예술론』, 123쪽.

53) 동아일보 1981년 8월 1일자.

54) 1982년 12월 11일자.

55) 윤항기에 따르면 윤복희는 1945년생이다. 일부 문헌에는 여덟 살로 기록돼 있지만 〈OB파티〉 출연 당시에는 열두 살이었다. 각종 프로필에는 윤복희가 1946년생으로 나와 있다.

56) 윤항기, 『노래하는 목사 윤항기의 여러분』, 66-67쪽.

57) ▲ 김희갑 1956년 9월 29일(토) 〈TV코메디〉 '지옥에도 이상 있다'
1957년 3월 16일(토) 〈TV코메디〉 '여인의 섬'
▲ 구봉서 1956년 10월 27일(토) 〈TV코메디〉 '가을에 감원된 사나이'
1956년 11월 17일(토) 〈코미디 아워〉 '신혼최종결승'
▲ 배삼룡 1956년 10월 20일(토) 〈TV코메디〉, '어느 쪽이 바보냐?'

58) 1956년 7월 28일(토) 〈코메디〉 '기후(氣候)관계지요' 출연 양석천
1956년 8월 5일(일) 〈히트가요 아워〉 사회 양석천
1956년 11월 17일(토) 〈코메디 아워〉 출연 양석천 구봉서
1957년 2월 16일(토) 〈TV코메디〉 출연 양훈 양석천

59) 한국 TV 방송 50년 위원회 편, 『한국의 방송인』, 153쪽.

60) 위의 책, 150쪽.

61) 경향신문 1970년 5월 19일자.

62) 한국일보 홈페이지 〈한국일보50년사〉에서 인용.

63) 523쪽.

64) 한국방송공사 편, 『한국방송사』, 523쪽.

65) 눈으로 본 TV 30년 편찬위원회, 『눈으로 본 TV 30년』, 75쪽.

66) 524쪽.

67) 카메라와 관련된 서술은 최창봉, 『방송과 나』, 264-265쪽에 근거한 것이다.

68) 조성로, 『신들린 PD와 울보 탤런트』, 21쪽.

69) 오명환, 『텔레비전 드라마 예술론』, 128쪽.

70) 한국방송공사 편, 『한국방송사』, 527쪽.

71) 오명환, 『텔레비전 드라마 예술론』, 123쪽.

72) 오명환, 『텔레비전 드라마 사회학』, 401쪽.

73) 한국방송공사 편, 『한국방송사』, 524쪽.

74) 같은 책, 524쪽.

75) 김성호, 『한국 방송인물지리지』, 70쪽.

76) 최창봉, 『방송과 나』, 276-277쪽.

77) 수학엔 워낙 자신이 없긴 하지만 다음과 같은 가격으로 계산했다.
통관 이전 가격(X)+통관 이전 가격(X)×관세율(180/100)=통관 이후 가격(34만환),
따라서 X+1.8X=34이며, X=12만1428환이 된다.

78) 최창봉, 『방송과 나』, 277쪽.

79) 한국방송공사 편, 524쪽.

80) 『한국일보 50년사』에서 재인용.

81) 최창봉, 『방송과 나』, 268쪽.

82) 정범준, 『이야기 관훈클럽』, 45쪽.

83) 황문평의 회고.

84) 한국방송공사 편, 『한국방송사』, 525쪽.

85) 김성호, 『한국 방송인물지리지』, 181쪽.

86) 5월 13일에 방영된 개국 1주년 기념 특집극 〈기류지〉는 DBC 출범 이전에 제작된 것으로 보아야 한다.

87) 한국 TV 방송 50년 위원회 편, 『한국의 방송인』, 152쪽.

88) 추정된다고 한 것에는 이런 사정이 있다. 편성표에서 〈나의 비밀〉은 1958년 3월 8일(토)에 제3회가 방영된 것으로 확인된다. 3월 1일(토)에는 3·1절 특집방송이 나가 〈나의 비밀〉이 편성에서 제외돼 있고, 2월 22일(토)과 2월 15일(토)은 신문지면에서 TV 편성표 자체를 발견할 수 없었다. 다행히 2월 8일(토)과 2월 1일(토)자 편성표는 지면에 나와 있었는데 〈나의 비밀〉이란 프로그램을 발견할 수 없었다. 그렇다면 2월 15일에 〈나의 비밀〉 1회가, 2월 22일에는 2회가, 3·1절에는 한 차례 쉬고, 3월 8일 3회가 방영됐다고 추정할 수 있다.

89) 한국 TV 방송 50년 위원회 편, 『한국의 방송인』, 152쪽.

90) 동아일보 1958년 8월 6일자.

91) 오명환, 『텔레비전 드라마 예술론』, 126쪽.

92) 같은 책, 126쪽.

93) 같은 책, 127쪽.

94) 한국 TV 방송 50년 위원회 편, 『한국의 방송인』, 145쪽.

95) 최창봉, 『방송과 나』, 264쪽.

96) 오명환, 『텔레비전 드라마 예술론』, 126쪽.

97) 한국 TV 방송 50년 위원회 편, 『한국의 방송인』, 146-147쪽.

98) 최창봉, 『방송과 나』, 277쪽.

99) 1960년 1월 27일자.

100) 1959년 7월 1일자.

101) 손미희자(孫美喜子). 1961년 미스코리아 진이다.

102) 이하는 편의상 『동양방송 10년사』로 기록하고자 한다.

103) 조성로, 『신들린 PD와 울보 탤런트』, 60쪽.

104) 이는 신문에 실린 TV 편성표상으로 확인된다. 동아일보 1964년 5월 9일자에 실린 편성표에는 〈개국축하프로 KBS〉, 〈개국축하프로 DBS〉라는 프로그램을 볼 수 있다.

105) 황은진의 언급은 조성로, 『신들린 PD와 울보 탤런트』, 63-64쪽에서 재인용.

106) 동아일보 1974년 1월 17일자는 "부산을 비롯, 남해안 일부 지역 안방에 에너지파동으로 국내 텔레비전 주간방송이 제한되자 다시 「일본 영상」이 활개를 치고 있다"며 "실외 안테나 구조를 고쳐놓거나 수직 안테나를 달아 손쉽게 일본 텔레비전 전파를 잡아 남녀노소할 것 없이 무분별하게 왜색문화에 젖어드는 결과를 빚고 있다"고 보도하기도 했다.

107) 조성로, 『신들린 PD와 울보 탤런트』, 88쪽.

108) 오명환, 『텔레비전 드라마 예술론』, 150쪽.

109) 이하는 편의상 『동양방송 17년사』로 기록하고자 한다.

110) 동아일보 1967년 9월 12일자.

111) 구름이 간다 하늘도 흐른다 / 피끓는 용사들도 전선을 간다 / 빗발치는 포탄도 연기처럼 헤치며 / 강 건너 들을 질러 앞으로 간다 // 무너진 고지 위에 태극기를 꽂으면 / 마음에는 언제나 고향이 간다 // 구름이 간다 하늘도 흐른다 / 피끓는 용사들도 전선을 간다 // 무너진 고지 위에 태극기를 꽂으면 / 마음에는 언제나 고향이 간다 // 구름이 간다 하늘도 흐른다 / 피끓는 용사들도 전선을 간다 / 전선을 간다 전선을 간다

112) 이상의 시청률 조사는 『동양방송17년사』에서 재인용, 833쪽.

113) 음악평론가 이백천은 〈힛게임쇼〉에 대해 이렇게 쓴 일이 있다.

'힛 게임쇼'는 연예인들과 명사들의 개인 경쟁게임과 직장대항전을 합친 프로그램이었다. 직장응원단이 출연했고 사회는 김동건, 응원단장은 송해·박시명 두 사람이 맡았다. 송해 씨는 판정에 불복하면서 심심찮게 김동건 사회자를 박치기로 들이받아 다운시켰다. 그럴 때마다 폭소가 터졌다. 응원단장은 서로 끊임없이 다투다가도 사회자가 "차렷!" 하고 호령만 하면 반드시 그 앞에서 말단졸병이 되어야 했다. 극단의 무질서와 극단의 군기가 공존하는 방식이었다.

어느 해이던가 연말 특집에서 MC가 금년의 국내 톱뉴스로 무엇을 꼽겠는가하고 묻자 정광모 씨가 지체 없이 대답했다. "그야 물론 '한비(한국비료) 사건'이죠". 스튜디오 안의 모든 사람이 다 웃었다. 다음날, 화장실에서 김규 상무와 마주쳤다. 그는 대뜸 "왜 그런 질문을 시켜?" 하고 말했다. 삼성 본부에서 질책이 있었던 모양이었다.

하루는 게임 중에 물통이 넘어져 스튜디오 바닥이 물바다가 됐다. 빨리 누군가 물을 닦아야 했다. 밤 시간의 생방송이라 세트 담당자가 없었다. 자루 달린 물걸레를 구석에서 가져와 내가 바닥을 닦아냈다. 그것이 그대로 방송이 되었고, 어린 조카가 제 아빠에게 "삼촌이 높은 사람인 줄 알았는데, 방송국 청소부야?"하고 물었다고 한다.(신동아 2003년 4월호)

114) 이상의 TV 수상기 보급 대수는 정순일 · 장한성, 『한국 TV 40년의 발자취』, 29-31쪽에서 근거한 것이다. 이하의 수상기 보급 대수도 같은 책을 근거로 한다.

115) 중앙일보 1970년 3월 27일자.

116) 경향신문 1964년 7월 13일자.

117) 중앙일보 1965년 12월 30일자.

118) 1968년 12월 1일자.

119) 김승현 · 한진만, 『한국 사회와 텔레비전 드라마』, 30쪽.

120) http://blog.naver.com/reeperman?Redirect=Log&logNo=127212697

121) 산업혁명을 통해 과학이 급속도로 발전하기 시작한 19세기. 인류의 삶은 점점 나아지고 있었지만 자연은 서서히 파괴되어 황폐화 되어가고 있었다. 어느 한 연구소. 생

물 연구를 하고 있던 맨스톨 박사는 병들어 가는 이 세계에 대한 반발심인지, 그렇지 않다면 그 세계를 구하려는 마음에서인지 "보다 강인한 육체, 정의감과 희생정신을 가진 궁극의 생명체"를 만들려는 실험에 몰두한다. 그러나 실험이 결실을 보기도 전에 박사는 숨을 거두고, 유리병에 담긴 녹색의 배양액만이 산물로 남았다. 그 정체불명의 배양액은 버려진 연구소에서 아무도 모르게 계속 세포 분열을 해 나가게 된다.

그로부터 오랜 세월이 지나 완전히 폐허가 된 실험실 내에서 뭔가 수상한 3개의 그림자가 움직이기 시작했다. 흉측한 괴물의 모습을 하고 있었으나 인간의 능력을 뛰어넘는 강인한 육체와 높은 지능, 그리고 나아가 초능력마저도 가지고 있었다. 이들은 모습은 추해도 인간을 지키고 사랑하며, 정의를 지키고자 하는 마음을 갖고 있었다. 요괴이면서도 사람의 마음을 가진 요괴 인간이 탄생한 것이다. 이들 세 명의 요괴인간 벰, 베라, 베로는 완전한 인간이 된 방법을 찾기 위한 여정에 오른다.

악한 요괴들과 싸워 나가는 일종의 오컬트 탐정 같은 역할을 하게 된 요괴 인간. 하지만 그 추악하고 끔찍한 모습 때문에 인간들에겐 두려움의 대상이 되고, 도와준 것에 대해 감사받기는커녕 오히려 악한 요괴로 오해받는 나날의 연속이다.(http://grasige7.egloos.com/546573)

122) 어둠에 숨어서 사는/우리들은 요괴인간들이다/숨어서 살아가는 요괴인간/사람도 짐승도 아니다/빨리 사람이 되고싶다/어두운 운명을 차버리고/벰! 베라! 베로!/요괴인간

123) 정순일 · 장한성, 『한국 TV 40년의 발자취』, 313쪽.

124) 경향신문 1970년 4월 2일자.

125) 경향신문 1970년 9월 11일자의 관련 보도는 다음과 같다.

◇…미니스커트의 길이가 어느 선에서 미풍양속을 해치는 것으로 판단할 것인가로 고민하던 서울 종로경찰서는 11일 무릎위 17센티미터면 단속하겠다고 자신있는 결론.

◇…이 같은 자신은 통금 20분을 위반한 홍(洪)모양(19 · 서울 서대문구)를 붙잡아 딴사람이면 훈방했을 텐데 너무 짧은 미니스커트에 눈길을 피하던 끝에 자로 재본 결과 무릎위 17센티미터. "미풍양속을 해친다"는 사유를 적어 제2즉결재판소에 넘겨 구료 3일로 판결이 나자 얻어진 것.

◇…홍양의 케이스를 들어 앞으로는 무릎 위 17센티미터 이상만 되면 모두 잡아들이겠다고 으름장을 놓으면서 아가씨들은 조심하라고 귀뜸도.

126) 이 날 서울시경은 오전 11시부터 광화문 네거리, 종로, 을지로 등 번화가를 중심으로 장발족을 단속했다. 매일경제신문에 의하면 '고위층의 지시', 동아일보 기사로는 '문공부와 내무부의 지시'에 따른 것이라 한다. 대한제국 이후, 우리나라에서는 최초로 실시된 '단발령'이라 할 만하다. 이 날 모두 677명이 적발됐고, 이 중 408명이 머리를 짧게 잘랐다. 29명은 즉심에 회부됐고 159명에 대해서는 보호자로부터 각서를 받고 풀려났으며 648명은 훈방조치됐다.

127) 동아일보 1973년 2월 9일자.

128) 오명환, 『텔레비전 드라마 사회학』, 90쪽.

129) 김승현 · 한진만, 『한국 사회와 텔레비전 드라마』, 30쪽.

130) 노주현의 언급은 조성로, 『신들린 PD와 울보 탤런트』, 93쪽에 근거한 것이다.

131) 오명환, 『텔레비전 드라마 사회학』, 409쪽.

132) 방영 기간은 1972년 4월 3일(월)부터 1972년 12월 29일(금)까지다.

133) 오명환, 『텔레비전 드라마 사회학』, 81쪽.

134) 오명환, 『텔레비전 드라마 예술론』, 149쪽.

135) 정순일 · 장한성, 『한국 TV 40년의 발자취』, 122쪽.

136) 1. 명랑하고 건전한 사회풍토 조성을 선도하는 밝은 보도를 강화한다.

2. 문예물 시사 교양물 등을 1일 1편 이상 편성하고 법에 규정된 교양 프로 30퍼센트 이상 방송의 충실을 기한다.

3. 현재 방송중인 일일연속극의 수를 감축조정하고 그 제작 취지를 시청자에게 예고한다.

4. 음악 쇼 공개방송 등에서 저속 퇴폐의 요소를 배제하여 국민정서생활을 순화하고 민족문화예술의 창조적 발전을 지향한다.

5. 아침 시간의 만화방영 등 어린이 교육에 해로운 편성을 지양하고 어린이 대상의 방송 프로그램을 도모한다.

6. 각 방송국의 자체심의실의 기능과 운영을 강화한다.

137) 1970년 2월 19일자.

138) 강용식, 『당신의 미래는 방송에 있다』, 114쪽.

139) 봉두완, 『앵커맨』, 19쪽.

140) 강용식, 『당신의 미래는 방송에 있다』, 117쪽.

141) 당시 대학생 문화와 관련된 흥미로운 기사를 찾을 수 있었다. 1970년 4월 21일자 매일경제신문의 기사를 발췌, 인용해 본다.

의상이라면 으레 여성들의 전매특허로만 생각되었던 과거. 그러나 이젠 남성의 복장이 여성의 그것에 못지 않게 다양해지고 세련을 향해 줄달음질치고 있다. 수년 전의 남학생들은 으레 검은 교복에 흰 남방이 고작 그들 의상 목록의 전부였으나 이젠 하늘색 와이셔츠에 베이지색 싱글, 거기에다 구두도 옷과의 조화를 맞춰 중간색을 유지시킨다. 스웨터 하나를 입어도 조화를 찾는다. 그들의 헤어 스타일은 비틀즈의 사촌쯤이나 된 듯 자꾸만 길어져 남자인가 여자인가를 구별하려면 건드려 말소리를 듣고서야 "아차! 남자였구나"를 깨달을 정도.

요즘 여대생들은 초 미니스커트에다 판탈롱, 그리고 무대 화장처럼 진한 화장에 모든 관심이 집중됐다. 미장원 출입 회수가 뜸하다. 내추럴이란 캐치 프레이즈를 내걸고 뭐이든 인공적인 기교가 없는 자연 그대로의 것을 찾는다. 그래서 고데기로 요모조모 머리를 다듬었던 선배님들의 헤어 스타일을 보고는 한마디로 '웃긴다'.

그들은 기타를 즐긴다. 그리고 전자 오르간 소리가 흐르는 다방을 즐겨 찾는다. 취미

서클 중 대표적인 게 등산클럽. 이는 대학생의 교외 활동의 트레이드 마크인 셈.
남학생에 있어 술 · 담배 · 당구는 이미 생활화된 필수품이다. 요즘 맥주집을 가보면 여대생들이 자기 머리만큼 큰 조끼를 잡고 연신 뭐라고 기염을 퍼붓는다. "맥주가 생리에 맞느냐"는 물음에 "쓰디쓴 맥주가 생리에 맞을 리가 있겠어요. 그저 얼핏 기분이 좋아지고 명랑해지는 고맛(?)으로 먹는 거지요. 그렇지만 여자들이 술을 먹는다고 해서 타락의 징조로 생각할 건 없어요. 옆 친구가 하니까 나도 한다는 식의 모방의식이라면 한두 번의 맥주집 순례로 끝났겠지만 뭔가 여자니까 하지 말아야 한다는 타부가 역겨워서라도 당당히 맥주 조끼를 붙들곤 하거든요." 또 '청자'를 연신 입에 물고 있는 장발의 여대생은 "가끔 정말 가끔 담배피우고 심을 때가 있어요. 뭔가 뜻대로 잘 안될 때 혹은 벽에 부딪힌 듯 단절을 느낄 때 담배가 일종의 카타르시스가 된다"고 하면서 2학년 때 읽은 소설속의 여주인공이 담배를 피워 자기도 시도해 본 것뿐이다라는 대답이 탄환처럼 되돌아온다.

142) 이상의 일화는 오명환, 『텔레비전 드라마 사회학』, 432쪽에 근거한 것이다.

143) 동아일보 1971년 1월 22일자.

144) 윤주영의 발언은 동아일보 1971년 6월 16일자에 근거한 것이다.

145) 1. 민족문화의 전승 발전
2. 외래문화의 무분별한 도입 억제
3. 대중가요의 외국어 가사 사용 억제
4. 저질 · 저속 프로그램의 배제
5. 공서양속(公序良俗), 사회질서의 존중
6. 히피, 광란 등을 추방, 사회환경 정화
7. 퇴폐 사조의 불식
8. 음란 또는 선정적 구사 방지
9. 성실, 근면, 자조, 협동, 단결심의 고양
10. 사회 명랑화 분위기 조성
11. 바르고 고운 말 보급

146) 오명환, 『텔레비전 드라마 사회학』, 81쪽.

147) 『한국방송70년사』, 518-519쪽.

148) 경향신문 1976년 2월 2일자.

149) 중앙일보에 실린 편성표에는 '플란더즈의 개'로 기록돼 있다.

150) 중앙일보 1976년 11월 8일자.

151) 이상의 설문 조사 결과는 동아일보 1977년 12월 29일자에 근거한 것이다.

152) 매일경제신문 1975년 9월 17일자.

153) 착한 마음 고운 마음 여기 있어요
둥실둥실 떠오르는 풍선과 같이
파란 꿈 하얀 꿈 키워나가는

호돌이와 토순이 나라 우리들 나라

154) 매일경제신문 1977년 8월 11일자에 근거한 것임. (주)리스피아르카운셀링 부설 경제조사연구소가 조사했다.

155) 이상은 경향신문 1977년 11월 22일자에 근거한 것이다.

156) 매일경제신문 1977년 10월 3일자에 근거한 것이다.

157) 매일경제신문 1978년 10월 18일자.

158) http://cafe.naver.com/bmountainhill.cafe?iframe_url=/ArticleRead.nhn%3Farticleid=1177&

159) 일일이 따져볼 수는 없었지만 조용필(趙容弼)의 경우, 〈쇼쇼쇼〉를 통해 브라운관에 데뷔한 것은 아닌 듯하다. 기사 검색을 통해 확인한 바로는 1972년 4월 KBS 〈신인무대〉라는 프로그램 출연자 가운데 조용필의 이름이 처음 보인다. 그러다 한동안 이름이 사라졌다가 1976년 6월 12일 〈쇼쇼쇼〉 '여름주제 노래 특집'에 다시 등장한다. 조용필이 일약 대스타가 된 것은 1977년 봄 '돌아와요 부산항에'가 크게 히트하면서부터인데 이를 보면 『동양방송17년사』의 '주장'이 크게 틀리지는 않은 것 같다.

160) 경향신문 1998년 10월 29일자.

161) 동아일보 1977년 10월 28일자.

162) 원양어선 선언과 관련된 것은 조선일보 1974년 7월 5일자에 근거한 것임.

163) 오명환, 『텔레비전 드라마 사회학』, 221쪽.

164) 동아일보 1978년 3월 6일자.

165) 1981년 1월 14일자.

166) 경향신문 1998년 10월 29일자.

167) 전문은 다음과 같다.

1. 고별방송의 편성

-고별방송은 방송종료일(11. 30)에 한다고 그 이전 편성은 일체 불허함

-고별방송은 기존 프로그램에 단순한 고별인사를 삽입하는 것을 원칙으로 하되 부득이 특집 프로로 편성하고자 할 때에는 반드시 녹음 · 녹화하여야 함.

2. 고별 특집프로의 내용.

만약 고별 특집프로를 제작 · 방송하고자 할 때에는 그 내용은 다음 사항의 것으로 국한함

-단순한 고별인사의 내용

-과거 방송된 프로그램의 하이라이트 소개

-출연자들이 잊지 못할 밝은 화제

-감상적 내용을 배제한 연기 또는 분위기

※시청자들의 감정을 자극할 수 있는 내용이나 감상적 표현 또는 방송 종료에 관한 부정적 표현은 금지

3. 사전 검열

모든 고별 멘트, 또는 고별 특집프로의 녹음 · 녹화용 대본 · 원고진행표(큐 시트)는 필히 사전에 계엄사의 검열을 받아야 함.
4. 애드립(즉흥 대사)의 금지
진행자 및 출연자는 검열받은 원고 · 대본 외의 일체의 '애드립'을 불허함.
(『동양방송 17년사』, 925-926쪽에서 재인용)

# 참고문헌

강용식, 『당신의 미래는 방송에 있다』, 중앙일보사, 1994년.
______, 『인생은 짧지만 남기고 싶은 이야기는 많다』, 미래지성, 2000년.
고은, 『1950년대』, 향연, 2005년.
김만룡, 『TV프로듀서』, 다락원, 1979년.
김성호, 『한국 방송인물지리지』, 나남, 1997년.
김승현 · 한진만, 『한국 사회와 텔레비전 드라마』, 한울, 2001년.
김유미, 『작가 김영수』(1, 2권), 민음사, 2002년.
금성사 25년사 편찬위원회 편, 『금성사 25년사』, 금성사, 1985년.
눈으로 본 TV 30년 편찬위원회 편, 『눈으로 본 TV 30년』, 한국광보문화연구원, 1986년.
노정팔, 『한국방송과 50년』, 나남출판, 1995년.
봉두완, 『앵커맨』, 랜덤하우스중앙, 2004년.
石川良一, 『이병철과 삼성왕국』, 돌샘, 1988년.
신현준, 『한국 팝의 고고학 1960』, 한길아트, 2005년.
______, 『한국 팝의 고고학 1970』, 한길아트 2005년.
오명환, 『텔레비전 드라마 사회학』, 나남, 1994년.
______, 『텔레비전 드라마 예술론』, 나남, 1994년.
유병은, 『단파방송 연락운동』, KBS문화사업단, 1991년.
______, 『방송야사』, KBS문화사업단, 1998년.

윤항기, 『노래하는 목사 윤항기의 여러분』, 한알의밀알, 2010년.
이범경, 『한국방송사』, 범우사, 1994년.
전응덕, 『이 사람아 목에 힘을 빼게』, 중앙M&B, 2002년.
정범준, 『이야기 관훈클럽』, 랜덤하우스코리아, 2007년.
______, 『거인의 추억』, 실크캐슬, 2008년.
정순일, 『한국방송의 어제와 오늘』, 나남, 1991년.
______, 『한국 TV 40년의 발자취』, 한울, 2000년.
정홍택, 『낭만은 살아있다』, 소담출판사, 2001년.
조성로, 『신들린 PD와 울보 탤런트』, 다인미디어, 2000년.
조영남, 『놀멘 놀멘』(1부), 고려원, 1994년.
중앙일보 · 동양방송 사사 편찬위원회 편 『중앙일보 20년사 · 부(附)동양방송17년사』, 중앙일보사, 1985년.
중앙일보 사사 편찬위원회 편, 『중앙일보 30년사』, 중앙일보사, 1995년.
최창봉, 『방송과 나』, 동아일보사, 2010년.
최창봉 · 강현두, 『우리방송 100년』, 현암사, 2001년.
한국문화콘텐츠진흥원, 『일본 애니메이션 산업의 역사』, 커뮤니케이션북스, 2007년.
한국방송공사 편, 『한국방송사』, 한국방송공사, 1977년.
한국 TV 방송 50년 위원회, 『한국의 방송인』, 커뮤니케이션북스, 2001년.

그 외 신문 · 잡지 기사 다수

# 흑백「테레비」를 추억하다

1판 1쇄 발행 2014년 9월 25일

지은이 | 정범준
펴낸이 | 조영남
펴낸곳 | 알렙

출판등록 | 2009년 11월 19일 제313-2010-132호
주소 | 서울시 마포구 합정동 373-4 성지빌딩 615호
전자우편 | alephbook@naver.com
전화 | 02-325-2015
팩스 | 02-325-2016

ISBN 978-89-97779-42-0 03070

* 책값은 뒤표지에 있습니다.
* 잘못된 책은 바꾸어 드립니다.